CB081283

Sicoob Cecres apresenta:

café cooperativo

Economia colaborativa, diversidade e inovação: a tríade dos negócios sustentáveis

com

Taís Di Giorno

e convidados

SICOOB CECRES

café cooperativo

Economia colaborativa, diversidade e inovação:
a tríade dos negócios sustentáveis

com
Taís Di Giorno
e convidados

EDITORA Confebras

ACTUAL

2021

Café Cooperativo
Economia colaborativa, diversidade e inovação: a tríade dos negócios sustentáveis

© Confebras e Almedina, 2021

Apresentação: Taís Di Giorno
Organizadores: Alessandra Figueredo, André Souza, Caroline Gravinez, Eliane Tomas
Fabiana Gonzaga, João Carlos Gonçalves Bibbo, José Augusto Darcie, José Carlos Guimarães
Márcio Nami, Maria Luiza Gonçalves, Paulo Eugênio dos Santos e Verônica Berbel
Diretor Almedina Brasil: Rodrigo Mentz
Editor de Ciências Sociais e Humanas: Marco Pace
Editora Confebras: Maria Telma da Silva Galletti
Assistentes Editoriais: Isabela Leite e Larissa Nogueira

Transcrição: Maria Luiza Gonçalves
Capa e Projeto Gráfico: Elen Morais
Diagramação: Elen Morais
Revisão: Rafael Teixeira de Souza

Dados Internacionais de Catalogação na Publicação (CIP)
(Câmara Brasileira do Livro, SP, Brasil)

Giorno, Taís di
Café cooperativo : economia colaborativa, diversidade e inovação :
a tríade dos negócios sustentáveis / Taís di Giorno. -- 1. ed. -- São Paulo : Actual, 2021.

Bibliografia
ISBN 978-65-87019-23-9

1. Administração de empresa 2. Economia 3. Cooperativismo 4. Gestão de negócios
5. Inovação tecnológica I. Título..

440 p.

21-73297 CDD-334

Índices para catálogo sistemático:

1. Cooperativismo : Economia 334
Aline Graziele Benitez - Bibliotecária - CRB-1/3129

** Este projeto conta com a participação de entrevistados do Programa Café Cooperativo, no canal Sicoob Cecres, no YouTube. A replicagem de todas as entrevistas foi previamente autorizada pelos entrevistados.*

Este livro segue as regras do novo Acordo Ortográfico da Língua Portuguesa (1990).

Todos os direitos reservados. Nenhuma parte deste livro, protegido por copyright, pode ser reproduzida, armazenada ou transmitida de alguma forma ou por algum meio, seja eletrônico ou mecânico, inclusive fotocópia, gravação ou qualquer sistema de armazenagem de informações, sem a permissão expressa e por escrito da editora.

Grupo Almedina
Rua José Maria Lisboa, 860, Conj.131
e 132, Jardim Paulista | 01423-001 São
Paulo | Brasil
editora@almedina.com.br
www.almedina.com.br

Editora Confebras
SBS, Quadra 02, Bloco E, Edifício Prime Business
Convenience, 1.503, CEP: 70070-120 - Brasília - DF
Telefone: +55 61 3323-2335
E-mail: editora@confebras.coop.br
www.confebras.coop.br | livraria.confebras.coop.br

Agradecimentos

Aos meus pais, Sonia Maria Di Giorno e Fabio Di Giorno e a toda minha ancestralidade, pela vida.

Ao meu marido, Marcio R. P. Nami e meus filhos Fabio e Layla, pelo apoio e paciência com meus projetos profissionais.

Taís Di Giorno

Introdução

2020. Ano pandêmico. Brasil, com sede de curas, não só da covid-19. Cooperativismo financeiro, um campo a ser desvirginado.Como essas três constatações se alinham em minha mente inquieta?

Urgimos a mudança, o cocriar!

Iniciei no cooperativismo financeiro com um claro objetivo: pagar minha faculdade de jornalismo! Entretanto, para minha surpresa, a cada dia que eu me aprofundava nas nuances do segmento cooperativista, mais me sentia contagiada.

E, diga-se de passagem, à época era chamado movimento cooperativista. Vejam só – pra mim, que fiz minha tese de jornalismo no MST – Movimento dos Trabalhadores Sem Terra e, após dormir nove dias em acampamento numa linha de trem em Ribeirão Preto, interior de SP, constatei que nem ali o nome "movimento" se aplica.

Enfim, retomando ao raciocínio dessa mente, por vezes quânticas, a cada dia eu me percebia mais envolta com as características do segmento. E por lá fui ficando e permaneci... Cecres na época era seu nome fantasia, cooperativa criada para os funcionários da Sabesp, Cia de Saneamento Básico do Estado de SP, a maior das Américas e a quarta maior do mundo.

Passaram-se 21 anos!

Questionadora que sou desde criança, convivi duas décadas com muitas perguntas, as quais foram cuidadosamente guardadas em algum lugar da minha mente. Minha Deusa interior me dizia que, um dia, eu teria a oportunidade de fazê-las; como sou uma mulher muito intuitiva, acatei.

Quando as pessoas me perguntam por que fiquei num segmento que, por mais de 20 anos tive que explicar o que é, como se fôssemos agentes secretos (a melhor citação que já vi), eu respondo que os valores desse segmento se alinham aos meus e é justamente nisso que acredito, afinal o casamento não foi feito exclusivamente para pessoas. O tempo todo estamos casando e nos divorciando de coisas, projetos, ideias, sonhos, desafios e, por que não dizer, pessoas também.

Uma das minhas principais perguntas nunca respondidas tem muito a ver com as três frases iniciais dessa introdução. Pandemia, Brasil e Cooperativismo Financeiro.

Ora, como podemos ter um país com terreno tão fértil, pessoas tão carentes de tudo, frente a um sistema cooperativo dito tão inclusivo e democrático, com share tão baixo?

Essa conta não fecha! Você, leitor inteligente, há de concordar.

Mas a pandemia chegou e nos provocou a revisitar nossos "casamentos" e "divórcios", inclusive profissionais. Nossa geração vive um dos momentos mais significativos da verdadeira empatia, do cocriar, que nada mais é do que conversar construindo sobre a ideia do outro e vice-versa, sem as travas do passado.

Finalmente chegou o tempo da valorização das marcas com propósito e do discurso legítimo. A velha forma de consumo se mostrou obsoleta... Hum, propósito, ok, tema que está em voga. O cooperativismo já nasceu com esse olhar, já a legitimidade... Há uma necessidade de reflexão e movimento. Agora, sim, essa terminologia se mostrou contextualizada.

Durante minha carreira visitei o modelo cooperativista financeiro de alguns países e uma pergunta chave me instigava: como um país desenvolvido como, por exemplo a França, quinta maior economia do mundo, consegue fazer com que suas cooperativas financeiras detenham 60% do mercado e o Brasil, subdesenvolvido, com tantas pessoas abaixo da linha da pobreza, com 45 milhões de desbancarizados, ou seja, 25% da população, detém ínfimos 5% de participação no sistema financeiro?

Qual a metodologia de eficácia desses países e por que não é aplicada no Brasil, num momento em que vivemos tanto acesso à informação, além do apoio do Banco Central brasileiro?

Dias desses, li que um hospital na Suécia, alarmado com a perda de pacientes de pronto socorro, por milésimos de segundos de "demora" nos atendimentos e, buscando ser referência em agilidade para salvar vidas, constatou que precisava contratar uma empresa especialista em velocidade. E aí vem a sacada: firmou contrato com a Ferrari para treinar seus médicos, pois a Ferrari sabe a diferença entre sucesso ou fracasso nos milissegundos. Bingo! Essa é a nova autoridade cruzada.

O mundo está mudando, as relações estão mudando e o cooperativismo também precisa mudar.

Leitor, atualmente vivemos essa experimentação onde tudo pode se comunicar a qualquer instante, tanto acerca de soluções como de desafios. Afinal, quem imaginaria que um site de busca como o Google poderia concorrer com mercado financeiro? Uma inicial livraria poderia concorrer com tantos segmentos, como o caso da Amazon? Pois essa é nossa realidade e isso é evolução de mercado.
E, nessa linha, o que nos impede de aplicar as boas práticas e metodologias de França, EUA, Alemanha e aprendermos com esses países, cujo share é mais relevante que o nosso e cuja necessidade é menos gritante que a da sociedade brasileira? Essa é uma primeira e principal reflexão para todos nós, que nos afirmamos cooperativistas.

Março de 2020, governo anuncia medidas de isolamento social.

O time do agora Sicoob Cecres, se reúne para refletir sobre uma forma de ficarmos próximos, apesar das distâncias físicas necessárias. Assim nasce o Programa de lives, batizado de Café Cooperativo. Nosso objetivo era integrar os diversos profissionais do segmento e quiçá eu pudesse, finalmente, fazer minhas perguntas!

Despertei a jornalista adormecida e fomos em frente!

O programa, num curto período, conquistou credibilidade, frente ao profissionalismo de toda produção e ao "oceano azul" por conta da escassez de comunicação do sistema.

Confesso que, através desse canal, tive a honra de entrevistar muitas personas que tem a caneta na mão e podem fazer com que o cooperativismo assuma seu protagonismo e seja, de fato, agente de transformação na sociedade brasileira.

Com frequência, costumo ter a síndrome dos dois "is" nas madrugadas: insônia e insights. E, em uma delas, em meados de novembro, me ocorreu que o programa está bem consolidado, temos um conteúdo tão rico e singular, e que, portanto, chegou a hora de subir mais um degrau e eternizar esse projeto.

E, no dia seguinte, liguei para meu Presidente, João Carlo G. Bibbo, um profissional muito visionário, e disse que eu gostaria de fazer um livro de coletâneas de entrevistas, baseado em três pilares que considero relevantes:

> ***1. Informações de qualidade supra sistêmicas, um livro inusitado e democrático, onde todas ideias são muito bem aceitas e respeitadas, seja do sistema A, B ou nenhum, por amor ao debate;***
> ***2. Equidade de gêneros, já que a obra tem a pretensão de inspirar outras mulheres do segmento a escreverem; o cooperativismo tem poucas publicações e quase a totalidade são de autores;***
> ***3. Cunho social, já que toda receita líquida da obra será destinada ao fortalecimento do Instituto Sicoob e do Instituto Sicoob Cecres.***

Meu Presidente topou com muito entusiasmo e, felizmente, "cá estamos"!

Ao ler o livro, você notará que minha Deusa interior estava certa! Afinal, muitas das minhas perguntas foram respondidas. As que não foram, certamente provocaram uma boa reflexão.

Uma delas é fazer com que o sistema perceba a necessidade de se comunicar, não só entre nós, entre os ramos e sistemas do cooperativismo, mas, fundamentalmente, com as pessoas, a sociedade brasileira em geral.

Arrisco-me a dizer que um dos principais motivos do nosso share ser tão baixo e do sistema ser subutilizado, subjulgado, deve ser atribuído à falta da visão da importância de comunicar para as pessoas que o segmento existe, é profissional, é fiscalizado, disponibiliza tudo que o mercado tradicional financeiro oferece, mas de forma integrativa, inteligente, com objetivos nobres, impacto social e com fundo garantidor. As pessoas precisam saber! E por que não sabem mesmo?

Vale lembrar que marketing e comunicação não são sinônimos ou equivalentes. Entretanto, uma fórmula de sucesso é unirmos marketing bem feito com uma comunicação eficiente.

Ora, num Brasil onde temos uma das maiores concentrações bancárias do mundo, o que é prejudicial para o usuário e, ainda assim, seu órgão federativo contempla diretoria de mídia, por que curiosamente, o cooperativismo não tem?

Bom, sem mais delongas, espero sinceramente que esse livro o provoque boas reflexões e, quem sabe, desague em redesenhos para uma jornada mais contemporânea.

Que essa pandemia tenha nos proporcionado mudanças e discursos legítimos. Oxalá as próximas gerações possam lembrar desse nosso momento dizendo que seus pais, avós, tios, viveram uma época que usavam máscaras e se cumprimentavam com os pés, mas que, graças a eles, o mundo se tornou um lugar melhor, mais cooperativista.

Meus sinceros agradecimentos aos nossos associados, razão de nossa existência, ao meu Conselho de Administração, em especial meu Presidente Bibbo pela confiança em meu trabalho e por me permitir a liberdade de ideias, a todo time Sicoob Cecres, em especial à área de comunicação e assessoria, a toda audiência do Café Cooperativo, a você, leitor, e a todos os meus entrevistados, que demonstraram acreditar no Café Cooperativo e responderam muitas das minhas guardadas perguntas.

Boa leitura!

Taís Di Giorno

Prefácio

Só após a estabilidade financeira conquistada por meio do Plano Real, em meados da década de 1990, que o brasileiro, que havia sofrido anos com a inflação descontrolada, pôde vislumbrar um horizonte de médio/longo prazo em termos de aplicações financeiras. Foi nessa época que o tema finanças pessoais começou, ainda de forma tímida, a aparecer na mídia e nas livrarias.

A explosão do tema, contudo, só ocorreu na última década, com a trajetória consistente da queda das taxas básicas de juros. O fim do ganho fácil proporcionado pelas altas taxas de juros aguçou a necessidade de os aplicadores conhecerem mais o mercado financeiro. Além disso, o crédito cresceu e as famílias brasileiras tomaram dinheiro emprestado como nunca.

O assunto passou a ganhar destaque em jornais, em revistas, na TV, na internet, no rádio, enfim, em todos os canais de mídia. As livrarias criaram seções dedicadas às finanças pessoais, tamanha a quantidade de publicações sobre o tema. Livros que ensinam a poupar, a fazer orçamento, a investir em renda fixa, em ações, em fundos, enfim, um extenso cardápio de finanças pessoais.

No entanto, um assunto que reputo dos mais importantes em finanças ainda não está no radar da grande maioria dos autores e especialistas: o cooperativismo financeiro. Daí a relevância do livro de Taís Di Giorno, um nome reconhecido no setor e que hoje preside o Sicoob Cecres.

Taís, que nasceu e cresceu no cooperativismo, leva o leitor a conhecer o cooperativismo sob todos os seus ângulos, desde o planejamento financeiro pessoal a informações de tecnologia e segurança do setor. E o faz em boas companhias. Fontes das mais diversas áreas do conhecimento estiveram no Café Cooperativo, programa do canal do Sicoob Cecres no YouTube, conversando com ela sobre o universo cooperativo.

Numa série de entrevistas feitas num período de quase um ano, Taís e seus convidados passearam pelo sistema financeiro brasileiro, desmistificando sua complexidade e apontando os caminhos do cooperativismo financeiro. Você sabia que há uma estratégia nacional de educação financeira no Brasil, que vem sendo construída desde 2014? O tema já está nas escolas e Taís trata, com seus convidados, como o cooperativismo chega às salas de aula.

O livro aborda todo o escopo de segurança do sistema cooperativo, desde a alta tecnologia que permeia o setor até a criação do FGCOOP, o Fundo Garantidor do Cooperativismo, o equivalente ao Fundo Garantidor de Crédito (FGC) das demais instituições financeiras.

O leitor também conhecerá a atuação do cooperativismo financeiro em ações sociais, seja por meio da filantropia dos próprios funcionários, seja na execução de programas específicos financiados por fundos como o FATES. Some-se a isso a própria essência da estratégia de aplicações do sistema cooperativo que beneficia o setor produtivo da região.

"Quando as pessoas me perguntam o porquê fiquei num segmento que, por mais de vinte anos, tive que explicar o que é, como se fôssemos agentes secretos, eu respondo que os valores desse seguimento se alinham aos meus", conta Taís logo na introdução de seu belo livro.

Certamente, após a leitura, você vai entender a paixão de Taís pelo sistema cooperativo e provavelmente descobrirá que compartilha dos mesmos valores.

Vai entender que o cooperativismo financeiro não está, necessariamente, ligado ao agronegócio e descobrir que hoje é possível a qualquer pessoa física se associar a uma cooperativa financeira, um sistema justo e inclusivo.

Agora, tudo isto está reunido aqui, compilado e editado, para que você leia, com calma e prazer, o que o cooperativismo financeiro tem a lhe oferecer.

Mara Luquet

Sumário

café
cooperativo
Reinventando meus
hábitos financeiros
com Fábio Viana
apresentação:
Taís Di Giorno

Reinventando Meus Hábitos Financeiros

Entrevista realizada com Fábio Viana, educador consultivo da Consultoria Ponto C, em 21 de maio de 2020

Queria iniciar nossa conversa perguntando: como você vê as pessoas mudando verdadeiramente seus hábitos financeiros? Não digo somente durante a pandemia, já que acaba sendo até mais fácil por não termos lojas físicas ou shoppings abertos. Mas, no pós-pandemia, será que vamos manter esses hábitos?

Bom, é interessante pensar que hábitos nada mais são do que a repetição, aquilo que fazemos no dia a dia.

Existem alguns caminhos no cenário pós-pandemia. Algumas pessoas vão buscar fazer como sempre fizeram e, aí, terão uma grande surpresa, já que o modo de vender mudou, de se relacionar mudou, e até a nossa percepção do consumo mudou.

Já a pessoa que ficou por um tempo sem consumir desenfreadamente e viu que muitos dos impactos foram positivos, principalmente no cartão de crédito, vai automaticamente entrar nessa nova onda. E as pessoas que tiverem maior grau de resiliência vão fazer isso de forma quase automática.

Precisamos lembrar que existem bons hábitos e hábitos não tão efetivos. Agora a questão é: qual deles eu escolho para a minha vida?

Como educadores financeiros e cooperativistas, temos um desafio muito grande. O spread bancário do Brasil é o segundo maior do mundo, as pessoas são muito endividadas e não têm acesso à educação financeira. Fico me perguntando: o que podemos fazer para que tudo que estamos aprendendo, principalmente no que tange ao nosso comportamento financeiro na pandemia, perdure e não caia no esquecimento?

Existem várias características que podemos levar em consideração para a garantia dessa experiência.

Podemos observar: na primeira semana de pandemia, víamos nos títulos mais populares dos *streamings* que as pessoas procuravam por filmes pesados, olhando com muita dor para o cenário e para o que poderia acontecer. Passado um tempo, isso mudou. Filmes mais leves começaram a aparecer e elas passaram a olhar com mais um pouco de amor para isso, a entender que estão em um novo momento.

Além disso, temos hoje uma estratégia nacional de educação financeira no Brasil, que vem sendo construída no Banco Central desde 2014. Todo processo de educação financeira foi regulamentado para que se iniciasse em 2020. E realmente começou. Hoje a educação financeira é parte da grade como matéria transversal. E nós já vemos os pequenos repreendendo os pais sobre descarte de lixo, cuidado com plantas, economia... Essa geração está sendo preparada para trazer a mudança de baixo para cima.

Outro ponto que merece atenção é o indicador econômico pós-pandemia. O índice de desemprego vai aumentar e o dinheiro vai circular mais devagar. A gente volta para a base do estudo da economia, que olha para a escassez. As pessoas vão buscar soluções para a escassez, tentar traçar estratégias para sua economia doméstica e transformar seus hábitos. Tentar seguir o que mentes milionárias fazem.

E hoje, diferentemente de outros momentos, as pessoas têm acesso a essas respostas de maneira muito simples e com custo muito baixo. Com o *smartphone* na palma da mão, elas se blindam de informações e conteúdo.

Mas, para que cada um desses pontos que apresentei tenha efeito, existe um fator crucial: a pessoa precisa querer. O ato de querer é a base de toda transformação, principalmente na criação de novos hábitos.

Então, pela sua fala, parte das pessoas acabarão se obrigando a rever a postura financeira por necessidade, já que enfrentamos uma crise sanitária, acompanhada de uma econômica e política. Mas, ao mesmo tempo, teremos pessoas que não vão entrar em escassez.

A questão é: como as instituições, cooperativas e consultorias, por exemplo, podem sustentar esse pilar?

Hoje, com a internet, temos tudo disponível. É uma gigantesca fonte de materiais. Mas sempre digo que a internet ainda é um quebra-cabeças de cinco mil peças sem a tampa da caixa. A pessoa começa procurando sobre educação financeira e termina vendo vídeo de *stand-up*. É fácil perder o foco pelo volume de informações.

Na consultoria, o que fazemos é, ao invés de oferecer apenas conteúdo e reflexão, focar na metodologia, acolhendo essas pessoas em uma plataforma nossa para que elas possam acessar com mais facilidade aquilo que é realmente relevante. O tempo foi ressignificado também, as pessoas o valorizam cada vez mais.

Na nossa plataforma SAFE – Sistema de Atendimento de Formação Estruturada, as pessoas têm acesso a uma lista muito simples que vai direcioná-las àquilo que precisam: diagnóstico financeiro, melhorias na comunicação em casa, planejamento... Não é um vídeo com dicas ou reflexões. Trazemos ação e velocidade. O conhecimento é importante, mas o método e a forma de entrega para chegar em um resultado vai ser muito mais latente e relevante para criar disciplina e realmente começar a testar o que funciona ou não.

A pessoa precisa entender seu diagnóstico financeiro, entender como está. Existem "N" planilhas financeiras, mas eu sei qual funciona para mim? Trabalhamos esse acolhimento virtual com linguagem adaptada ao público. É assim que precisamos atuar hoje. A instituição tem que ser cuidadora do seu associado ou cliente.

É importante que a gente se sinta confortável para adotar uma metodologia. E esse apoio psicológico do coach financeiro faz toda diferença, já que muitas vezes não adianta ir para uma planilha financeira se tenho um sistema de crenças me bloqueando para a prosperidade. Aqui, no Brasil, nós não falamos sobre dinheiro, nós nem contamos quanto é nosso salário às pessoas por receio. O grande desafio é combinar metodologia com padrão mental, certo?

Tem uma diferença grande entre o norte-americano e o latino-americano, que é a mesma diferença entre o pensamento financeiro e o pensamento econômico, Taís.

O norte-americano costuma, por hábito, anualizar tudo que ganha. E qual a principal diferença? É a mesma coisa de você analisar a parcela e o todo.

No campo do lazer, por exemplo, se eu gasto 300 reais por mês com churrascos e bares, ao anualizar esse valor eu percebo que são 3.600 reais que poderiam se transformar em uma viagem. Você otimiza a maneira de lidar com o dinheiro e passa a trabalhar melhor com metas.

As pessoas têm uma visão muito equivocada sobre educação financeira. Elas pensam que é algo apenas para o público em situação de vulnerabilidade econômica quando, na verdade, a educação financeira está aí para todo mundo – grandes investidores, aplicadores, poupadores, para especulação no mercado financeiro. Educação financeira não é administrar o recurso que temos, e sim ter qualidade de vida, paz e conseguir, de forma lícita, alcançar seus sonhos. Nosso papel é desmistificar essa questão, não é?

Exatamente, Taís. Quando eu comecei minha carreira de educador financeiro, ia em muitos cursos gratuitos. Não tinha como investir, tinha acabado de chegar em São Paulo. E lembro de ouvir algo que, há poucos anos, eu ressignifiquei. O cara falava que eu precisava investir 50% do que ganho. Eu olhava para o meu salário e falava que aquele cara estava doido. Eu vivia uma crença limitante de que não podia mexer nem nas receitas, nem nas despesas. Até porque, quando falamos em tirar despesas, parece que você está se tornando mão de vaca, avarento. Isso tudo é crença.

Se você observar grandes milionários, como Bill Gates e Warren Buffett, eles estão andando de camiseta preta e *All Star.* Eles estão muito mais preocupados com ideias do que com padrões. E o nosso sistema de crença olha muito para o padrão. Tem uma frase que diz que "você compra o que você não quer, com o dinheiro que você não tem para mostrar uma pessoa que você não é". E essa cultura nos leva ao *status* de viver a vida dos outros. No marketing, chamam isso de "efeito manada". Por isso influenciadores crescem tanto.

Quando você tem meta, se planeja e está com as finanças em dia, você passa a se perguntar: é a hora? É o momento? Eu estou me preparando para isso? Será que eu posso mudar de carro todo ano? E a resposta sempre é sim, desde que meu orçamento e minhas receitas permitam isso.

Quando eles falam para você poupar 50% do que ganha, não é para fazer isso hoje. É para você construir isso em uma linha do tempo, passar a rever seu padrão e se blindar lá na frente.

Quando desenvolvemos um estudo aqui, na Ponto C, para desenvolver metodologias, nós vimos dois tipos de pessoas: aquelas muito emocionais, com sistema de crenças aflorado e pavor de planilha; e aquelas pessoas totalmente racionais, que colocam tudo em planilha e, na hora de fazer, acabam ignorando a planilha e agindo pelo emocional.

A teoria do cérebro triúno deu origem à neurofinança. E ela aponta que temos três cérebros: um cérebro emocional, um sistema límbico de informações e o cérebro reptiliano. Este último é o que repete, que segue padrões. E, quando fazemos atendimento de *coach* financeiro, identificamos isso, se é momento de oferecer planilha, se devo ir para a psicologia econômica ou trabalhar o sistema reptiliano.

E é um caminho construtivo. É claro que quando aprimoro minha planilha e vou para a prática, preciso entender qual emoção estou entregando ali. Quando estou no controle dos meus objetivos e entendo meu momento financeiro, eu olho para minha meta e preciso atender a mim mesmo.

Temos que fazer o oposto do que diz Oscar Wilde: "Resisto a tudo, menos às tentações". Na educação financeira isso não se aplica. Fábio, e para quem está tranquilo com suas finanças, que acredita que não precisa mudar ainda, qual dica você daria?

Quando falamos de algo com um impacto social tão grande, como a questão financeira, de alguma maneira todos são atingidos, mesmo que de modo transversal. O que quero dizer é que se não chegar até você, vai chegar em um parente, em alguém querido. E se você se sentir próspero e organizado, poderá ajudar essas pessoas. A pergunta mais importante é: como você quer estar daqui a dez anos?

Quando você faz essa ponte para o futuro, você fica mais seguro. Passa a investir com um propósito, traçando uma linha de trás para frente a fim de entender o que precisa fazer hoje para chegar lá na frente.

A gente acha que dez anos é um período muito distante, mas na verdade essa meta deve ser cascateada por ano, mês e dia. Só isso vai nos tirar do ponto A e nos levar ao B. A gente precisa entender que o primeiro passo acontece hoje.

Este é o ponto crucial. O hoje vai passar. Se ficarmos presos nele, reclamando, nos vitimizando ou, até mesmo, com excesso de confiança de que estamos seguros, pode ser que as coisas que almejamos para nossos próximos dez anos não aconteçam. Quando cascateio, consigo potencializar e chegar aonde quero.

É importante pensar: como tomo essas microdecisões hoje de forma mais racional e consciente? Como faço para sair de um movimento reptiliano ou muito emocional? A pergunta-chave nessa situação é: o que um adulto faria? Dentro de todos nós existem várias figuras e, mesmo que você seja adulto, chamá-lo faz com que ele venha para a consciência, para a razão. Só um adulto consegue traçar estratégias de curto, médio e longo prazo. Quando damos o comando ao adulto, tomamos uma postura mais consciente e racional.

Fico muito feliz quando vejo o Banco Central trazendo luz para esse tema. Neste ano tivemos duas grandes conquistas: a inserção da educação financeira na grade do MEC e uma maior exposição da Semana de Educação Financeira, a Semana ENEF, que traz uma infinidade de conteúdos gratuitos sobre o tema para qualquer pessoa. Queria saber como você vê essa semana.

A Ponto C é catalisadora desse evento. Para nos preparar, sempre fazemos pesquisas temáticas a fim de identificar quais são as principais dores e necessidades. Depois, transformamos tudo isso em palestras e buscamos trazer palestrantes diversificados, que conversem com o público: mulheres, pessoas mais velhas, investidores.

Além das ações durante a Semana ENEF, também realizamos nossas palestras *on-line* duas vezes por semana. Está no nosso DNA.

Qual mensagem final você deixa para a gente sobre educação financeira?

Tomamos esse "chacoalhão" nos últimos meses para que a gente preze por boas escolhas e hábitos. Nosso cérebro é um músculo que precisa ser exercitado.

Vou dar um exemplo prático. Pelo menos uma vez por mês, viajo 400 quilômetros para ver meus pais. Teve um período da vida em que eu ia de ônibus, porque não fazia sentido ter carro naquele momento. Em outro, fazia viagens compartilhadas. Depois de um período, precisei comprar meu carro e, agora, eu compartilho a viagem. Os 400 quilômetros sempre foram os mesmos. A escolha que eu fiz foi mudando, porque minhas necessidades financeiras foram alterando.

A definição mais legal que vi de educação financeira até hoje é que a educação financeira é a ciência das trocas e escolhas. Todo dia a gente acorda e troca nosso suor, empenho e sabedoria pelo resultado, que também é financeiro. Quando esse dinheiro chega, o ideal é que a gente faça boas escolhas.

café
cooperativo
Como o
cooperativismo pode
evoluir sem perder
sua essência
com Dr. Reginaldo Filho
apresentação:
Taís Di Giorno

Como o Cooperativismo Pode Evoluir Sem Perder Sua Essência

Entrevista realizada com Dr. Reginaldo Filho, Consultor Jurídico Especializado em Cooperativas, em 28 de maio de 2020

Pelo histórico, sabemos que as cooperativas financeiras crescem em momentos de crise, mas nossa geração nunca passou por uma crise dessa magnitude global. Como as cooperativas vão se acomodar nesse mundo pós-Covid? Como você vê nosso segmento em meio a essas incertezas vindas de todos os lados para nós, brasileiros?

As cooperativas nasceram da crise. Elas surgem de uma situação "x", que demanda suporte na vida das pessoas. Então, os grandes complexos cooperativos que cresceram na nossa história nasceram da necessidade.

Por exemplo, o Grupo Mondragon. A cidade espanhola vive do cooperativismo em todos os seus ramos – consumo, habitacional, crédito – e é descolada de Madrid, sobrevive de maneira autônoma só pelo cooperativismo. O grupo nasceu de uma ideia do padre José María de Arizmendiarrieta, que viu as pessoas passando fome durante a Guerra Civil Espanhola e decidiu que não dava mais para ficar assim.

José Maria era revolucionário. Resolveu que as pessoas se uniriam em cooperativas e fizeram fornos a lenha para aquecer os lares. Viram que aquela atividade econômica se desenvolveu. Logo depois, o padre percebeu que precisavam, também, de aporte educacional e financeiro, e criou centros cooperativistas dedicados aos dois ramos. De início, as pessoas não queriam aquilo. Por desconhecimento, alegavam que "não queriam ser banqueiros". Então, o padre conta que se fingiu doente, foi de carona até a estação, chegou a Madrid, falsificou todas as assinaturas e voltou dizendo que, agora, todos estavam dentro e eram "banqueiros".

A partir daí, deu-se o complexo e, hoje, Grupo Mondragon é motivo de orgulho para toda a cidade, além de modelo de inspiração para todo o setor cooperativista.

Quando uma pessoa conhece o cooperativismo, ela se apaixona, já que ele sempre surge da necessidade.
Também nunca passei por uma crise como essa, mas vejo nela uma grande oportunidade para o cooperativismo mostrar exatamente o que é, qual a sua cara. Mostrar que ele pode ser não só um braço econômico, mas aquele abraço fraternal que as pessoas precisam agora.

Hoje vemos as propagandas das empresas apelando para o lado humano. As empresas precisam se adaptar, pois a população quer trabalhar cada vez mais com marcas que tenham propósito, que estejam adaptadas à nova economia mais colaborativa e humanizada. E no cooperativismo nós não precisamos passar por essa adaptação, não é? O cooperativismo não está na modinha de ser legal: ele já nasceu legal.

Exato. Hoje é muito bonito falar que a empresa é sustentável, que se importa. O que falta para as instituições é o lado da sensibilidade que a cooperativa tem, pois vivemos de solucionar efetivamente o problema das pessoas. O banco, no formato tradicional, é uma necessidade, não solução. As cooperativas de crédito são soluções e sempre se colocaram como tais.

No Brasil, temos cerca de duzentas instituições financeiras, enquanto nos Estados Unidos são mais de mil e duzentas. A falta de concorrência no sistema tradicional, somada à falta de um governo que coloque um limitador de spread, faz com que as pessoas fiquem vulneráveis. E isso, unido à falta de educação financeira, é muito danoso. O Sicoob Cecres vem fazendo o trabalho de mostrar para as pessoas que existimos, que no cooperativismo nós acolhemos.

Com certeza isso aumenta a vulnerabilidade das pessoas.

O *spread* hoje é uma bênção para o banco. Fica simples ganhar dinheiro com intermediação financeira. O cliente tem a falsa ilusão de que quem empresta é o banco, mas, na verdade, quem paga é quem investe. E isso é danoso!

Na cooperativa, o *spread* também existe, mas é feito exclusivamente para custear as despesas da cooperativa, por isso as taxas tão mais baixas. Então, sem considerar o lado humanitário da cooperativa, o financeiro também é muito vantajoso. Apesar da cooperativa não visar lucro, ela tem um potencial muito grande.

Todos os estatutos das cooperativas começam com "cuidar da educação financeira das pessoas". Isso prova que o segmento não nasceu só para ser um agente financeiro, mas também para dar suporte. Quando você tem suporte financeiro, sua demanda é entendida, a cooperativa caminha com você nessa busca por ela.

O cooperativismo não é uma imposição. Ele é uma relação entre todas as pessoas que se envolvem nele.

Ainda existe uma resistência das pessoas às cooperativas, que pode ser justificada pelo fato de que, antes de profissionalizarmos, só saíamos no jornal quando alguma cooperativa quebrava. Nunca era dito algo positivo.

Gostaria que você comentasse um pouco sobre o Fundo Garantidor do Cooperativismo – FGCOOP e aspectos de governança que hoje se equiparam aos bancos tradicionais, o que traz segurança para que as pessoas operem com as cooperativas.

As pessoas acham que as cooperativas, por serem uma sociedade teoricamente mais simples, não têm o grau de complexidade do sistema financeiro tradicional. E isso não é verdade. Hoje percebemos que os dois grandes sistemas cooperativos do Brasil estão muito bem preparados.

Na tecnologia, eles não devem nada para ninguém. Muito pelo contrário: como usuário, sei que consigo ter respostas às minhas necessidades de maneira muito superior à dos bancos. E eu falo como alguém que conhece de dentro o sistema e sabe a segurança que ele tem. Tive a chance de conhecer o *bunker* de Tecnologia da Informação (TI) do Centro Corporativo Sicoob e fiquei impressionado com o sistema de *backup*. É mais seguro do que o dos bancos.

Além disso, assim como os bancos têm o Fundo Garantidor, o

sistema cooperativo também tem o FGCOOP, que é uma entidade extremamente séria, autorizada pelo Banco Central do Brasil. O Fundo é constituído por toda a movimentação financeira que as cooperativas fazem com seus associados – uma parte daquilo vai ser destinado à composição desse fundo. Ele é dedicado a suportar qualquer situação que coloque em risco o valor do cooperado aplicado na cooperativa. E é o mesmo valor do fundo dos bancos: R$ 250 mil por CPF.

Em 2019, tive uma reunião no FGCOOP e fui com muita curiosidade para entender o tema. E, de tudo que ouvi, o mais interessante é que nunca tinham usado o fundo para nada. Nunca foi preciso, tamanha a solidez das cooperativas.

Temos o Banco Central coordenando de perto nossas atividades. Antes olhávamos com outros olhos, tínhamos medo desse monitoramento. Mas, agora, entendemos que é um cenário excelente termos o BC auditando nossas atividades. Essa autarquia é uma chancela de segurança, um excelente selo de qualidade. Coisa que alguns ramos do cooperativismo, como o habitacional, por exemplo, não têm e, por isso, enfrentam dificuldade maior na velocidade de desenvolvimento do mercado.

Falta divulgação do que é bom. Falta educação cooperativa, falta mostrar para o que viemos. Quem está dentro, sente, se apaixona e se vicia.

E é muito bom fazer parte de algo que, além de termos serviços financeiros, levamos impactos positivos para a comunidade.

Recebemos um comentário falando que o cooperativismo vai ser o novo normal, que conseguimos equilibrar essa balança. Enquanto estamos isolados, ficamos com a compaixão aflorada, mas temos que tomar cuidado para não acionar a "memória de peixe" e deixar tudo isso passar, não é?

Escrevi recentemente um texto que se inicia dizendo: o que diferencia o homem dos animais é sua capacidade de colaborar não instintivamente, e sim por vontade própria. E o cooperativismo é isso. Percebemos a necessidade e, por isso, fazemos.

Hoje, em meio à crise, vemos muitas empresas falando em doação, em atuação social, em trabalhar com o coração. Mas é difícil manter o coração batendo de verdade. E a gente sente isso no cooperativismo desde sempre. É hora de mostrarmos que o que nós temos aprendido agora, neste período, pode ser aplicado e o cooperativismo já vem provando isso há muitos anos. Um dos nossos princípios é o impacto positivo no desenvolvimento da sociedade.

Nesses 20 anos em que atuo junto ao Sicoob Cecres nós já vivemos dólar a um real, agora estamos vivendo dólar acima de cinco, e por aí vai. São muitas realidades diferentes. Mas uma coisa nunca mudou: o espírito. Fazer crescer, ajudar quem está ao lado, a preocupação com o entorno, com outras cooperativas. Estar junto não por conveniência, mas sim porque queremos.

Meu pai, o doutor Reginaldo, figura muito importante no cooperativismo, sempre fala uma frase: "Não basta você se autointitular uma cooperativa; você precisa ser uma cooperativa legalmente". E, na verdade, hoje é muito fácil cumprir requisitos formais. O mais difícil e mais importante é vestir e sentir todos os princípios e vivê-los. Viver o cooperativismo é o desafio. O cooperativismo está aí, vai continuar, e as pessoas vão conhecê-lo pela necessidade. Não me refiro à necessidade financeira, mas sim desse abraço que a cooperativa dá e que nenhuma outra instituição sabe fazer.
Se você for até um banco e disser que precisa de cinco mil reais, o banco vai te dar sem pestanejar. Na cooperativa, você vai ser questionado, vai ter sua necessidade compreendida e cuidada com responsabilidade.

Qual o nível de inadimplência das cooperativas? E qual o nível dos bancos? Ninguém quer dever para a cooperativa. A pessoa tem orgulho de ser parte, de falar que é dela.

Talvez o grande desafio seja este: crescer sem perder a essência. Temos a oportunidade de crescer na contramão da crise.

Dr. Reginaldo, e o mercado de Direito Cooperativo dentro das cooperativas? Como são as oportunidades?

No começo, no Direito Cooperativo, você trabalhava com três artigos na constituição que falavam sobre o cooperativismo somados à Lei nº 5.764. Hoje, você estabelece relação com o Direito do Consumidor, relação de direito de família, Direito Eletrônico... Todos os ramos do Direito estão acontecendo dentro do Direito Cooperativo.

Isso justifica-se pelo fato de que a cooperativa, mais do que outros formatos de empresas, invade a casa das pessoas. Ela invade a relação pessoal das pessoas.

Hoje, no mercado de atuação do Direito Cooperativo, você encontra subespecializações: Direito Cooperativo Tributário, Societário, do Consumidor. A relação cooperativista é muito grande. Se você se especializa no Cooperativo em si, ele traz consigo todos esses ramos do Direito a serem interpretados à luz do regramento central de preservar a integridade da cooperativa. A pessoa que conciliar todas essas atribuições vai ter sucesso e mercado.

Ouvimos muito por aqui que o cooperativismo é realmente o novo normal. Mas, apesar de conhecermos nosso potencial, sabemos que nossa participação no total de depósitos do Sistema Financeiro Nacional ainda é muito pequena; falamos em torno de 5%. Na sua opinião, o que falta para que a gente consiga participar mais do sistema financeiro nacional e para que as pessoas conheçam o segmento?

Eu advogo para várias cooperativas e, com isso, vejo vários tipos de atuação. Cada cooperativa é um ser vivo diferente. E uma coisa que falta para muitas delas é expandir esse trabalho. Elas acabam limitadas aos estatutos, a trabalhar só com seu quadro social, e acabam ignorando a possibilidade de mostrar o cooperativismo para além do quadro.

Falta a desmistificação do que é o cooperativismo. Falta apresentar para o público que aquilo é tão bom ou melhor do que os bancos. A gente sabe que dentro das cooperativas tem gente com dinheiro no banco também, quando, na verdade, não precisaria ter. Se você entrou na cooperativa, é porque acredita.

Existe um hiato entre o dirigente e as pessoas. E é um ponto importante de fazermos uma *mea-culpa*.

Ainda tem muita gente apegada ao gerente, ao banco, ao aplicativo, à agência. E isso faz que com essas pessoas não se permitam conhecer outros players de mercado. O App Sicoob ganha prêmios todo ano pela sua qualidade. Estamos em um momento em que precisamos ter mais lealdade com as nossas finanças, não com o gerente do banco, não é?

Exatamente, Taís. É o que comentei anteriormente: as cooperativas não deixam a desejar em nenhum aspecto tecnológico oferecido pelos bancos e *fintechs*.

As *fintechs* estão aí, são legais, ágeis, mas elas têm uma tela no meio do caminho. O cooperativismo transforma essa tela em 3D, em algo acolhedor. Além de entregar toda a tecnologia e agilidade, as cooperativas garantem um atendimento humano e especializado.

Dr. Reginaldo, o que você espera do futuro do cooperativismo?

A mudança chegou. E quem já está vivendo essa mudança, quem está se reeducando neste período turbulento que estamos passando, está vendo a onda do cooperativismo. Tenho certeza de que meu pai, um ícone do cooperativismo, hoje com 80 anos, continua olhando para o segmento com a mesma esperança que olhava quando tinha seus 27 anos.

A esperança de que o cooperativismo é a solução. Não tenho dúvida!

café cooperativo
Trajetória do Sicoob Cecres e sua contribuição para o cooperativismo
com João Carlos Gonçalves Bibbo
apresentação:
Taís Di Giorno

Trajetória do Sicoob Cecres e Sua Contribuição Para o Cooperativismo

Entrevista realizada com João Carlos Gonçalves Bibbo, presidente do Conselho de Administração do Sicoob Cecres, em 4 de junho de 2020

Nossa cooperativa, o Sicoob Cecres, faz aniversário em uma data muito emblemática: 12 de junho, Dia dos Namorados. Então, aproveitando essa deixa, conta para a gente um pouco sobre sua relação de amor, namoro e casamento com o Sicoob Cecres.

Eu já estava na Companhia de Saneamento Básico do Estado de São Paulo, a Sabesp, nosso berço, há alguns anos. Quando entrei, ela ainda estava iniciando. A Sabesp veio de três companhias: uma produtora de água, uma distribuidora de água e uma executora de serviços de água no estado de São Paulo. E fui um dos primeiros a entrar quando começou, realmente, o nome Sabesp. Então, para mim, toda vez que falo em Sabesp sinto um orgulho muito grande. Eu a vi nascer, e hoje ela é a terceira maior empresa de saneamento básico do mundo.

Em minha origem, no interior de São Paulo, na cidade de São Carlos, sempre fui uma pessoa voltada ao esporte e, também, ao cooperativismo. Meu pai era secretário da Prefeitura da área agrícola e, naquele tempo, eles montaram uma cooperativa de consumo dos funcionários da prefeitura de São Carlos. Meu pai foi fundador, chegou a ser presidente. E essa inclinação à parte associativa, unida ao gosto pelo esporte, que sempre me fez trabalhar em grupo, me fez encarar os desafios de outra maneira.

Quando entrei na Sabesp, a empresa oferecia poucos benefícios aos funcionários. Ao entrar, eles já te ofereciam tudo o que tinham disponível. E aí eu logo me associei à Associação Sabesp. Passado um tempo, fui convidado para ser parte da Diretoria da Associação. E foi lá dentro que começamos a discutir soluções para o problema de agiotagem que existia dentro da Sabesp.

Nós recebíamos pelo banco Banespa. Aí o agiota, um dia antes do recebimento, já tinha os cheques na mão e ia até o gerente de cada banco deixá-los lá, prontos para serem descontados quando caísse o dinheiro na conta do funcionário. A agiotagem era muito cara, as taxas de juros eram abusivas, e isso começou a gerar um problema financeiro aos cerca de 24 mil funcionários da empresa.

Então, surgiu a ideia de montarmos uma cooperativa de crédito dos funcionários da Sabesp. Era dia 12 de junho de 1985 quando conseguimos registrar nossa cooperativa. Sou um dos sócios-fundadores da cooperativa, fiz parte do primeiro Conselho de Administração.

Aos poucos, a cooperativa foi tomando corpo, crescendo, mudando os endereços para se adequar às novas necessidades que surgiam. Lembro de quando você entrou como estagiária na cooperativa e, desde então, sempre mostrou todo seu talento, sua capacidade. Hoje é a presidente-executiva do Sicoob Cecres.

Digo que o cooperativismo é aquele bichinho que pega a gente! Muito me emociona lembrar que entrei na cooperativa objetivando pagar minha faculdade de Jornalismo e acabei me encantando com o segmento, e por lá fiquei.

Sua visão de futuro, muito parecida com a minha, foi um excelente casamento corporativo.

Queria que você falasse um pouco sobre sua gestão no nosso Conselho e o quanto você tem contribuído com o crescimento do segmento de forma nacional com essa visão sistêmica que tem.

Hoje temos 35 anos, mas não nascemos grandes. Viemos nos fortalecendo. E isso devemos aos presidentes, diretorias e funcionários que vieram ao longo desses anos para que pudéssemos chegar hoje na situação que estamos, numa posição muito boa dentro do cooperativismo de crédito nacional.

Quero lembrar e agradecer as pessoas que passaram por aqui antes de mim e começaram tudo isso. Quando entrei como presidente, já peguei uma cooperativa robusta, graças ao trabalho de cada um deles. A diferença é que, na época, ainda éramos uma cooperativa de capital e empréstimo, sem todos os serviços que temos hoje.

Lembro que, quando entrei, eu e você conversamos e analisamos toda a situação juntos: a Sabesp com uma queda no número de funcionários e nossos cooperados, de acordo com a nossa Pesquisa de Satisfação, solicitando uma maior variedade de produtos; eles queriam que operássemos como um banco. Você me propôs que precisávamos crescer. Era hora de expandir, ou morreríamos.

E aí, com esse cenário em mãos, saímos para o mercado, contratamos uma consultoria de mercado excelente, que nos ajudou muito e continua conosco até hoje, e decidimos que era hora de nos unir à Confederação Sicoob e passar a operar com maior leque de produtos. Indo para o Sicoob, tivemos a oportunidade de oferecer mais produtos aos nossos cooperados. Hoje não temos nenhum produto a menos do que os bancos oferecem. Muitos cooperados têm a conta corrente conosco, cartão de crédito, cheque especial, consórcio, crédito imobiliário... Têm uma gama de serviços e produtos para usufruir à vontade dentro do Sicoob Cecres, com taxas muito mais baixas e justas. E tudo dentro daquilo que solicitavam para nós a cada Pesquisa de Satisfação. Estamos fazendo aquilo que nosso cooperado solicitou.

Depois, foi solicitado que seus familiares pudessem fazer parte da cooperativa. E assim foi feito. Tudo o que viemos fazendo foi acompanhar as necessidades que aparecem no dia a dia de cada cooperado.

Quando fazemos uma Pesquisa de Satisfação, não é apenas para atender requisitos legais. Nós realmente ouvimos as opiniões e levamos para estudo. Essa é a diferença entre uma sociedade de capital e uma sociedade de pessoas, não é? O associado é quem define para onde a cooperativa vai?

Sim, exatamente! O cooperativismo é a forma mais democrática que existe. No Sicoob Cecres, a democracia impera e ela começa exatamente nisso que você falou. O sócio é dono da cooperativa. E ele não vale mais ou menos se tem mil reais ou se tem um milhão de reais aplicados na cooperativa. Aqui são todos os mesmos.

Quando você vem à cooperativa, você não é atendido como um cliente, e sim como dono. A atenção é a mesma para cada um. E isso faz uma diferença muito grande, pois não visamos lucro. Nós visamos resultado. O que interessa para nós é o resultado que, por sua vez, no fim do exercício anual, faz-se uma assembleia e ele é dividido entre todos os cooperados em função do capital integralizado que cada um tem dentro da cooperativa. Então, não estamos aqui lutando para o acionista A ou B, como nos bancos. Estamos lutando por cada um de nós.

Gostaria que você nos explicasse o que é o Fundo de Assistência Técnica, Educacional e Social – FATES e por que fazer parte do sistema cooperativo é levar impacto positivo pra comunidade.

O FATES é um fundo de assistência obrigatório, exigido pelo Banco Central, que temos dentro da cooperativa. Todo ano, quando fazemos o fechamento da cooperativa, já direcionamos uma verba para o FATES, que vai ser usada no ano seguinte para apoio às necessidades dos cooperados. Esse dinheiro é cedido ao associado.

No Sicoob Cecres, temos um convênio com psicólogos e assistentes sociais da Sabesp e demais empresas conveniadas, que trazem para nós os problemas que existem entre os funcionários da Sabesp. Nós analisamos esses problemas e verificamos aqueles que podemos ajudar.

E este fundo é realmente "perdido", não é um dinheiro que o associado vai ter que devolver. Já doamos para uma cooperada do serviço autônomo de água e esgoto de Garça um aparelho especial para o problema dela de apneia do sono. Já doamos cadeiras de rodas, reformamos o banheiro de um associado que precisava torná-lo acessível para o filho cadeirante, reformamos a casa de um associado que tinha pegado fogo, reconstruímos o muro de uma moradora que estava cedendo por conta da chuva... São inúmeros casos.

E essa é a diferença do cooperativismo. Não estamos buscando lucro ou dinheiro, e sim a satisfação. Buscamos fazer com que as pessoas que confiam no cooperativismo, que fazem parte dessa história, possam ser beneficiadas. E o social é fundamental para o cooperativismo.

Essa é nossa visão hoje. Não minha, mas de todos os nossos conselheiros. Toda vez que temos reinvindicação, que a Diretoria Executiva nos traz alguma necessidade, a gente estuda, debate e vota a questão. Ela só é aprovada se for aceita por 100% dos nossos nove conselheiros que lá estão. Mesmo eu, como presidente, tenho um voto apenas.

Como você, como presidente do Conselho de Administração, vê essas ações que o Sicoob Cecres, enquanto cooperativa singular, vem fazendo em termos de comunicação e mídia pra contribuir com o aumento da participação do cooperativismo financeiro no Sistema Financeiro Nacional?

Para nós, é um orgulho imenso estar conversando com nossos parceiros, cooperados, colaboradores, conselheiros, diretores e delegados.

Muitas vezes as pessoas não leem, não se informam, e às vezes "o cara a cara" ajuda muito. E isso é o que estamos fazendo com todo esse trabalho de divulgação. Somos vistos pelo Brasil inteiro. Nossas *lives*, discussões, participações em eventos, na mídia em geral. E isso tem que ser feito.

Não só nesse formato, mas também por todos nós no dia a dia. Cada um de nós, satisfeitos com o que temos, devemos passar para o outro também, disseminar esse serviço bom que temos disponível. É incrível imaginar que uma pessoa pode ter oportunidade de emprestar dinheiro com juros de 1,7% ao mês ao invés de 7% ou 8%. Essa pessoa pode usar esse dinheiro, que hoje gasta com banqueiros, para fazer uma viagem, curtir com a família ou ter um jantar bacana.

O que você sente vendo o Sicoob Cecres crescer tanto e seguir completando anos de sucesso e prosperidade?

Muita gratidão. Gostaria de agradecer a todos os meus companheiros de Conselho de Administração: são eles quem nos ajudam a ter um planejamento de futuro da nossa cooperativa. É graças a cada um deles que chegamos aonde estamos, e seguimos crescendo cada vez mais, mesmo no momento atual, mesmo com a situação da Covid-19 e esse achatamento financeiro. Neste cenário, o cooperativismo está à frente, ajudando as pessoas.

Na nossa cooperativa não tem dinheiro parado. Nosso cooperado, seja Pessoa Física ou Jurídica, sempre que precisa do dinheiro, ele encontra a porta aberta. Não ficamos guardando dinheiro com medo de que ele não pague no futuro. Estamos aqui pelo bem dos nossos associados.

Agradeço, também, à nossa Diretoria Executiva. Agradeço a cada um dos colaboradores, os quais chamo de "minha família". É um grande orgulho fazer parte desse grupo que está preocupado em oferecer condições justas para as pessoas terem um futuro melhor.

Agradeço também aos nossos delegados, que disseminam a informação, tiram dúvidas dos nossos associados e estão sempre ao nosso lado.

Sem cada um dos integrantes dessa família, não seríamos nada. Na vida, a gente tem orgulho de muita coisa. E eu me orgulho muito da minha família, da minha empresa Sabesp e da minha cooperativa de crédito Sicoob Cecres.

café
cooperativo
Ações sociais
com Clélia Ronzino
apresentação:
Taís Di Giorno

Ações Sociais

Entrevista realizada com Clélia Ronzino, gestora de Projetos Sociais no Sicoob Cecres, em 12 de junho de 2020

O cenário que enfrentamos é, sem dúvidas, o mais desafiador dos últimos tempos. Quais ações o Sicoob Cecres vem promovendo durante este período que atravessamos?

Os projetos foram muito gratificantes para mim e para todos os que trabalham comigo. Pudemos realizar um trabalho intenso e especial com quatro cooperativas de reciclagem, que já são parceiras do Sicoob Cecres. Atendemos mais de 200 famílias, entregamos mais de duas toneladas de alimentos, 500 máscaras de proteção e 80 frascos de álcool em gel.

Tudo feito com recursos vindos tanto do FATES e quanto de doações. E no Sicoob Cecres temos um bom histórico do FATES. Quando aprovamos nosso primeiro projeto com o Fundo, que era o Kit Bebê, os nossos próprios funcionários trabalhavam nessa montagem. Era um projeto vibrante. Nós montávamos, entregávamos e víamos a alegria dos associados. Muitas mães nos diziam que elas eram as únicas roupinhas que o bebê tinha.

E era um projeto intenso, feito pelas mãos de seis funcionários, na época. E hoje, com mais de 100 colaboradores, conseguimos manter essa paixão, essa essência. Isso é muito especial. Conta um pouco para nós sobre esse engajamento do time.

Nosso time no Sicoob Cecres é muito participativo e engajado. Como disse, as ações feitas em abril e maio não foram com recursos apenas do FATES. Tivemos doações vindas dos funcionários, da Diretoria, do Conselho de Administração, Conselho Fiscal, delegados... Todos abraçaram a causa e, por isso, pudemos promover a ação.

Essa experiência nos aproximou da realidade dessas pessoas, uma realidade difícil. Ficamos sabendo que entre essas pessoas temos várias em condição de rua, vários refugiados. É um público muito carente. E o Sicoob Cecres, quando promove essas ações, está levando a inclusão até elas. Levamos dignidade ao proporcionar esse contato com uma instituição financeira.

Essas pessoas ainda são muito invisíveis, infelizmente. Não só para a sociedade, mas também para os bancos, para as instituições financeiras tradicionais. No Sicoob Cecres buscamos trabalhar com não bancarizados, pessoas que nunca tiveram uma conta, um cartão.

E nós, além de inserirmos, ensinamos a lidar com esses recursos, a melhorar a relação com o dinheiro. A educação financeira também é um pilar social muito bem trabalhado por nós, não é, Clélia?

Sim, exatamente. Hoje temos esse novo formato, mas nós sempre acreditamos e trabalhamos com a educação financeira. Nos meus mais de 30 anos de Sicoob Cecres, sempre tivemos profissionais fazendo palestras, cuidando do orçamento familiar do nosso cooperado. Sem contar diversos projetos, como o "Cecres Fazendo Arte", que tinha o objetivo de, realmente, ampliar a renda familiar dessas pessoas.

Em todas as ações nós olhamos para o futuro, para o desenvolvimento e para o cooperado. E sempre tivemos uma Diretoria que apostou nesses projetos.

Nós, realmente, temos uma Diretoria e Conselho muito visionários, que perceberam que as ações do FATES poderiam ampliar suas fronteiras. O FATES é um fundo determinado pelo Banco Central, em que temos que direcionar parte dos nossos resultados para beneficiar a comunidade que auxiliou na construção desse valor: nossos associados. Mas nós começamos a olhar nossas fronteiras, identificar necessidades do nosso país e quisemos ampliar nosso impacto social na comunidade para além das nossas fronteiras. E foi aí que nasceu nossa grande novidade, certo, Clélia?

Exatamente, Taís! Chego a ficar emocionada para falar sobre o Instituto Cecres, que é a ampliação não só de um sonho, mas de muitas ações reais que já acontecem. Com ele, poderemos promover ainda mais ações e atuar em território nacional.

Confesso que em nossas primeiras conversas fiquei preocupada, porque era um desafio e tanto ter a responsabilidade de um instituto, mas sempre foi inspirador e instigante. Não tem como olhar e dizer que não dá. É um chamado muito forte, que tem tudo a ver com nossos valores enquanto pessoas e enquanto cooperativistas.

Desde que me convidou, passei a conversar com pessoas, ler artigos, ouvir histórias. E cada situação proporciona mais vontade de trabalhar nessa missão, de olhar para o outro. O que é, realmente, a missão do cooperativismo quando falamos de transformação.

É uma grande alegria fazer nascer nosso Instituto. E estamos preparando com todo cuidado, para que tenhamos algo robusto, forte e que vai trazer toda a transparência e credibilidade que queremos. Estamos ansiosos, mas sabemos que é importante termos calma e moldar com todo carinho.

Fizemos muitas reuniões com líderes de comunidade, identificamos infinitas necessidades, tivemos contato com muitas histórias e muitas realidades. Temos um país continental que precisa de tudo: podemos trabalhar a fome, o trabalho infantil, a falta de inclusão. Mas precisávamos de foco. E esse foi nosso grande desafio, entender que não poderíamos abraçar o mundo.

Gostaria que você nos contasse sobre esse nosso estudo e a conclusão que chegamos sobre os pilares em que resolvemos edificar o Instituto.

Foi muito importante termos esse funil. Quando começamos a nos envolver, a empolgação era muito grande. A gente quer ajudar o mundo, mas sabemos que não vamos conseguir ajudar todas as pessoas nem abraçar todos os projetos. Quando começamos a fazer muitas coisas, o resultado fica comprometido. Por isso, precisamos ter um caminho.

Então, durante os estudos, analisamos os Objetivos do Desenvolvimento Sustentável (ODS) da Organização das Nações Unidas (ONU). Trata-se de 17 objetivos principais que norteiam o planejamento do desenvolvimento sustentável do mundo. Dentre eles, selecionamos dois para serem nosso foco no Instituto: o ODS número 6, que diz respeito à água e saneamento, e o ODS número 8, que trata de emprego decente e crescimento econômico.

Sobre o ODS 6, dois pontos importantes nos ajudaram nessa escolha. O primeiro deles é que ele está intimamente relacionado à nossa origem, já que somos originários do saneamento, da Sabesp. Faz todo sentido. E outro é que a água é um bem finito e de sobrevivência. A água traz saúde e dignidade.

Quando olhamos fora da nossa bolha, descobrimos que a realidade da lata d'água na cabeça é rotina de milhões de brasileiros. Brasileiros que não tem condições decentes para cozinhar, plantar ou se higienizar, o que compromete fortemente sua saúde, por exemplo. E é um problema que passa de geração para geração. Na capital, isso parece um cenário muito distante.

E sobre o outro ODS?

O índice de desemprego no Brasil chegou a 13,8 milhões[1]. Se já era importante atuarmos com esse objetivo antes da pandemia, agora faz mais sentido ainda. Inclusive, em relação às cooperativas de reciclagem, já temos o plano de colocar esteira, pois percebemos que muitas não têm. E aquele acúmulo de lixo dificulta e atrasa o trabalho deles.

E temos mais um pilar, que é o Programa "PertenSer". O objetivo dele é que a gente mantenha vivos alguns projetos que já existiam.

Hoje, já com o CNPJ em mãos, estamos trabalhando no nosso projeto de identidade para construir com robustez e colocar a mão na massa de verdade.

Construir a identidade é muito importante para não corrermos risco de perder o foco.

E Clélia, não temos como falar do Instituto sem falar de cooperação. Nós investimos em divulgação para mostrar às pessoas que fazer

1 Número de junho de 2020.

parte do sistema cooperativo significa promover ações sociais como as que você citou. É um modelo de negócio que tem a finalidade social, é uma cadeia do bem.

Queria entender como você enxerga esse link da cooperação nesse formato mais macro, envolvendo as ações sociais, o Instituto e a nossa essência.

Nunca me esqueço de quando fizemos um dos nossos primeiros eventos, em 2003, que o Dr. Reginaldo, nosso consultor jurídico, disse que o "cooperativismo é igual a cachaça: entra e vai direto para o sangue". E é exatamente isso.

Estudando melhor o terceiro setor, vemos que a palavra-chave é cooperação. Para realizar os ODS, os três principais agentes transformadores são o governo, o setor privado e o terceiro setor. Os resultados só vão acontecer com a interligação de todos os pontos, principalmente quando falamos de sustentabilidade, já que todos nós precisamos de um planeta melhor, mais sustentável.

Para você, qual o maior desafio na criação do Instituto?

O engajamento. Claro que recursos hoje estão escassos em todos os lugares, mas o que move um instituto ou ONG não é a parte financeira. É a mobilização.

Acredito muito no poder de mobilização do Instituto Cecres. O Sicoob Cecres é idôneo, sólido e isso vai nos dar essa força. Mas teremos o desafio de engajar as pessoas, porque é preciso fazer com que elas entendam a importância de doar, de se comprometer com a ação.

A partir do momento em que temos pessoas acreditando e se comprometendo, a gente consegue realizar muito.

café
cooperativo
Capitalismo Consciente
com Kedson Macedo
apresentação:
Taís Di Giorno

Capitalismo Consciente

Entrevista realizada com Kedson Macedo, presidente da Confederação Brasileira das Cooperativas de Crédito – Confebras, em 25 de junho de 2020

Hoje nossa discussão sobre caminhar para um mundo melhor com uma economia colaborativa se intensificou. Porém, sabemos que o cooperativismo já nasce com esse DNA. Você acha que esse momento de pandemia vai causar uma aceleração do capitalismo mais consciente?

É um tema realmente apaixonante. O capitalismo consciente é um movimento global, vigente há algumas décadas e inserido nas empresas com consciência. Ele tem muita consonância com o cooperativismo em geral, que já tem mais de dois séculos.

São dois movimentos globais que vêm da mesma linha filosófica: cuidar das pessoas. Eles têm como objetivo fazer com que empresas, que são sociedades onde pessoas atuam, sejam mais conscientes em suas ações na comunidade e no meio ambiente.

Nesses momentos de crise a gente vê a diferença que faz a filosofia presente nas empresas que pregam o capitalismo consciente e nas cooperativas, especialmente de crédito, por conta da sua atuação junto à comunidade. Portanto, há muita consonância entre o cooperativismo e o capitalismo consciente.

O capitalismo consciente prega o propósito maior de atuar na sociedade de uma maneira positiva, consciente e sustentável, o que é uma filosofia muito próxima do cooperativismo, que prega a inserção nas comunidades e a participação democrática.

Sempre falo que temos três grandes modelos econômicos, que são o capitalismo, o socialismo e aquele que vai salvar o mundo: o cooperativismo. Um modelo econômico focado nas pessoas e com forte inserção nas comunidades. Ele tem essa cunha de filosofia econômica, que traz benefício e prosperidade às pessoas, como traz, também, o capitalismo consciente.

Precisamos honrar o capitalismo atual, já que ele trouxe uma grande evolução para a sociedade. Mas já vinha-se discutindo a necessidade de uma nova economia. Existe um estudo na China que defende que não tenhamos mais a medição do Produto Interno Bruto, mas sim de qualidade de vida. Não é mais o produto que conta, e sim as pessoas. O capitalismo consciente é muito abrangente, mas o cooperativismo tem muito a ensinar e aprender com ele, não é?

O capitalismo consciente traz uma nova visão empresarial de sustentabilidade, ética, criação de valor e nobreza do espírito empresarial. As empresas só têm razão de existir se, efetivamente, elevam a existência das pessoas e comunidades. Hoje a juventude quer participar mais dessa mudança, quer consumir de maneira consciente, entender os impactos do seu consumo no meio ambiente. Na pandemia, temos empresas que estão atuando em nível local ou nacional, levando equipamentos a hospitais, EPIs, testes. Cooperativas levam cestas básicas, máscaras, álcool.

As cooperativas precisam cuidar dos associados. Neste período, muitos perderam seu emprego, tiveram suas empresas fechadas e precisaram do alívio financeiro. Nós levamos! Refizemos nossos produtos, elevamos prazos, levamos recursos em taxas mais competitivas. Nossa dedicação foi em atender e dar o alívio necessário.

Além disso, cuidaram bem dos seus colaboradores. Eles devem ser valorizados. Dentro dessa filosofia do capitalismo consciente, as cooperativas cuidaram da saúde física e mental do seu time, oferecendo testes a quem precisa, dando condições de trabalho à distância e preservando sua integridade e a de seus familiares.

Há uma enorme diferença entre as empresas que têm o valor ligado ao cooperativismo e o capitalismo consciente, e aquelas que só buscam lucro, que submetem seus funcionários aos riscos de uma pandemia que já causou profundos males à sociedade brasileira. É triste, mas devemos engrandecer as empresas que levaram conforto e benefício para as pessoas.

E não é um julgamento às empresas com fins lucrativos, afinal, são

modelos de negócio distintos. Porém, sabemos que não dá mais para ser o lucro pelo lucro. É preciso que parte daquilo retorne à sociedade com ações positivas.

Como você acha que o nosso segmento cooperativista, que já deu um passo à frente no quesito colaboração, conseguiria protagonizar essa mudança de sistema econômico para o capitalismo consciente?

Existem inúmeras formas de o cooperativismo se inserir nesse contexto. Temos a base, que é a filosofia do cooperativismo, a qual já é muito próxima ao capitalismo consciente.

Devemos, como movimento global, sempre trazer as melhores práticas mundiais para o nosso negócio local, trabalhar com inovação e responsabilidade social.

As cooperativas são sociedades de pessoas. As pessoas estão no centro dos nossos negócios. Tem que ter componente ético no dia a dia, criação de valor, inserção na comunidade e trazer a diversidade para dentro do nosso negócio. A gente vê no mercado geral a dificuldade que as minorias têm de acessar cargos de liderança nas empresas. No cooperativismo temos a obrigação de inserir, de dar oportunidades às mulheres, aos idosos, aos negros. É um fator que podemos auxiliar na transformação das empresas em instrumentos de uma sociedade melhor.

Os valores do cooperativismo já são muito fortes, o que precisamos é praticá-los. Não estamos aqui para dizer que o tipo de organização empresarial é ruim ou não, mas as cooperativas se organizam de forma diferente. Há participação democrática, valores de crescimento de sociedade, valorização da felicidade, aplicação de gestão transparente e participativa. Esses valores podem transbordar das cooperativas para a sociedade brasileira.

Com sua fala, me vem em mente a pergunta: Como? O que falta para nos inserirmos melhor? Já que estamos falando de um país subdesenvolvido, com o segundo maior spread do mundo e o cooperativismo financeiro, mesmo com todas as suas vantagens, ainda tem presença tão tímida. Fazemos muito, mas falamos pouco.

Qual sua opinião sobre a nossa comunicação como segmento?

Precisamos conscientizar melhor as pessoas sobre o cooperativismo. Fazemos tudo muito bem feito e estamos crescendo. Nos últimos dez anos, o cooperativismo cresceu à taxas fabulosas, acima de 500%. Mas nós ainda fazemos nossa comunicação de forma inadequada.

Precisamos praticar a intercooperação, que é fundamental nesse processo. Grande parte da população brasileira não sabe o que é o cooperativismo. A população brasileira precisa de um instrumento de massa para conhecer o cooperativismo de crédito.

Hoje nossos sistemas fazem propaganda sob a ótica do seu próprio negócio individual. Falta união para uma campanha institucional massificada, usando os melhores e maiores meios de comunicação para fazer do cooperativismo de crédito, em geral, um sistema conhecido e uma opção real aos brasileiros. Não apresentar apenas os benefícios da cooperativa A ou B, mas de todo um segmento mais humano e inclusivo.

Outro ponto é a educação. Como o cooperativismo pode transbordar sua filosofia e fazer nossa sociedade melhor ajudando na educação, tanto a financeira quanto a geral. Ensinar as pessoas a lidar melhor com seus recursos, a se relacionar com sua entidade financeira.

Comunicando, o cooperativismo vai poder contribuir ainda mais para a sociedade.

Pensar suprassistema é uma necessidade, e sei que a Confebras segue isso. Você acha que vocês conseguiriam promover fóruns e discussões nessa vertente para levar o cooperativismo à população, independentemente de bandeira?

Sim, a Confebras atua de maneira suprassistêmica. Temos 38 associados, entre sistemas, federações e cooperativas singulares. Nosso grupo representativo de associados é muito significativo.

Faz parte da missão da Confebras o fortalecimento do sistema nacional de crédito cooperativo e sua defesa. E, claro, a melhor comunicação dele para a sociedade brasileira.

As cooperativas têm questões tributárias que são especiais por conta da sociedade brasileira nos conceder esse direito. Precisamos retribuir a essas pessoas.

Na Confebras, temos tido uma série de discussões sobre isso. No nosso último Congresso Brasileiro do Cooperativismo de Crédito, o Concred, tivemos uma noite com as principais lideranças do cooperativismo de crédito, de diferentes sistemas, onde discutimos quais seriam os principais desafios a superar pensando na intercooperação.

Os bancos já têm diversos sistemas integrados, empresas que disponibilizam serviços a todos. Nós temos um potencial enorme de termos negócios comuns. Usamos tecnologias caríssimas, sendo que poderíamos unir sistemas que sirvam a todos. Uma central de atendimento geral, uma comunicação integrada.

Essas discussões precisam acontecer. E não só no âmbito da Confebras, mas também de entidades relevantes, como a Organização das Cooperativas Brasileiras (OCB) e o Conselho Especializado das Cooperativas de Crédito (CECO).

Mas isso está evoluindo. Sou um otimista nesse quesito. Só precisamos acelerar o processo e caminhar para uma comunicação global do cooperativismo.

É muito bom ver a Confebras engajada nesse tema, pois é uma instituição com muita credibilidade e influência no sistema como um todo. E precisamos de celeridade, já que encaramos um momento desafiador. Com uma Selic tão baixa, precisamos espremer nosso spread, o que causa um grande déficit às cooperativas, pois vivemos dele. Além disso, temos o associado passando por intensas dificuldades financeiras.

Acredita que, se mudarmos nosso mindset, conseguimos evoluir no Sistema Financeiro Nacional?

Sim. Neste momento, a questão de redução de custos pela criação de negócios comuns é fundamental. Temos, além da crise sanitária, uma forte crise econômica e um intenso desafio. Como as cooperativas vão suportar uma Selic tão baixa, o crescimento da inadimplência e uma maior regulação do Banco Central? Temos algumas importantes tarefas pela frente. E precisamos começar logo.

Nosso negócio precisa de continuidade. Precisamos entender quais são os negócios mais importantes aos associados agora. Do que eles estão precisando nesse momento e como levamos o alívio financeiro. E tudo isso, toda essa adaptação dos nossos produtos e serviços, sem ignorar o risco.

Precisamos cuidar da tecnologia. Uma das coisas que essa pandemia nos ensinou é que a tecnologia é fundamental. Com tantas cooperativas em *home office*, temos que olhar a tecnologia com todo carinho, para que o associado se sinta em casa mesmo navegando em um ambiente *on-line*.

E temos a responsabilidade de seguir olhando o benefício que levamos à sociedade. Não podemos aumentar a taxa, precisamos mantê-la e reduzir a despesa.

São tarefas importantes que precisam começar agora.

Temos uma importante lição de casa antes, que é conversar com o setor dentro do próprio cooperativismo. Por que uma cooperativa de transporte, por exemplo, opera com um banco ao invés de uma cooperativa de crédito?

No Sicoob Cecres trabalhamos forte a intercooperação, temos um portfólio de 21 cooperativas de outros ramos. Mas ainda é um trabalho que nós, enquanto singular, não conseguimos provocar um impacto tão significativo no sistema nacional.

Quando falamos disso, provocamos o segmento como um todo para que o cooperativismo tenha mais legitimidade quando fala que é um sistema engajado na economia consciente, não é?

A intercooperação muito tem a ver com o conceito do capitalismo consciente. Na Confebras, nos preocupamos muito com as cooperativas independentes. Nossa ideia é fazer uma central de serviços única para oferecer às cooperativas, de modo a reduzir seus custos. Por que não um centro de tecnologia que sirva a todas? Um centro de serviço com funções básicas, como folha de pagamento. A intercooperação precisa estar ancorada em soluções cada vez mais criativas que ajudem a reduzir seus custos e preservem o sistema como um todo.

Temos um desafio da agenda do Banco Central de implantar o cooperativismo de crédito em, no mínimo, 25% do Norte e Nordeste do país. Hoje, só 13% dos municípios das duas regiões têm cooperativas, com apenas 4% da população nordestina associada ao cooperativismo de crédito. São duas das regiões do país que mais precisam do cooperativismo e nós não estamos lá. Somos mais fortes no Sul e Sudeste.

Hoje as cooperativas atuam com faixas da população de renda mais alta. Precisamos fazer um grande esforço para entrar nesse nicho de pessoa que recebe um salário abaixo de dez salários mínimos. Nem um terço dos nossos cooperados recebem algo abaixo desse valor. O cooperativismo precisa chegar nas regiões mais pobres, nos nichos de mercado que mais necessitam, e levar os benefícios às pessoas. É um grande desafio, mas temos competência, recursos, princípios e valores que podem ajudar a transformar a realidade.

No início da pandemia, 107 milhões de pessoas se cadastraram no auxílio emergencial do governo. O desemprego cresceu para quase 14 milhões[1] de pessoas. Essas pessoas estão precisando do cooperativismo. Estão precisando de emprego, de educação. E as cooperativas podem ajudar. Precisamos trabalhar.

O capitalismo consciente não é um movimento revolucionário, que ocorre de baixo para cima. Ele é um movimento que vem das altas lideranças. Que mensagem você deixaria para essas altas lideranças que têm a missão de engajar todo um sistema de cooperativas brasileiras para contribuir com o capitalismo consciente?

---

1 *Número de junho de 2020.*

Minha mensagem é simples: sejam visionários, corajosos, inovadores. Sejam motivadores no seu pessoal, dentro da sua empresa. Revolucionem. Entreguem-se aos princípios do cooperativismo, permitam ações efetivas para a intercooperação. O momento é muito propício para isso.

O Márcio Freitas, líder na OCB, é muito estimulador. Temos também o Almada no Sicoob. Os dois têm iniciativas que são exemplos e nas quais podemos nos espelhar. Precisamos efetivamente motivar e fazer uma grande movimentação entre as lideranças para levar ações de intercooperação, de valorização das pessoas, de comunicação. As pessoas só vão querer se associar se conhecerem e amarem aquilo.

Precisamos das lideranças com a mente clara e consciente na missão de levar essas mensagens às suas cooperativas. E na Confebras temos o dever de promover esses debates e conscientizar as lideranças a fazerem o certo e levarem a cabo os princípios do cooperativismo.

Vamos fazer juntos. O Brasil merece e vai precisar ainda mais do cooperativismo no fim dessa crise. A sociedade brasileira já nos ajuda e nós precisamos retribuir. Trabalhar, trabalhar e trabalhar.

café
cooperativo
Preparando seu
negócio para
a retomada
com Benedito Antonio Albiero
apresentação:
Taís Di Giorno

Preparando Seu Negócio Para a Retomada

Entrevista realizada com Benedito Antonio Albiero, consultor de negócios do Sebrae-SP, em 2 de julho de 2020

Sabemos que o escopo de trabalho do Sebrae vai muito além da abertura da empresa. Gostaria que você falasse sobre a atuação específica do Sebrae, não só no início de uma pessoa jurídica, mas durante toda sua trajetória.

O Sebrae pode acompanhar desde antes da abertura da empresa. As pessoas só procuram o Sebrae quando tem problemas ou quando vão abrir uma empresa. De fato, nós damos toda a assistência para a abertura, principalmente para microempreendedor individual, antes inclusive da pessoa ter a ideia para o negócio. Mas nós podemos acompanhar sua empresa com *softwares* exclusivos, consultorias, planejar como ele vai nascer, se estruturar.

A gente acompanha desde o comecinho e seguimos depois também. Focamos, principalmente, em microempreendedores e EPP – Empresas de Pequeno Porte.

Nossas consultorias são totalmente gratuitas. Você pode conversar com quantos consultores quiser, quantas vezes quiser. É só entrar em contato e agendar.

E temos todo tipo de consultoria: financeira, marketing, pessoas, planejamento estratégico, vendas, crédito. Qualquer coisa que você pensar para o seu negócio nós temos.

E como está a demanda durante este momento de pandemia? Cerca de 98% das empresas cadastradas no Sebrae são micro e pequenas, aquelas que mais têm dificuldade nessa crise e que, se não conseguirem sobreviver, o impacto na economia do país será enorme.

Quando participamos de momentos como essa conversa, a procura é bem grande, mas ainda falta um pouco de estímulo.

Estamos bem atarefados porque, quando a pessoa começar a descobrir e entender todo o suporte que damos, a procura aumenta. Importante ressaltar que não damos assessoria, e sim consultoria. Enviamos algumas planilhas e *softwares*, mas o operacional é todo do empreendedor. Nossa função é dar orientação do que é importante e temos 37 escritórios espalhados pelo estado de São Paulo dedicados a isso.

A procura, principalmente no começo da pandemia, foi muito grande. As pessoas ficaram assustadas. E é importante para entendermos que estamos todos enfrentando a mesma crise, independentemente do tamanho da empresa. Temos experiência com crise econômica no Brasil, mas com uma crise econômica à sanitária, não. É novidade para todos.

Sabemos que o brasileiro é conhecido pelo espírito aventureiro para empreender. E, nesse momento, o desafio é ainda maior, tanto em concorrência quanto em fôlego financeiro. Como você vê esse cenário e qual mensagem o Sebrae diria para que esse empreendedor sobreviva e não vire estatística?

Sempre orientamos para o planejamento. Sei que nesse momento todos os empreendedores querem a alternativa rápida, a "receita de bolo" para a solução. Mas é indispensável sentar-se e refletir sobre quem somos nós.

É hora de parar e repensar o seu negócio. O que ele é, o que eu quero, qual a confiança que eu tenho, qual valor ele agrega para mim e para meus clientes, qual retorno estou recebendo, por que ele é importante para meus clientes... É algo além do financeiro, mas um entendimento do valor que entrego para alguém.

E, para saber disso tudo, preciso me conhecer e entender minha força. É aí que entra o planejamento pessoal, o autoconhecimento. O dinheiro é consequência da excelência, qualidade, bom produto e bom atendimento. Se você não tiver certeza sobre o seu negócio, seu cliente vai perceber e não vai se sentir à vontade. Isso se chama empatia.

Você me lembrou de um estudo que fiz recentemente, em que constatei que se 90% das principais marcas que consumimos hoje desaparecessem, não sentiríamos falta, justamente porque não têm valor agregado. E o consumidor, cada vez mais, quer consumir conscientemente. Como o Sebrae tem preparado as empresas para esse novo comportamento do consumidor?

É muito importante prestar atenção nisso, pois os clientes começam a perguntar. Querem saber de onde veio esse produto, qual a procedência, a rastreabilidade, se sua produção é humanizada.

Não dá para fazer meia gestão, fazer gestão só vendendo. É um conjunto de coisas. E o planejamento dá a visão de todas as necessidades que terei que desenvolver e ter na minha empresa para alcançar esse cliente de maneira humanizada e atenciosa. Preciso ter pessoas bem contratadas dentro de uma necessidade estratégica, treinadas e estimuladas. Priorizar o relacionamento com meus funcionários, quebrar paradigmas de empregado e patrão. A gente não faz nada sem as pessoas.

Junto a isso, temos os processos, as rotinas e padrões. Precisamos entender quem são os clientes, onde eles estão, como querem ser atendidos. E, nesse momento, não é nem pensar em vender, é realmente conversar com seu cliente, se interessar.

A gente sabe que não é toda empresa que tem propósito. O cooperativismo financeiro, por exemplo, já nasce com o propósito humanizado. Como o Sebrae enxerga que o cooperativismo financeiro possa ser um aliado do micro e pequeno empresário nesse momento?

Hoje o empresário está desesperado por crédito. E nós sabemos que vocês têm um cuidado muito grande com isso. Sinto-me muito confortável em dizer que o trabalho de vocês vem ao encontro do trabalho do Sebrae. Traz tranquilidade e possibilidade.

Muitas empresas foram pegas de surpresa, porque não faziam a gestão lá atrás. E agora se veem em um momento muito difícil. Precisam de crédito e é difícil conseguir se não têm um histórico bom nos bancos.

O trabalho de vocês contribui muito nisso, pois não é só emprestar dinheiro. Mas todo esse conjunto de explicar que o crédito por si só não resolve nada. Tem que fazer gestão, conhecer clientes, cuidar das pessoas. Uma empresa não é só o dinheiro, é o dom de enfrentar riscos, de melhorar sempre, de ser criativo e de acessar seu cliente. Mas ele também é importante para alavancar essa empresa junto ao planejamento.

Vocês têm muito a oferecer positivamente.

Acreditamos que um crédito mal concedido pode ser mais nocivo do que a falta de crédito, porque aquela conta chega. Trabalhamos em uma linha de consultoria e de oferecer aquilo que cabe no orçamento daquela empresa. Uma venda consultiva e consciente.

Nossos trabalhos são irmãos e fico feliz por percebermos isso. Não faz sentido passar por esse momento tão desafiador sem entender que temos que nos unir.

O novo capitalismo provavelmente seja o cooperativismo, e por isso precisamos pensar nesse pós-crise com cuidado para não esquecermos as lições. Como o Sebrae vê essa retomada para o micro e pequeno empresário?

Vemos da seguinte maneira: é preciso se preparar bem e entender seu negócio. E, claro, entender que o mundo é digital.

A pandemia acelerou esse momento. Aconteceria de qualquer maneira, entre cinco e dez anos. Mas a Covid-19 fez a gente começar a ver a necessidade do digital. No Sebrae, temos todas as possibilidades, ferramentas, instruções e consultorias para auxiliar nessa mudança.

E não só no campo do marketing, mas também do financeiro. Até para pedir empréstimo é preciso ter planejamento financeiro, fluxo de caixa. Se não sabe como funciona, entre em contato conosco. Temos diversos materiais para disponibilizar gratuitamente.

Como funcionam as parcerias entre cooperativas financeiras e o Sebrae?

Nós, consultores dos escritórios regionais, recebemos as instruções da cooperativa de crédito e entendemos o que ela precisa trabalhar com seu público. E, a partir daí, disponibilizamos treinamentos, *lives*, palestras, consultorias, conforme acordado e orientado na parceria firmada com a unidade comercial.

Algumas pessoas têm medo de procurar o Sebrae. Relacionam à Receita Federal e não entendem que é um órgão de apoio. Gostaria que você desmistificasse esse medo que as pessoas têm de abrir informações ao Sebrae.

Qualquer um pode ter total e plena confiança no nosso trabalho, pois nós nunca diremos o que você tem que fazer. Nós orientamos o que pode ser feito, pois é o empreendedor que tem de tomar as próprias decisões.

Empreendedor é quem arrisca. Ter negócio nesse país é arriscado. Mas a gente não deve ter medo, porque arriscado é viver. O importante é ter vontade empreendedora, querer desafiar, melhorar seu negócio, fazê-lo ter resultados, diminuir despesas e inovar. E, aqui, temos tudo isso para te entregar e te ajudar.

Tudo o que acontece na consultoria fica entre nós e você. Não vai para mais ninguém essa informação. Não tem Receita Federal envolvida nem ninguém vai ver seus custos, julgar sua gestão.

Mas, é claro, nós sempre estimulamos que as coisas sejam feitas do jeito certo. Imposto é alto, nós sabemos, mas vamos te ajudar a colocá-lo no seu custo, para que você tenha o preço justo do seu negócio. Não precisa ter medo algum, ninguém vai chamar a atenção ou algo do tipo.

Nossa missão é promover a competitividade dos pequenos negócios. Para isso, você precisa do famoso CHÁ: conhecimento, habilidade e atitudes. Passamos os três.

O empresário é solitário. Toma decisões sozinho. Então, por que não contar com uma empresa como o Sebrae ao seu lado para isso?

Acredito que as empresas que vão sair mais fortes dessa crise são aquelas que têm seus funcionários com mente empreendedora. Porque não é só quem cria um negócio que precisa desse mindset.

Conta mais para a gente sobre os cursos de empreendedorismo do Sebrae.

Temos diversos, mas gostaria de ressaltar os dois mais famosos.

O Empretec é uma marca registrada do Sebrae que trabalha o comportamento empreendedor. Ele é da ONU; o Sebrae é apenas o facilitador.

Depois da guerra, a ONU percebeu cidades que conseguiram se levantar com mais facilidade. Por isso, contratou uma professora que fosse estudar esses locais e entender o fenômeno. Perceberam que lá tinham pessoas com comportamentos diferentes, comportamentos destemidos. Empreendedores. Então a ONU desenvolveu o Empretec. O curso dura uma semana e mexe com todo seu comportamento. Para participar, a pessoa faz uma avaliação psicológica para entender se está, realmente, no momento de receber aquele impacto. É um curso intenso, trabalhoso, mas muito transformador.

E temos, também, o Empreenda. Ele é operacional mesmo. Você aprende a fazer *design thinking*, método *Canvas*. Também dura cinco dias, mas traz mais gestão e prática.

E temos outros cursos também, de gestão de pessoas, de finanças, de marketing digital, planejamento estratégico.

Neste momento, temos o desafio de, à distância, praticar empatia. Falar a linguagem do cliente. Como você vê o uso da tecnologia como um braço, um apoio neste momento?

O nosso marketing veio evoluindo. A princípio, tínhamos o marketing 1.0, aquele em que você oferece o produto que tem e acabou. Se o cliente quiser, ele compra. O marketing 2.0 já mudou um pouco, mas ainda assim era a empresa que forçava a compra do cliente. O 3.0 já começa a entrar nesse entendimento que falamos até aqui. E o marketing 4.0 é aquele em que o cliente decide o que quer. E isso, junto à tecnologia, é muito poderoso.

Temos uma revolução acontecendo. Não é a tecnologia pela tecnologia. É uma mudança de paradigma. Olhando para estes quatro momentos do marketing, você pode se avaliar e entender em qual nível está. O marketing 4.0 é o estágio da empatia, da escuta ativa.

É preciso vender valor, e não preço. E valor é comunicação, rapidez, segurança e interação.

Indica alguma leitura para auxiliar nessa mudança de pensamento?

O livro *Open Leaders*, dos autores Pedro Mello, Mauro Peres, Giovana Bratti e Daniel Guedes é uma transformação. Ensina uma filosofia de levar as nossas empresas à autonomia, trabalhar no coletivo, gerar valor e transparência. Essa metodologia vai abrir sua mente.

Como sairemos dessa fase? Estamos numa ponte e temos que atravessá-la. Como vai querer chegar ao outro lado? Do mesmo jeito? Depois de passar por tudo isso? Vamos nos transformar, digitalmente, pessoalmente, e passar a pensar de maneira empreendedora.

café
cooperativo
Case Cooperativista
em Mondragon
com Mikel Lezamiz
apresentação:
Taís Di Giorno

Case Cooperativista em Mondragon

Entrevista realizada com Mikel Lezamiz, ex-diretor de Disseminação Cooperativa da Mondragón Cooperative Corporation (MCC), realizada em 9 de julho de 2020

Mondragon é um exemplo para o mundo, a cidade toda respira cooperativismo. Estive aí em 2011 e me encantei! É uma honra recebê-lo aqui para conversar sobre esse case tão inspirador.

Estou aposentado do trabalho, mas ainda sou sócio inativo dos serviços centrais do Grupo Mondragon. Se você mantém o capital inicial, o mínimo, você pode votar na Assembleia Geral.

Continuo em muitos grupos, colaborando com Mondragon para aproveitar a experiência que tive durante 40 anos no grupo, em diferentes cooperativas.

É muita experiência!

A gente sabe que Mondragon é um modelo que serve de exemplo e inspiração de sustentabilidade cooperativista, mas não é todo mundo que conhece. Queria pedir para você discorrer sobre como isso se organizou e como Mondragon se mantém esse exemplo de cooperativismo para o mundo.

Não é fácil manter os valores cooperativistas e funcionar como começamos, no ano de 1956.

Começamos com uma cooperativa industrial e agora somos 100 cooperativas. Dessas, 67, a maior parte, são cooperativas industriais. Mas também temos uma cooperativa de crédito, a Caja Laboral, que tem dois mil trabalhadores. Todos eles são cooperados, não só empregados.

Voltando às industriais, dentre as 67 temos todo tipo de cooperativa. Cooperativas grandes, com cinco mil trabalhadores, mas também cooperativas com mil ou com 50 pessoas.

Ao todo, somos 80 mil trabalhadores em 100 cooperativas.

Algumas dessas têm sedes no Brasil, como nas cidades de Minas Gerais e São Paulo. São 150 plantas de produção.

Também temos uma universidade, a Universidade Mondragon, com seis mil estudantes. Apesar de não ser muito grande, ela tem *campi* em várias cidades, como Mondragon, San Sebastián, Valencia, Madrid, Sevilha, Barcelona e vamos começar um em Berlim.

Em nossa universidade existe uma carreira especial chamada de *Leadership, Entrepreneurship and Innovation* (LEINN). É uma carreira atípica, porque os estudantes, desde o primeiro ano de graduação, têm que gerar cooperativas. Eles precisam montar sua própria cooperativa para faturar, uma cooperativa real. Depois, a cada ano, os alunos passam dois meses em diferentes localidades: dois meses na Finlândia, dois meses na Califórnia, dois meses na China e, por fim, dois meses na Índia. Esse trabalho visa conhecer outros mundos. É uma carreira bem atípica, com sistema de *learning by doing*, que é aprender fazendo. Por isso eles têm que gerar cooperativas, conhecer clientes, viajar. E aprendem com um *coach* que ajuda na formação. É uma universidade pequena, mas muito inovadora.

Temos também cooperativas de serviços de seguros, de alimentação. As de consumo possuem duas mil lojas e seus colaboradores, como nas industriais, são cooperados também. Eles são divididos entre os cooperados consumidores e os cooperados trabalhadores. Buscamos esse equilíbrio.

Então, todo mundo que trabalha no sistema cooperativo de Mondragon é cooperado também?

Sim. As 100 cooperativas são de trabalho, onde os trabalhadores são cooperados.

Mas também temos que dizer que os trabalhadores que estão no Brasil, China ou Alemanha ainda não são cooperados. Eles são empregados que trabalharam para outras empresas e uma cooperativa do grupo Mondragon comprou essa empresa, trazendo-os como empregados.

Temos o mesmo modelo de gestão que temos aqui no País Basco, mas eles não são cooperados. Só participam das assembleias gerais de informação, não das tomadas de decisão.

Mas aqui, sim. As 100 são cooperativas de trabalho e os empregados são associados e proprietários da empresa.

Como você vê o cooperativismo europeu como um todo nesse momento que enfrentamos?

O cooperativismo europeu está melhorando, tanto na França quanto no País Basco, quanto na Itália e na Alemanha. Porque o cooperativismo está demonstrando que é mais resiliente e resistente para superar as crises.

Alguns estudos apontaram que, nos Estados Unidos e na França, as cooperativas se saíram melhor durante a crise financeira de 2008. Elas superaram melhor e passaram a ser mais resilientes do que as empresas de capital.

Existe também outro horizonte. O Parlamento europeu a cada dois anos faz resoluções e propostas aos estados membros da Europa para maior atuação na questão social, no fortalecimento da economia. E isso é aprovado por todos os partidos políticos; não só os de esquerda ou de direita, mas todos. Todos eles ajudam com reforço e investimento na geração de cooperativas, principalmente de trabalho.

Acho que Mondragon vai superar este problema da pandemia e vamos sair reforçados. Com todo respeito a nossos competidores, mas em Mondragon temos uma das mais importantes características: a intercooperação. Nós passamos trabalhadores de uma cooperativa para a outra, diretivos, fundos de investimento. Passamos caixa entre cooperativas. Em momentos de crise financeira, as cooperativas de Mondragon superaram porque passaram caixa entre elas. Isso ajuda a manter viva a cooperativa e, depois, sair fortalecida da crise.

Eu acho que a intercooperação é a chave de Mondragon e a chave do sistema cooperativo do mundo. Tem que haver mais intercooperação. Acho que não há muita intercooperação na Alemanha, na Espanha, na França. São só relações de amizade. Acho que ainda tem de haver mais intercooperação para ajudar. Afinal, se você tem caixa, por que não passar para a outra cooperativa? Esse tipo de ajuda nos permite passar melhor pela crise da pandemia do que outro tipo de empresa.

As cooperativas apertam melhor o cinto na pandemia. Algumas aumentaram 20% dos salários dos próprios trabalhadores para ter maior produtividade e maior possibilidade de competir com outras empresas.

Estou convencido de que as cooperativas da Europa e do mundo inteiro passarão melhor por essa crise do que outros tipos de empresas de capital.

Você tocou em dois pontos muito relevantes, Mikel. Acho que um deles é esse. Nosso histórico é vir de crise, mesmo. A resiliência das cooperativas e a plasticidade de gestão estão no DNA do modelo de negócio. Conseguimos ter mais flexibilidade para situações como essa que vivemos.

Outro ponto é a intercooperação. Aqui, no Brasil, temos muito ainda o que crescer entre os ramos. Tenho dito bastante sobre o quanto o setor precisa conversar mais e fazer um trabalho dentro de casa, de fortalecimento entre os segmentos cooperativos e, assim, a gente poder se apresentar para o público geral de forma ainda mais fortalecida.

E, nisso, Mondragon dá um show para o mundo todo!

Que dica você dá para nós, brasileiros, darmos esse start na intercooperação e chegar em um modelo tão sólido quanto Mondragon?

A intercooperação é a característica mais importante e diferenciadora do Grupo Mondragon. Passamos capital, caixa, trabalhadores, diretores e conhecimento entre cooperativas.

Além disso, fazemos também um projeto internacional muito grande. A sua cooperativa pode não conseguir fazer sozinha, mas se unirmos duas, três ou quatro, é possível um projeto grande, a nível internacional.

Essa intercooperação de fazer projetos em comum e de passar conhecimento entre cooperativas é a chave de Mondragon, junto à manutenção dos valores cooperativos de solidariedade e participação de todos. Mas a intercooperação é a chave.

Em todas as partes é possível gerar cultura de intercooperação.

Mais uma coisinha também: uma cooperativa pode comprar de outras cooperativas, como cliente, mas nós sempre temos três critérios para a compra de qualquer coisa, que são qualidade, preço e serviço.

Se a sua cooperativa tem boa qualidade, bom preço e bom serviço, então compramos da cooperativa irmã ou até de outras cooperativas que não estão no grupo, porque são cooperativas também e têm a melhor filosofia. Mas sempre com esses três critérios.

Se você tem boa qualidade, bom serviço, mas o custo é maior, então tem que fazer algo para oferecer a mesmo preço que as empresas oferecem. Se não tem bom preço, o produto é mais caro e mais difícil de vender. Se não tem boa qualidade, então os produtos que fabricamos não são bons. E assim, com essa análise conjunta, se gera um círculo de solidariedade, de intercooperação.

É preciso boa qualidade, preço e serviço entre todas as cooperativas para ser mais competitivo e sustentável. A intercooperação é peça fundamental.

Acho que é possível as cooperativas fazerem mais intercooperação, compartilharem conhecimento, para que todas as cooperativas sejam mais resilientes e competitivas.

Quando você fala de troca e intercooperação, vejo que Mondragon leva muito para o aprendizado. A educação cooperativista é muito forte aí e é cultural.

Aqui, no Brasil, ainda estamos um passo atrás. A gente ainda

fala de fazer negócios entre cooperativas, mas é difícil as pessoas pensarem em consumir entre cooperativas sem a educação, sem a consciência da expansão do segmento como um todo.

O primeiro passo é ter uma mudança de padrão de pensamento. Para qualquer tipo de consumo, eu preciso pensar se tenho essa opção em algum ramo cooperativista. Se tenho, e se tiver alguns requisitos que você apontou, devo priorizar a contratação de uma cooperativa.

Há alguns anos, o Sicoob Cecres começou um trabalho forte de intercooperação, e já tem trabalhado cooperativas habitacionais. Várias delas têm o Sicoob Cecres como principal agente financeiro. Ficamos felizes em ter certo pioneirismo nisso, mas é um assunto que precisa ser debatido, porque é muito incipiente. Quanto mais olhamos para ele, mais vemos o tanto de oportunidades que temos.

Em escala maior, ainda falamos da questão do preço, proveniente da escalabilidade. Quando você negocia em nome de muitas cooperativas, mesmo com serviço do mercado que não tenha no segmento, você consegue barganhar melhores preços e condições.

Claro que, para o cooperado, na ponta isso tem impacto. Temos falado de caixa eletrônico compartilhado ou prestação de serviço de software, entre outros.

Essa discussão é muito boa, muito rica. O cooperativismo brasileiro precisa repensar um sistema mais robusto envolvendo todos os ramos.

E é impossível falar disso sem falar da intercooperação e sem lembrar de Mondragon.

Nós, por exemplo, temos uma cooperativa de compras à qual as outras cooperativas voluntariamente se associam. Elas pagam uma cota anual para manter os serviços mínimos, porque trabalham vinte pessoas na central de compras. Nós compramos juntos eletricidade, materiais de informática, móveis, e fazemos projetos financeiros conjuntos.

Estamos conseguindo trabalhar com valores entre 10% e 15% mais baratos na compra de seguros, de materiais de informática. E estamos falando de compras de dez bilhões de dólares. Então, 10% é muito dinheiro economizado.

Acho que, no Brasil, também é possível fazer essa central como uma parceria entre cooperativas que desejarem.

O sistema é um sistema democrático. Se a sua cooperativa precisa de um computador, você vai ao mercado e compra. Mas, se está pensando em comprar cem computadores, então essa central de compras negocia com uma empresa para reduzir o preço. É um tipo de intercooperação.

E temos também intercooperação para vender. Nesse caso, não em Mondragon, mas na confederação de todas as cooperativas do País Basco, que tem Mondragon como o grupo mais importante. Nesse grupo, são várias cooperativas, de vários ramos e vários tamanhos. A confederação criou uma plataforma *on-line* de venda. Então, se você precisa de xícaras, por exemplo, você entra lá e vê quais cooperativas produzem o que você precisa. Você tem todos os produtos de todas as cooperativas do país catalogados. É uma central para vendas.

E essa plataforma não é só para cooperados.

Essa dica é ótima. Já fica uma lição de casa muito simples e funcional para nós: ter uma plataforma unificada onde tenhamos catalogadas todas as cooperativas, qual sua prestação de serviço e qual o impacto. Assim, a gente cria o hábito de que todo consumo deve ser feito, preferencialmente, entre cooperativas.

É algo muito simples de se fazer, mas que pode ser um primeiro passo para os ramos dialogarem. A gente precisa começar a pensar de forma mais macro no cooperativismo.

Em Mondragon também temos problemas. Por exemplo, neste momento as cooperativas que estão com maior dificuldade são as cooperativas que fazem peças para carros. Elas são os grandes fornecedores para todos os produtores de carros, como a Mercedes, Volvo, Volkswagen, Renault, Nissan e Toyota. Temos, mais ou menos, 20% da produção do grupo do setor automobilístico. Elas estão tendo problemas porque as empresas automobilísticas estão paradas. Na Espanha, retomaram na semana passada.

Somos 80 mil trabalhadores, então temos 80 mil problemas. Cada pessoa tem seus próprios problemas, sua própria vida.

Mas, graças à intercooperação e também à inovação, estamos bem.

Temos 15 cooperativas de pesquisas e desenvolvimento que trabalham para todos os setores. Temos centros para cada uma. Elas têm 200 trabalhadores dedicados a pesquisar, a médio e longo prazo, ações para ajudar as cooperativas. Essa é uma intercooperação de passar conhecimento, de passar pesquisa para desenvolver melhor as cooperativas.

Essa cultura de inovação também é importante. Precisamos inovar para melhorar constantemente, para manter funcionando.

Em nossa cultura, a cada cinco anos mudamos 20% dos produtos. Então temos que buscar novos produtos, novos processos e novos projetos para inovar e manter os empregos. A inovação é uma das enclaves de Mondragon.

A internacionalização também foi muito importante. Nós começamos a exportar produtos em 1976. Mas depois, em 1991, começamos a produzir no México e no Brasil. Compramos uma fábrica de fundição de peças para carros, porque os fabricantes precisavam de fornecedores brasileiros perto de São Paulo. E hoje essa cultura de intercooperação está também perto dos clientes. Temos que produzir perto deles.

Claro, temos que manter o emprego no País Basco, mas temos que estar perto do cliente, buscar um equilíbrio. Uma pesquisa demonstrou que as cooperativas que internacionalizaram, que compraram plantas no exterior, geraram mais emprego no País Basco do que as que não internacionalizaram sua produção. É possível manter o emprego no País Basco e estar internacionalizado também.

Então intercooperação, inovação, internacionalização e a manutenção dos valores cooperativos são fatores essenciais.

O conglomerado de cooperativas Mondragon conseguiu ajudar as pessoas mais vulneráveis nesse período de pandemia? Como trabalharam as ações sociais?

Nesta pandemia, melhoramos muito a imagem das cooperativas de Mondragon. Porque geramos muita solidariedade, ajudamos, fizemos máscaras de proteção. Só se produziam máscaras na China e na Índia. Aqui, na Espanha, não tinha. Em uma semana, começamos a fabricar e demos aos hospitais, asilos e comunidades próximas.

A imagem do Grupo Mondragon nos últimos quatro meses melhorou muito.

Antes tínhamos muita boa imagem em inovação, intercooperação, em resiliência. Mas, agora, melhoramos a imagem com respeito à sociedade e ao governo, porque fizemos projetos solidários.

Em meados de 2011, não havia pobreza. Agora há muito mais, há muito desemprego. Precisamos desenvolver a comunidade para gerar mais conhecimento, educação e possibilidades de trabalho. E temos que fazer também mais caridades porque a necessidade é maior.

É preciso solidariedade entre cooperativas, mas também a preocupação com o entorno. Estamos tentando desenvolver uma sociedade mais justa, mais solidária, e nisso o cooperativismo de Mondragon está muito firmado.

Na educação, nos preocupamos com a inserção da nossa universidade em oito pequenas cidades. A maioria das universidades só estão em cidades maiores. Mas a nossa quer expandir e desenvolver melhor a educação para desenvolver e transformar a sociedade.

Mas não somos perfeitos. Temos muitos problemas, como todos.

Mas são robustos, experientes e têm muito êxito no que fazem.

Na sua opinião, qual o maior gargalo que o cooperativismo brasileiro enfrenta?

Talvez seja a falta de intercooperação real. Se acontecer maior intercooperação e fizerem projetos conjuntos, crescerão muito.

Essa intercooperação seria a maior solução, porque poderia gerar muitos projetos e até fortalecer a fala com o governo. A intercooperação é uma das claves e pode ser um dos problemas.

Hoje, a cultura neocapitalista que está saindo do governo no Brasil também pode ser um problema para o cooperativismo ou para a solidariedade. Não quero entrar em problemas políticos, mas acho que a intercooperação real pode resolver muitos gargalos das cooperativas, da sociedade e da comunidade.

Mas, claro, não conheço o modelo com tanta profundidade como você.

Ia te perguntar o que você enxerga de oportunidades para o Brasil, mas você falou da intercooperação com tanta maestria, que acredito que tanto para o nosso gargalo quanto para nossa oportunidade, a resposta é a mesma: vai ter que passar pela intercooperação.

Sim. Eu acho que é a oportunidade de gerar grupos, projetos maiores, poder entre as cooperativas.

Sempre estamos chorando que não temos poder, que as empresas de capital tomam espaço, os bancos são capitalistas e que o governo não entende nossos problemas. Sempre estamos lamentando. Se gerarmos uma cultura de intercooperação real por zonas, por regiões, e depois gerarmos maior intercooperação real, deixaremos de lamentar e podemos gerar projetos mais importantes para atender melhor os desafios que temos.

Temos muitos desafios de concorrência, como os bancos, por exemplo, e é um desafio importante. Mas esses desafios, com a intercooperação real, podem ser superados.

Sei que vocês são muito ativos na cultura de estar perto da sociedade, de fazer projetos sociais, e se dão muito bem nisso. Acho que temos que deixar de lamentarmos e fazer mais propostas.

Sempre dizemos: sem lamentos, com propostas.

Acho que o Brasil é uma população muito ativa, muito viva e que tem muitas possibilidades. Com essa cultura de educação cooperativista e solidária, cultura de inovação e intercooperação, é possível melhorar muito todo o sistema cooperativista.

Voltando para Mondragon, acredito que vocês tenham aí o desafio grande de manter esse cooperativismo tão vivo, apaixonante, que funciona tão bem e que leva em conta todo o ecossistema.

Acredito que grande parte da economia de Mondragon se deve ao sistema de cooperativas. Vocês investem bastante em escolas, em universidades, na educação.

Você sente que os jovens vêm olhando para o cooperativismo como um futuro, como um "novo normal" que tanto se fala hoje? Estão se tornando jovens cooperativistas também para que esse sistema se mantenha?

Um dos mais importantes desafios que temos é que os jovens vejam o cooperativismo como um sistema de desenvolvimento pessoal e da comunidade. Então, eu acho que os jovens não só da Universidade Mondragon ou das cooperativas de educação, mas também nas universidades públicas, por exemplo, têm a cultura solidária cada vez mais forte.

O País Basco é a região da Europa que tem maior porcentagem de jovens que vão fazer intercooperação na África ou na América do Sul. É o primeiro país, mais que Espanha, França ou Alemanha, que tem a cultura de intercooperação com países em desenvolvimento. Acho que os jovens têm uma cultura de solidariedade, de trabalho conjunto.

Esse é o nosso desafio. Como gerar essa cultura na sociedade basca, mas também nos jovens que são trabalhadores do grupo. Porque nós sabemos que a maioria das pessoas que entram no Grupo a trabalho não entram porque têm uma cultura de solidariedade, como no Brasil, mas por necessidade, pelo trabalho, pela boa imagem das cooperativas e pela segurança do futuro. Eles entram por isso, não porque são cooperativistas. O cooperativista não nasce, ele se faz. Eles entram e conhecem a participação, as assembleias, as reuniões mensais de colaboradores e vão se encantando.

Acho que um dos mais importantes desafios é que os jovens conheçam e internalizem os valores do cooperativismo. Nós, por exemplo, em 2002, criamos uma ONG para fazer trabalhar nos países em desenvolvimento. Estamos em Moçambique, Etiópia, Sri Lanka, Equador, Colômbia, México e Brasil. Não é caridade, são projetos produtivos com eles para desenvolvimento.

As cooperativas são membros desta ONG e, neste momento, muitas delas têm decidido que, se um trabalhador seu quiser ir dois ou três anos a um desses países para fazer solidariedade, a cooperativa mantém o posto de trabalho e muitas concedem o salário desse trabalhador por dois anos.

Gostaria que deixasse uma mensagem final aos brasileiros.

Muitas cooperativas têm que fazer integração, porque senão o mercado pode concorrer fortemente e nos trazer muitos problemas. O cooperativismo tem que ter futuro na cooperação, na solidariedade. Valores que hoje são cada vez mais lembrados.

café
cooperativo
Como a Cultura
Organizacional
reflete na nova
economia
com Eduardo Sampaio
apresentação:
Taís Di Giorno

Como a Cultura Organizacional Reflete na Nova Economia

Entrevista realizada com Eduardo Sampaio, diretor comercial da Tribo, em 16 de julho de 2020

Quando nós do Sicoob Cecres conhecemos a Tribo, ficamos encantados. Porque sempre falamos sobre empresas com propósito, mas uma grande questão é: será que aquele time compactua do mesmo propósito? E a Tribo faz esse casamento feliz entre a estratégia da marca e a cultura organizacional do time.

Gostaria que você explicasse o que é cultura organizacional, já nesse sentido da nova economia.

A Tribo é uma consultoria em cultura organizacional. A lógica é ajudar líderes a transforarem seus negócios em algo mais humano, consciente e com visão do todo, para que tudo opere de maneira melhor. Sou um desses doidos apaixonados que pensam em como podemos fazer tudo de um jeito melhor.

Sempre tive uma carreira padrão, corporativa, e saí para entender um pouco sobre como podemos conciliar isso e trazer tudo junto. Sempre digo que o que era a caixa preta da empresa, aquele lugar onde fica o jeito que fazem as coisas, seus processos, está virando uma caixa de vidro – cada vez mais pessoas conseguem ver ali dentro. E, a partir disso, elas formam suas opiniões. O que aquela marca faz e o que ela mostra.

A nova economia é isso. Repensar o jeito de fazer as coisas para que possamos buscar a coerência, falando e fazendo para o mundo o que ele fala que faz, e trazendo retorno positivo para todos. Não só para os donos e acionistas, mas para os colaboradores, clientes e fornecedores também.

Uma vez, uma empresa canadense de *ketchup* fechou sua fábrica no Canadá para começar a importar dos Estados Unidos. Um morador dessa cidade onde ficava a empresa postou no *Facebook*, para os seus

400 amigos, a história desse fechamento, ressaltando que tinham demitido mais de 700 pessoas e disse que não compraria mais dessa marca, e sim de outra, também canadense, que era igualmente boa. A postagem teve mais de 120 mil compartilhamentos.

A cultura organizacional não é necessária só porque a nova economia é bonita, mas é uma questão de sobrevivência dos negócios. Eles precisam operar de maneira coerente com o que dizem para o mundo.

A cultura é basicamente o "jeitão" com que as coisas acontecem lá dentro. E os valores são a maneira que a gente toma nossas decisões. Se a gente olha só para o mercado e não pensa em como estamos tomando decisões, a gente cria essa divergência na imagem. Aí, acontece o que chamamos de tensões culturais, que é, basicamente, quando não está todo mundo remando do mesmo jeito. Cada um entende uma história e não entende para que lado devem realmente seguir.

Ainda existe uma incoerência muito grande entre o que é falado e o que efetivamente é entregue. E, nesse caminho, não tem como tirar o time, pois passa pelo filtro dos valores, das crenças.

Queria falar com você sobre líderes. Acho que tudo tem a ver com a liderança entender qual o propósito da empresa e conseguir cascatear isso para a equipe com empatia e respeito. E dentro das várias nuances que tem a liderança, acho que a principal é a autoliderança. Porque se você tem liderança sobre a sua vida, a chance de ser um bom líder para o time é maior.

Como desenvolver competências para autoliderança e ser um bom líder, independentemente do cargo?

Adoro essa abordagem porque é a que usamos. Falamos de organizações cada vez mais horizontais, onde muitas vezes um estagiário pode ter muito mais influência do que um gestor. Então, quando falamos de liderança, falamos do ato de influência. Nada mais, nada menos que sua capacidade de influenciar o meio, de maneira positiva ou negativa.

Tem um mentor nosso, neurocientista dos Estados Unidos, que vem estudando a liderança há muito tempo. Ele desenvolveu uma fórmula mágica para termos, de fato, uma liderança consciente. E essa fórmula nada mais é do que ter consciência de como eu exerço a minha liderança. Quando ele fala sobre liderança negativa ou positiva, ele alega que isso se diferencia por um único fator: o estresse. Quando tenho meus comportamentos criativos, sou aquele líder que sabe delegar, que dá confiança, que inspira e serve de exemplo, é porque estou conseguindo controlar o estresse. Estou enxergando um desafio nas situações complicadas. Por outro lado, quando vamos para a influência negativa, ou reativa, é quando o estresse me pegou.

E esse estresse não é necessariamente aquele que nos deixa bravos, mas também aquilo que nos deixa tristes ou cabisbaixos. Quando me vejo em uma situação assim, ou vou impor minha vontade, ser controlador, dominante, arbitrário, ou fico paralisado. E aí vem a procrastinação. Você se vê com tanta coisa para fazer e simplesmente não consegue fazer nada.

Dois pontos muito importantes nessa discussão: quando falamos de estresse, associamos a algo ruim. Mas ele, na verdade, significa que você se importa e quer fazer o melhor. Se a gente repensa o que isso significa, temos compaixão com nós mesmos, pois se eu me importo, eu já estou no caminho para ser uma influência positiva. E o segundo ponto é entender como posso conseguir, nos momentos de estresse, aos poucos reconhecer esse estresse e, a partir daí, lidar de outra maneira.

A consciência é o segredo. Naquele momento, talvez você não consiga resolver e lidar da melhor maneira. Mas, se você cria o hábito de enxergar as situações de estresse e como tirar aprendizado dali, no futuro, quando isso se repetir, você já terá uma carga de experiência maior.

É muito importante trazer essa liderança para a parte comportamental. Entende o que sente, como age e que aquilo que o meio está trazendo para você pode ser um presente para você crescer.

Nessa fala, você deixou nas entrelinhas competências para ser

um líder de sucesso, como quociente de adversidade, maturidade, autoconhecimento e resiliência. Neste momento difícil que enfrentamos com essa pandemia, temos uma carga de estresse ainda maior. E o líder tem ainda mais, pois precisa lidar com a gestão emocional de todo o time, com o universo de cada um.

Qual dica você dá para as lideranças que têm um time com essa montanha russa emocional e precisam lidar com sua equipe nesse momento de pandemia?

Aqui vale um exemplo individual. Estamos em uma pandemia. Nunca ninguém viveu isso antes. Aqui, tivemos que reinventar nosso negócio e, com isso, surgiram muitas dúvidas. E o estresse nos leva a esse ponto do instinto de sobrevivência. A sacada é: se eu honrar quem eu sou, tiver clareza do meu propósito e praticar no dia a dia, isso vai me dar uma força descomunal para fazer o que for.

Tive contato com uma cooperativa da Serra da Canastra. E, lá, eles me disseram que os produtores de queijo estavam com dificuldade de vender. Na hora, pensei: "Vou ajudar". Porque acredito na mudança. Mandei mensagem para vários grupos, concentrando em mim os pedidos de queijo. Vendemos mais de 600 queijos apenas em um trabalho voluntário que fiz.

Então a pergunta é: como podemos olhar essa crise como várias oportunidades de repensar as maneiras que fazemos as coisas, muito ligados aos nossos valores? Quando vi que estava exercendo um propósito meu no dia a dia, tive energia infinita.

Não podemos perder isso de vista. Temos que parar, respeitar quem somos e o que fazemos para ir a algum lugar. Tenho toda uma equipe passando por isso.

A nossa CEO na Tribo traz o conceito da liderança para-raios. É a liderança que vai recebendo esses raios e precisa estar muito bem aterrada – respeitando quem é, seus limites e o que acredita – para que os raios possam vir e ela se mantenha centrada e respeitando as necessidades das outras pessoas. Precisamos entender como acolher as pessoas nesse processo.

Eu, por exemplo, estou cuidando de uma criança de seis anos ao mesmo tempo em que estou trabalhando. Não dá para seguir no mesmo modo de trabalho que antes, já que ela pode entrar na minha sala a qualquer momento e eu não posso ficar constrangido por isso. E precisamos reconhecer isso para os nossos times. Não estamos bem. E pessoas que trabalham bem são pessoas que estão bem.

Por isso é tão importante o autoconhecimento. Como vou ser feliz se não sei o que importa para mim? Se não sei meus valores essenciais? Esse mergulho interno de autoconhecimento e entender que os valores da empresa se alinham aos seus, se complementam, é o primeiro passo para trabalhar feliz. E isso é a melhor coisa do mundo.

No cooperativismo, nós vemos que a maioria das pessoas tem essa paixão, pois é um trabalho com finalidade social. Qual dica você dá para um segmento tão bom, com tantas pessoas apaixonadas e um campo tão grande para crescer, mas que ainda não está no lugar merecido?

Tem muito a ver com a cultura organizacional. Basicamente, quando pensamos em propósito e nas pessoas caminhando juntas por um mesmo objetivo, temos um ponto muito importante que é a pessoa ver sentido no que faz.

Quando falamos do cooperativismo de crédito, a sacada é a seguinte: passamos, sim, pelo autoconhecimento, mas passamos também pelo entendimento de que esse propósito de vida não precisa estar necessariamente nos momentos em que, mentalmente, a gente encara como nosso lugar de pertencimento. Na igreja, na família e com os amigos, temos a perfeita tranquilidade de sermos nós mesmos. Mas, e se eu contasse para as pessoas que elas podem ser elas mesmas também durante oito horas por dia, cinco dias por semana? Se eu contasse que podemos encarar o negócio como um grande privilégio em que podemos expandir cada vez mais nosso propósito?

Quando falamos disso, vemos que é um redemoinho. Estamos pequenos, olhando só para a gente, para a nossa necessidade. Mas aí tem família, vizinho e uma grande comunidade. O grande desafio é que não entramos nessa lógica de ampliar a visão e, aí, entender se estamos realmente indo na máxima potência do nosso propósito e do que ele pode trazer. Será que estamos buscando as soluções que poderíamos? Ou só estamos em um modelo de educação industrial, onde tenho minha função e pronto?

Para ter esforços e resultados proporcionais, temos que garantir que essa potência e brilho tenham espaço para acontecer. É aí que entra a cultura organizacional. Toda instituição tem sua cultura, mesmo que ela fale que não se importa com isso. A cultura é feita pelas relações entre pessoas. E se conseguirmos, a partir disso tudo, entender qual é o principal fator que une essas pessoas, o que as leva para o mesmo lugar, temos a melhor maneira de fortalecer.

Ou o oposto, não é? O que separa essas pessoas.

Sim! A beleza vai vir sempre de uma visão apreciativa. Você vai identificar o que separa justamente para encontrar qual vai ser o ponto comum. Existem valores conjuntos ali.

Os caminhos que você pode seguir são muitos, mas existe um específico que vai te levar para um lugar em que todos caminham juntos. Tem valores fundamentais que colam todas aquelas pessoas e são eles que vão fundamentar como você vai seguir o caminho.

Quando você consegue estabelecer junto à organização quais valores são inegociáveis, você sabe quais os critérios para tomar uma decisão. Todos os projetos têm base sólida. E isso faz com que os resultados sejam desproporcionais, porque as pessoas estarão felizes. E aí ninguém segura.

Então, por um lado, temos os valores fundamentais. E, por outro, temos como vou estruturar meus processos e práticas para honrar esses valores. Não faz sentido contratar alguém porque ela fez Harvard, por exemplo. Não faz sentido manter alguém no time se essa pessoa está em total desacordo com os valores da empresa. A partir do momento em que trabalho com um time que realmente se conecta com meus valores, faço a diferença.

A mesma lógica deve ser seguida para mandar embora. Muitas vezes a pessoa é um excelente profissional, mas não está em concordância com a empresa.

Precisamos de lideranças que tenham a perspicácia de entender que alguns valores simplesmente não vão bater. É uma liderança de lucidez, até mesmo solidária.

Como fazer as pessoas pensarem fora da caixa e entenderem a importância de uma cultura organizacional alinhada e homogênea?

Brinco na Tribo que sou "o tosco", que não tem citações maravilhosas, vários autores. Podem ter todas as teorias mais complexas do mundo, mas sou muito da escola da vida. Para mim, administração e gestão são a aplicação prática do bom senso. E não é algo simples de ter, apesar de ser simplesmente encontrar a melhor maneira de fazer as coisas de um jeito que seja bom para todo mundo.

Dentro da Tribo, pensamos que todo desafio de negócios é, na verdade, um desafio de pessoas. Todo negócio é feito por pessoas. No cooperativismo ainda mais. Então, assim como temos inseguranças, temos muitos brilhos que fazem toda a diferença. A questão é contagiar e tratar gente como gente, não como máquina. Quando falamos de cultura, é isso. Como podemos fazer com que cada pessoa sinta que ela é a melhor versão dela porque ela está se respeitando?

Quando você fala da perspicácia do líder, só precisamos pedir para que exercitem a humanidade. É necessária a visão de você fazer o que gostaria que fizessem por você e enxergar as pessoas como seres humanos fora do ambiente profissional. Quando você consegue ver assim, você atinge as necessidades das pessoas, que muitas vezes nem estão previstas no seu modelo de negócio, mas aquilo gera resultados exponenciais.

É a empatia, temos que exercê-la o tempo todo. E trabalhar a diversidade nas equipes, não é? Porque a solução muitas vezes vai vir do aprendiz, desde que você dê voz a ele.

Fui ao Vale do Silício recentemente e vi que no Google eles fazem

isso. Trabalham com equipes que misturam skatistas, poetas, músicos, pessoas de exatas... Quando você cria a diversidade dentro da equipe, sua chance de trazer empatia e escutar a comunidade aumenta, pois você traz uma mini representação da sociedade.

Isso é algo que me incomoda muito.

Quando você fala de diversidade, me toca em um lugar muito profundo. Sinceramente, não temos essa opção. Não é algo que deve ser feito porque é bonitinho, é porque não é justo que a gente não consiga enxergar a sociedade brasileira onde quer que a gente vá e, a partir disso, não conseguir entender de fato o que é a sociedade brasileira. A gente visita Pinheiros, por exemplo, bairro aqui de São Paulo, e a população é majoritariamente branca e de classe alta, o que não representa em nada a sociedade brasileira.

Tenho um tio que é presidente de uma organização. E ele construiu um conselho com pessoas muito inteligentes, com currículo invejável, para discutir o futuro da organização. É chamado "conselho de notáveis". Em uma das nossas conversas, ele me disse que fizeram uma reunião, mas que estava frustrado, pois só falaram mais do mesmo. Eu pedi desculpas pela sinceridade, mas ressaltei que enquanto forem reunidos vários homens brancos, velhos, ricos e com a mesma história, eles pensarão sempre exatamente do mesmo jeito. A lógica é essa. As decisões estão sendo tomadas hoje no bairro Faria Lima por um grupo de pessoas que não tem a noção nem o histórico do que é a realidade brasileira. E essas pessoas estão formatando para grupos que elas nem conhecem.

Quando falamos em diversidade, é isso. É o bom para todo mundo. Quando conseguimos garantir essa diversidade o mais plural possível, a gente passa a amplificar a voz de muita gente. E essas pessoas podem trazer soluções totalmente fora da caixa.

Fui 15 vezes para Cuba. E é tão doido pensar que estamos em uma sociedade binária, tão pautada no certo ou errado, que, provavelmente, ao ler isso muitos já vão pensar que sou "comunista". E quando fui até lá, vi que existem diversos problemas. Mas, ao mesmo tempo, tem coisas que são grandes aprendizados. Eles têm a chamada "canastra básica", que é a cesta básica do cubano, em que todo mês eles têm direito a um valor "x" de alimentos extremamente subsidiados. Quando cheguei aqui, tive a ideia de montar um pacote básico de alimentos com valores nutricionais relevantes, com data próxima da validade, para vender a preços muito mais baixos nas comunidades. Vê como abrir a cabeça para novas realidades pode mudar muita coisa? E isso significa que ter times mais diversos faz com que a gente tenha ideias que não necessariamente se conectam, mas que sugerem ideias de inovação que vão ser excelentes.

Ainda dentro da inclusão, nós ainda temos muito para resolver. Dar espaço para negros, transexuais, refugiados, enfim, as minorias. E é importante trabalhar a equipe que você tem hoje para que essas pessoas sejam bem recebidas.

Presenciamos em 2020 diversos protestos antirracistas pelo mundo. E o racismo é um assunto sempre em voga, pois é algo muito mal resolvido, infelizmente. Como você enxerga que as empresas podem começar uma cultura verdadeiramente antirracista?

Basicamente, sendo muito pragmáticas. Temos uma questão de emoção, de consciência, mas precisamos mudar a estrutura. Se não tomamos decisões que mudam a maneira com que as coisas acontecem, não vamos mudar nada.

Na Tribo, temos tentado. Não podemos dizer que somos referência, pois é um aprendizado constante. Nosso objetivo é traduzir a sociedade brasileira na equipe.

Primeiro, tenho que ter a consciência da posição em que eu, Eduardo, estou. Tenho que entender que tive a sorte de nascer no CEP certo. E eu tenho um objetivo pessoal de fazer com que o CEP errado se torne o certo, porque é o mínimo que eu devo fazer. Ao ter nascido no CEP certo, tive muita oportunidade que muitos não tiveram.

Sei que é polêmico, mas quando você fala sobre cotas raciais e as pessoas reclamam que "estão sendo punidas pela performance", precisamos enxergar que outras pessoas foram punidas a vida inteira. E se pensarmos em como mudar isso, temos que colocar em perspectiva e pensar a longo prazo.

Não posso colocar uma pessoa negra ou uma mulher em posição de liderança sem que essa pessoa esteja preparada para isso, senão eu crio um processo de desequilíbrio no sistema da organização, que é negativo. A sacada é ter uma porta de entrada de base constante. Então, devo pensar em como consigo trazer pessoas diversas e, a partir daí, estabelecer uma política de priorização.

No último processo grande na Tribo, priorizamos pessoas negras. A partir do momento que elas estão dentro da empresa, é muito justo que darmos um programa de desenvolvimento "desproporcional" a essa pessoa, para que ela tenha acesso a programas que os outros já tiveram ou que têm condições de pagar para ter. Então como eu consigo, de fato, pegar parte do meu orçamento e colocar ali para que, no longo prazo, eu possa equalizar isso? Porque aí, daqui duas ou três gerações, começo a ver escolas frequentadas por diversidade, pessoas se respeitando e não fazendo diferenciações com base em comportamento.

É uma oportunidade legítima. Oportunidade dada por quem quer um mundo melhor para a próxima geração. Não é dar um trabalho e deixar a pessoa se virar, talvez ela não tenha tido as mesmas oportunidades que os outros. É um trabalho delicado e é preciso cuidado até para não gerar constrangimento.

Muito! E exige conscientização. É preciso que as pessoas percebam o lugar que elas ocupam, honrem sua história. Entendam que elas têm muito mérito de ter o que têm, mas que tem outras pessoas que não tiveram oportunidade, por isso não alcançaram esse mérito. Então, como podemos ajudar para que todos tenham um tratamento que, no fim, teremos igualdade de oportunidades e condições? Como faço esse processo de desenvolvimento?

E só falei da base, mas não significa que não tenham pessoas diversas que já são muito preparadas. O problema é que estamos acostumados a colocar no processo seletivo critérios de entrada que nos restringem a um perfil muito parecido com o nosso. Como acessar pessoas que nem veem aquela oportunidade?

Quando falamos em cooperativa, isso é parte fundamental, já que seus princípios apontam para a igualdade, inclusão, educação e formação da sociedade.

Tenho dificuldade de entender como o cooperativismo tem um share tão baixo, frente a um país como o nosso, tão diverso, com uma linha abaixo da pobreza tão expressiva. O terreno aqui é muito fértil. Mas, por algum motivo, não vai. É importante termos mais discussões como essa para colocar o cooperativismo em um lugar de destaque, concorda?

Sem dúvida. Esse é um dos principais pontos que comecei a estudar logo depois que saí das grandes organizações.

Fui em um fórum chamado Fórum de Finanças Sociais e Negócios de Impacto. Um evento gigante, com três ou quatro mil pessoas. E ali fiquei muito bravo, pois ninguém falou sobre o cooperativismo de crédito. Nos grandes centros, ninguém sabe o que é o cooperativismo financeiro. Tinha acabado de conhecer uma cooperativa de crédito muito inspiradora. Encaro o cooperativismo de crédito como o maior negócio de impacto do Brasil. A capacidade é enorme.

Eu falo sobre o cooperativismo financeiro para os meus amigos e eles perguntam "qual a treta?", porque ninguém acredita que algo possa ser tão bom.

Falta o poder de engajamento do cooperativismo com essa nova marola da nova economia. Tem um cavalo passando na frente de vocês com uma grande oportunidade. Se ele passar, essa marola vai virar uma onda e o cooperativismo vai deixar de pegar um lugar que não é um nicho ou uma oportunidade, mas um lugar que é seu por direto. Porque o mesmo fórum de finanças estava sendo patrocinado por um grande banco do Brasil, e a estrutura de operação deles não condiz com o valor que é comunicado.

Mas o consumidor vem com um posicionamento novo depois dessa pandemia, não é? Com um olhar diferenciado. As pessoas estão, felizmente, cada vez mais conectadas, informadas e essas coisas não sobrevivem muito tempo. São exigidos discursos coerentes e

legítimos.

Não é direto de empresas que não estão praticando os valores falarem disso para o mundo. E o cooperativismo já tem na sua essência. Então a questão é: como comunico isso da melhor maneira e como vou expandir a visão do propósito e tomar risco? Está na hora de arriscar.

O modelo surgiu na dificuldade, em lugar sem esperança. Tem um indiano, o Satish Kumar, que foi monge e fundou a *Schumacher College*, que fala: "Parem de pensar, só ajam". Se agirmos de acordo com nossos princípio e valores, o resultado é consequência.

Então, cooperativistas, percebam-se como o maior agente de transformação financeira do Brasil. E ajam de acordo com isso, porque o resultado vai ser consequência.

E isso significa mais do que se comunicar melhor, mas também fazer o constante teste de coerência. Temos a tendência de ir para o modelo bancário tradicional. Preciso ver, constantemente, se minha gestão está orientada a um propósito. Se, de fato, estou atendendo o interesse da comunidade. Sabemos que temos cooperativas maravilhosas e outras que perderam a essência.

Foi feita uma pesquisa que conseguiu, pela primeira vez, comprovar academicamente que empresas mais conscientes, com melhor relacionamento com fornecedor, clientes, funcionários e sociedade, têm retorno financeiro muito superior às maiores empresas do Brasil. Temos que trabalhar em um modelo de negócio que entenda como fazer de um jeito bom para todo mundo. O resultado vai ser, simplesmente, consequência disso. É isso. Só aceita, vai e acredita que vai dar certo.

E o cliente vai perceber esse propósito. Precisamos mostrar a que viemos, para que na hora do consumidor escolher, ele entenda que no cooperativismo ele vai trazer um impacto positivo para o mundo. Vai ser um agente de transformação. Não tem nada de errado no modelo lucrativo, mas é um modelo de negócio diferente. Mas se as pessoas não tiverem informação, não tomam uma decisão lúcida.
É trazer consciência na hora da tomada de decisão. O fundador do

banco Triodos na Espanha, Joan Melé, fala sobre isso. Esse banco tem a lógica de só investir em economia real, naquilo que melhora o mundo, e de trabalhar com total transparência sobre onde o dinheiro está sendo investido. Ele fala sobre a guerra do Iraque, em 2003, quando os espanhóis foram às ruas contra a invasão americana. Mas esses mesmos, que foram às ruas, tinham seu dinheiro em grandes bancos que investiam tanto no tesouro americano quanto na indústria armamentista. Apesar de serem contra os valores deles, eles estavam financiando a guerra do Iraque.

Como trazer essa consciência de maneira simples? A dificuldade é a comunicação, mas também ter uma base sólida. Senão nada adianta comunicar.

O cooperativismo está atrás. É preciso construir credibilidade. Se não tiver uma cultura forte, uma narrativa comum e for coerente com o que propõe para o mundo, morre antes mesmo de começar a crescer. Se comunicar "algo que não é", a máscara vai cair muito mais rápido do que em instituições que estão mais fortes.

Tem algum recado bacana sobre cultura organizacional para finalizar?

A cultura é a junção de todas as pessoas que tenho ali.

Para os líderes, peço que respeitem as pessoas que estão com vocês. Ouçam essas pessoas, porque elas vão construir com você algo muito bacana e poderoso.

Aos que ainda não estão em um cargo de liderança, honrem quem vocês são e no que acreditam.

O grande ponto é que, se não for a gente, talvez ninguém vá. Vamos fazer. Vamos juntos. Se não fizermos, quem vai fazer? Precisamos dar os primeiros passos para unir gente boa, gente do bem e causar a transformação que queremos no mundo. Talvez todo mundo já tenha mudado e só falte a gente.

café
cooperativo
Soluções financeiras
em tempos de
pandemia
com Marco Aurélio Almada
apresentação:
Taís Di Giorno

Soluções Financeiras em Tempos de Pandemia

Entrevista realizada com Marco Aurélio Almada, diretor-presidente do Bancoob e Sicoob Confederação, em 23 de julho de 2020

Almada, sabemos que temos grande ansiedade em atender nossos associados, mesmo porque eles vêm exercendo papel fundamental nessa trajetória da crise. Entendemos que as linhas emergenciais do governo ainda não são o suficiente para o micro e pequeno empresário. Tem algum pleito do Bancoob junto ao governo para a ampliação dessas linhas?

Nós atuamos fortemente, tanto junto do Ministério da Economia, quanto com o Banco Central, no sentido de nos habilitarmos e debatermos detalhes das linhas colocadas. A primeira que foi voltada à folha de pagamento, o Programa Emergencial de Suporte a Empregos (PESE), não foi bem aceita. Nós nos habilitamos, nos disponibilizamos para operar, mas não encontramos nos nossos cooperados uma demanda muito forte. Porque tinham detalhes como não demitir e só poder usar para a folha de pagamento que o cooperado, sem entender muito bem como aquilo se desenrolaria, não usou muito.

Mas houve uma segunda linha, que foi o Programa Nacional de Apoio às Microempresas e Empresas de Pequeno Porte (Pronampe), na qual fomos muito ativos tanto na construção da linha quanto na colocação dos recursos. Essa, voltada a micro e pequenos empresários, esgotou muito rápido. Tudo o que a primeira deu errado, a segunda deu certo. O que faltou foi recurso.

Logo que acabaram os recursos, começamos a atuar com o Ministério da Fazenda e a interagir com o Congresso Nacional para conseguirmos uma nova *tranche* de recursos. A primeira linha foi de 16 bilhões de reais. Conseguimos operar 1,3 bilhões, o que é um valor muito positivo. Os bancos públicos participam do governo, sabem das regras antes da iniciativa privada e sempre começam antes. Fomos a segunda instituição privada a entrar, operamos esse bom valor e estamos na fila para a segunda *tranche* de 12 bilhões.

E tem a questão do remanejamento do recurso que foi colocado no PESE, não é? Ele não teve adesão tão grande por conta das exigências e, por isso, seus recursos poderiam ser remanejados para uma linha como o Pronampe, por exemplo.

O Pronampe veio do aprendizado do PESE. Eu cheguei a fazer reuniões com diretores do Banco Central que queriam entender por que o PESE não tinha tracionado. Discutimos nossa visão das cooperativas e os principais pontos que trouxemos foram esses impeditivos. O Banco Central fez um apanhado de tudo e, quando saiu o Pronampe, ele já saiu mais redondo. Boa parte do recurso foi direcionado do PESE para o Pronampe.

O Sicoob gastou o limite que foi atribuído pelo governo em 48 horas. Ficou um gostinho de "quero mais". Voltamos, demos esse *feedback* aos órgãos governamentais e estamos aguardando uma segunda *tranche*.

Nós sentimos. Vimos nosso recurso esgotar em um dia e uma fila de PJ na mesa de operações. E é uma linha que não dá para concorrer, já que falamos de 0.3% ao mês. Tem que ser linha de repasse do governo mesmo.

Como o governo assumiu 85% do risco de crédito e não cobrou para isso, a linha pôde ser praticada a CDI mais 1,25% ao ano. Taxa difícil de fazer sem o governo por trás.

Mesmo pelo risco de inadimplência, pois atravessamos incertezas e sabemos que fazemos a taxa em função do risco. Fica bem difícil ter uma linha própria.

Sim! Para você ter uma ideia, o segmento de tomadores dessa linha, em condições normais, tem inadimplência esperada de 6%. Sem pandemia.

Imagina se emprestássemos com risco 100% do cooperativismo. Muito provavelmente, 6% dos nossos cooperados teriam dificuldade de restituir à cooperativa o recurso tomado. Nesse caso, como o governo fica com 85% da inadimplência, passamos a esperar 1,05%

de perda. Então dá para operar com 1,25%. Por isso foi um sucesso. Conseguiu equacionar prazo, taxa bacana e fluidez de processo.

Um dos fatores de impacto dessa pandemia foi a aceleração do processo de inclusão digital. Mesmo pessoas com muita resistência aderiram ao mundo digital. Hoje, a maioria das operações do Sicoob são feitas pelos apps. Como você vê o futuro dos postos de atendimento físicos?

Esse é um tema que está em aberto, porque ainda não temos todas as variáveis que vão se desenrolar para dar um desfecho à questão da oportunidade de ter ou não os Postos de Atendimento (PAs). E, além da pandemia, temos o *Open Finance* e o PIX.

O que posso comentar é o seguinte: quando a gente lista os produtos do Sicoob, vamos chegar a uma cifra superior a 300 produtos. Alguns produtos são muito simples: pagar contas, fazer transferências, pagar boletos de cobrança, utilizar cartão de débito ou crédito. Esses de baixíssima complexidade rodam muito bem no ambiente digital. Já os produtos de complexidade média ou grande precisam de consultoria para quem usa. Nesse aspecto, o ponto físico continua sendo pertinente.

Fazemos milhões de transações nos nossos apps, mas quando vamos analisar são exatamente as mais simples. Quando o cooperado for financiar um apartamento ou tomar uma operação de crédito rural, por exemplo, ele precisa interagir com alguém. E nesse momento a base do ponto fisco é importante.

O segundo aspecto é que os serviços financeiros não estão 100% desmaterializados. Para ser 100% digital, tem que estar totalmente desmaterializado. E o que é isso? É quando não preciso do dinheiro físico, por exemplo. Hoje, se eu sou um pequeno PJ e vendo à vista no caixa do meu negócio, recebendo dinheiro ou cheque, eu lido com papel. E aí preciso de ponto físico para processar elementos físicos. A mesma coisa acontece com contratos, por exemplo.

A pandemia ajudou a acelerar a desmaterialização. Antes, 99% dos contratos que eu assinava eram físicos, no papel. A pandemia acelerou a assinatura de contratos já desmaterializados. Mas ainda temos problemas em constituição de garantias de gente que usa dinheiro ou cheque. É a desmaterialização que faz o ponto físico perder parte do seu apelo.

Hoje, nós devemos sempre apontar para o ponto físico os serviços qualificados com base em consultoria, informação, planejamento financeiro do cooperado e análise de alternativa, porque a parte mecânica é facilmente resolvida *on-line*. O que vai sobrar para os profissionais do nosso segmento é a qualificação do serviço que damos com informações, planejamento, inteligência e ajudando o cooperado a usar da melhor maneira seus recursos. Isso é o que dá a beleza do nosso atendimento. E aí mantém a importância do ponto físico para reuniões, encontros e capacitações, mas não para serviços básicos.

Mas sabemos que o custo de uma agência física é elevado. Talvez a gente consiga evoluir nesse momento de ter serviços mais complexos direcionados para os postos de atendimento e a gente venha a rediscutir a questão de compartilhamento de agências. Para que a gente passe a praticar o cooperativismo, o discurso legítimo, e ainda trabalhar com redução de custos.

Sou entusiasta dessa ideia de compartilhamento de espaços físicos. Já temos várias cooperativas testando, ao que vejo com muita simpatia.

Outro grande desafio para longevidade do ponto físico é entender que, se do total das transações, apenas 10% precisam de ponto físico, precisamos ter um ponto físico calculado em cima do número de cooperados cujas transações justifiquem o ponto físico.

E hoje, quando olhamos para o Sicoob, vemos um número grande de PAs com pouco mais de mil cooperados para cada. Esse número é insustentável. Para atender só 10% das transações deles e o ponto se justificar, teriam que ter cerca de 15 mil cooperados por PA.

Então temos duas opções: ou a cooperativa desobstrui os canais de associação para atrair um número muito grande de cooperados, ou ela soma os cooperados dela aos de outras cooperativas e compartilha o ponto, reduz despesa.

Temos alguns caminhos para testar e estamos vivendo o momento de fazer os testes. As ideias surgem. Precisamos verificar se têm aderência com a realidade e, tendo, encontrar o caminho. Sou animado com momentos disruptivos porque neles a gente usa nossa criatividade e nosso valor.

As pessoas acham que a inovação passa apenas por tecnologia, mas não. A inovação passa pela criatividade, pela união de forças. Podemos usar a intercooperação. Porque fechar pontos de atendimento, para o segmento como um todo, também não é positivo para a imagem, certo?

Temos que colocar inteligência em tudo que fazemos, ter justificativa estratégica para tudo. Nem sempre o ímpeto do momento justifica a estratégia. Provavelmente ainda temos muitos PAs abertos por ímpeto.

Mas acho que o cooperativismo se qualifica a cada momento e vai aprendendo a lidar. Sou otimista; vamos saber lidar com isso.

Sabemos que, para grande parte da população, o papel moeda ainda é importante.

Essa semana, tivemos a notícia do saque do dinheiro no varejo. O projeto propõe que a pessoa que tem um comércio com grande movimentação de dinheiro em espécie, para que não tenha o trabalho de transportar esse recurso a um banco ou cooperativa, consiga, por meio de uma máquina, atender saques e dar um destino a esse dinheiro. As pessoas poderiam se dirigir aos estabelecimentos comerciais e não mais aos caixas eletrônicos.

Como você vê o futuro dos ATMs? Acha que esse modelo novo vai trazer eficiência para as operações de saque e temos perspectiva de que o Sicoob entre para a rede do saque no varejo?

Entendemos que são importantes essas alternativas de saque e nosso pessoal de Projetos está estudando formas de entrar no segmento. De certa maneira, já temos correspondente cooperativo. O Sicoob nos dá o elemento seminal da tecnologia de como fazer isso por intermédio da rede de comércio. Não teríamos grandes dificuldades.

No entanto, esse fenômeno, na minha visão, vai ser relativamente transitório. A meta do poder público é a desmaterialização do dinheiro. A ambição do PIX é eliminar completamente a necessidade do dinheiro físico. Qualquer pessoa com dispositivo vai poder transferir dinheiro sem custo ou com custos irrisórios. O Brasil está em passos acelerados para que isso aconteça.

Todos os mecanismos que envolvem dinheiro ainda são importantes e, à medida em que os bancos julgam que é muito caro manipular dinheiro dentro da agência, ter outras formas de manipulá-lo usando outros meios, como o comércio, é uma boa ideia e agrega valor e facilidade às pessoas. Mas creio que o movimento vai ser ainda transitório para o quadro novo em que praticamente não teremos mais dinheiro físico.

E, embora pareça estranho, nós não estamos a mais de cinco anos deste momento sem dinheiro físico.

Passa mais por uma questão até cultural do que de operações em si, não é?

Sim. Você precisa comprar. Se não tem acesso ao dinheiro físico e é fluido com outro meio, naturalmente vai acontecer a migração para o meio digital.

A pandemia desmistificou muito o digital. Vimos no próprio Sicoob a quantidade de pessoas que habilitaram os apps. Nosso app é muito bacana, é fluido, bem avaliado, mas ainda assim tínhamos muitos cooperados que tinham dificuldade em baixar e usar. E, não raro, pessoas já mais maduras, acima de 50 e 60 anos. Eles afluíram para os aplicativos durante a pandemia de maneira impressionante.

Vejo que as condições para o dinheiro ser desmaterializado estão se configurando em uma velocidade muito grande. Ainda há espaço para o saque no comércio, para os caixas eletrônicos. Mas eu diria que faz parte de um mundo que vai, proximamente, cair em desuso. Mais ou menos na linha dos PAs.

Os PAs, tal qual conhecemos hoje, paulatinamente vão cair em desuso. Vão surgir outros tipos de PAs, com outra proposta. Isso tudo vai desaparecendo com o tempo.

O investimento positivo em tecnologia que o sistema financeiro deve fazer não é em *hardware*. É em *software*, na absorção de novas tecnologias. E talvez a mais notável seja a inteligência artificial. É por aí que a tecnologia tem efeito transformacional no sistema financeiro, e não em novos dispositivos que fazem coisas mais modernas.

Tudo o que tiver inclinação física está caindo em desuso.

Gostaria que você falasse um pouco sobre o conceito do PIX e do Open Finance e os impactos dessa transformação no nosso sistema financeiro.

São três fatores que vão desconstruir a indústria financeira tal qual conhecemos hoje e fazer imergir uma nova. A pandemia, o PIX e o *Open Finance*.

A pandemia mostrou que podemos organizar o trabalho de um jeito diferente, que podemos construir modelos de negócios menos intensivos em estrutura física e mais intensivos em trabalho das pessoas, que podem até mesmo estar dispersas geograficamente. Vai haver mudança muito grande no modelo de negócio e muito impulsionado pela questão da pandemia.

Ao mesmo tempo o PIX, que é esse mecanismo de transferência de dinheiro muito simplificado, vai permitir que um número enorme de instituições que não são bancos, e sim *fintechs*, análogos, possam entrar em um universo de pagamentos. Isso vai aumentar enormemente a concorrência de quem presta serviço de pagamentos, fazendo o custo cair grandemente.

Já o *Open Finance* contribui com a entrada dos pequenos em um segmento que, antes, só dava certo se o banco fosse grande. Sempre existiram os bancos médios e grandes, mas a qualidade do serviço de varejo dependia de escala, e ela era coisa de grande. Com essa realidade nova, o pequeno faz condições comerciais. As economias laterais, de escopo, permitem essa competitividade nova. E eu fico impressionado com como essas coisas acontecem rápido.

No caso do *Open Finance*, são quatro pontos. No primeiro, você vai poder transitar seu cadastro. Sabemos como é chato abrir conta em banco, levar documentos, assinar. E fechar também é chato. A partir do *Open Finance*, tendo feito um cadastro em um banco qualquer, se quiser abrir em outro, você só vai pedir para transferir seu cadastro de uma instituição para a outra.

O segundo ponto é que todas as condições comerciais que o banco pratica com você, as taxas de juros, podem ser mandadas para onde você quiser. Então esses apps, que comparam preços de banco para banco, vão ter os dados todos com organização pré-determinada, até comandada pelo Banco Central. Assim, você vai saber qual banco é mais caro, produto por produto. Muitas vezes, para quem não é da área financeira, é difícil saber detalhes, entender as vantagens de cada condição. Tudo isso vai se resolver com o *Open Finance*. Imagina que você quer comprar um carro e o app te fala qual das suas quatro instituições financeiras usar, de acordo com as melhores condições.

O terceiro ponto é que você pode fazer a portabilidade do crédito de uma instituição para a outra de maneira muito fluida. Financiou um apartamento em um banco, apareceu uma taxa melhor no outro, você mesmo move de um para o outro. Isso vai gerar uma competitividade muito grande.

E o quarto ponto é essa permissão para todos os produtos e serviços, como consórcios, seguros, cartões.

Isso facilita para o pequeno. Tudo isso com base em tecnologia. Uma pequena *fintech* vai pegar o cadastro que está pronto, fazer condição comercial que já está em curso. O resultado é um aumento brutal da competição entre as instituições financeiras e o que se espera com isso é que que as condições comerciais caiam.

Nisso, temos duas questões. Uma muito boa, outra não tanto. A boa é que a tendência dos custos no serviço financeiro é de queda. Por conta do PIX, da pandemia e do *Open Finance*. E é algo que alcança todas as pessoas.

A questão mais complicada é que o modelo velho de organizar para vender produtos e serviços financeiros vai cair em desuso, porque é caro. Vamos ter que readaptar nosso modelo de negócio. Teremos que tornar mais leve e barato para que possamos repassar produtos cada vez mais baratos aos nossos cooperados.

De um lado, o cooperado ganha, pelo aumento da competição. De outro, a cooperativa é desafiada a rever seus modelos de negócios para continuar nesse jogo de competição.

A medicina teve que se adaptar à pandemia e, hoje, a telemedicina é um fenômeno. Você vê alguma analogia com relação ao que falou sobre as agências físicas, numa linha de teleatendimento para questões mais específicas?

Isso já está acontecendo. Gerentes do Sicoob já conversam com o cooperado pelo *WhatsApp*, já mandam contratos para assinatura digital pelo app. Essa é uma técnica de atendimento com a qual eu vibro muito, pois não prescindiu do fator humano. Temos de um lado o cooperado e, do outro, o gestor. São duas pessoas.

A primeira etapa que eu estava explicando sobre o alto volume são serviços financeiros industrializados: você fala com a máquina. Mas a pandemia mostrou que dá para usar a tecnologia para uma pessoa falar com a outra e fechar um negócio.

Mas queria lembrar que vamos passar por isso porque a transformação digital não é algo que vai acontecer só no sistema financeiro. Temos o fenômeno da transformação digital da vida. Não existia telemedicina e agora existe. Minha filha caçula é professora e está alfabetizando pela internet. Aconteceu a digitalização do ensino, do culto, do comércio.

O que estamos vivendo é uma mega transformação digital da vida.

E o sistema financeiro não ia ficar fora disso, pois se tem algo que o financeiro faz é viabilizar todos os outros meios. Não dava para pensarmos nessa transformação digital da vida sem a das finanças.

E isso é imensurável, não tem volta. Temos de andar junto disso porque é a tendência.

É uma evolução. Alguns novos hábitos que vivemos hoje vieram para ficar. E a tecnologia é uma delas. E essa retomada pós-crise vai exigir pragmatismo. O objetivo das empresas será a sobrevivência.

É isso aí. Uma das coisas da transformação é a transformação digital do trabalho. Presencialmente, eu fazia duas ou três reuniões por dia, e o resto do dia era trabalho de escritório. Hoje eu faço cerca de seis reuniões por dia, porque ficaram mais objetivas.

A transformação é real. E percebi isso esses dias, quando vi minha mãe com 78 anos, aqui em Brasília, fazendo bate-papo com as amigas de Belo Horizonte pelo *Zoom*. É incrível e fantástico.

O retorno vai exigir muita objetividade, porque nela ganhamos tempo. Sabemos que o cooperativismo cresce muito em crises. O que você enxerga de oportunidade para o nosso segmento nessa retomada pós-pandemia?

De fato, é uma coisa admirável. Toda crise tem como elemento importante o aumento da percepção de risco e do risco real. O agente econômico que é centrado na ideia de maximização de retornos e lucros, fica muito conservador na crise. Na cooperativa o negócio não é maximizar lucro, e sim viabilizar a vida do cooperado. A vida financeira do cooperado tem que acontecer, independentemente do lucro.

Passamos a ter um comportamento diferente durante a crise, mais inclusivo e sensível. A consequência disso é a taxa de crescimento muito acima da taxa de crescimento do mercado.

O Sebrae fez uma pesquisa com micro, pequenas e médias empresas no início da pandemia, questionando qual eram suas instituições financeiras e se elas estavam com dificuldade no acesso ao crédito nos bancos. Dentre as que tinham conta em bancos públicos, apenas uma em cada dez conseguia linha de crédito. Nos bancos privados, 1,5 em cada dez. E, nas cooperativas, três em cada dez – mais que o dobro. Isso deu para o cooperativismo uma repercussão muito grande. Conversei com várias entidades governamentais, tanto no executivo quanto no legislativo, que falaram que estávamos entregando muito mais, promocionalmente ao nosso tamanho, do que os bancos privados. E isso é porque esse é o DNA do cooperativismo. Nós somos assim. Nesse aspecto, a crise nos alavanca, impulsiona.

A nossa essência aflora em momentos de crise. Mas tenho dito que temos que manter essa agressividade de mercado no pós-crise, porque senão o cooperativismo alavanca e, quando tudo passa, voltamos para a zona de conforto.

Esse é o grande desafio. Continuar no crescimento quando a crise passa. O que é legal no cooperativismo brasileiro é que passamos por um processo de amadurecimento. Antes, era muita improvisação. Hoje temos cooperativas reguladas, dinâmicas, com fundo garantidor. Muitas coisas interessantes aconteceram.

A crise ajudou no aperfeiçoamento. Espero que a gente aprenda lições com essa e continue tracionando.

Sabemos que o Banco Central desafia nosso setor há uns anos para que a gente atinja dois dígitos no total de depósitos no sistema financeiro nacional. Isso já tem um tempo e ainda estamos distantes dessa meta. O que falta, de fato, para que a gente atinja a meta, já que o terreno no Brasil é fértil?

Esse desafio é, de fato, de grandes proporções para nós.

Quando comecei no cooperativismo, cerca de 24 anos atrás, tínhamos 0,15% do total do crédito da indústria financeira brasileira. Partimos de uma base muito pequena. E, desde lá, nós já dobramos de tamanho nove vezes. Isso é exponencial.

Mas ainda não chega nas cifras que ultrapassam os dois dígitos. Um dos motivos, no passado, era que para crescer em proporções de um varejo que incluía milhões de pessoas, precisávamos de revisões das plantas tecnológicas. Hoje, o que precisamos é organizar as regras entre as cooperativas que permitam que elas, de fato, possam atrair números expressivos de cooperados pela via digital.

Todo mês o Sicoob associa 2.500 pessoas. Dessas, 400 vêm pelo digital. A gente pega estruturas muito menores que a nossa, como alguns bancos digitais, que associam dez mil pessoas por mês – quatro vezes mais que a gente. Sem agências.

Temos a plataforma digital e ainda não sabemos como alavancá-la, embora seja boa e bem avaliada. Na hora que encontrarmos a chave para esse problema, vamos experimentar esse crescimento exponencial que, rapidamente, nos conduzirá a esses dois dígitos.

Temos condição comercial, temos tecnologia, temos portfólio. O que falta é aumentar o ritmo de entrada de pessoas no Sicoob.

Talvez alguns compartilhamentos ajudem. Antes do final do caixa eletrônico, unificar entre os sistemas, compartilhar alguns fornecedores. O cerne da discussão é ter o associado no centro de tudo. Seria interessante termos algum tipo de serviço e fornecimento que nos proporcione negociações mais vantajosas.

Você tem razão. Perdemos oportunidade de fazer coisas cooperativas com outras cooperativas que não têm a mesma placa que a gente. Quem conhece minha trajetória sabe que eu sempre discuti o que poderíamos fazer para superar essa fase.

Considero isso uma fase da maturidade da nossa condição de cooperativistas brasileiros.

O que você vê do futuro do cooperativismo nessa retomada?

Estou muito otimista com o desenvolvimento do cooperativismo. Achei que o cooperativismo conseguiu se portar de maneira competente e digna durante a pandemia, mas ainda temos desafios. E acho que nossa conversa deixou esse desafio bem delineado, que é aumentar os tubos que incluem pessoas nas cooperativas.

Muitas vezes, o que impede que esse tubo tenha a bitola certa é a nossa mentalidade, nosso *mindset*. Ficamos criando condições para associação de cooperados que faziam sentido em um modelo de negócio que está caindo em desuso, mas que deixam de fazer sentido no cooperativismo com base altamente tecnológica.

A ideia aqui é colocar em cima da mesa para todos pensarmos: o que eu, como líder cooperativista, posso levar de sugestão para a minha cooperativa ampliar, de fato, sua proposta de atendimento de volume de pessoas, para ocupar um espaço cada vez mais importante no nosso sistema financeiro nacional?

Porque ainda temos milhões de não bancarizados e milhões de bancarizados que estão sendo explorados. Ou, se não explorados, estão gastando mais dinheiro com banco do que deveriam. Nosso papel, que está até na descrição do propósito do Sicoob, é trazer o elemento de justiça financeira para o Brasil, pois temos serviços financeiros muito caros e desproporcionais. E isso pesa muito no bolso das pessoas.

Nosso propósito é a justiça. Muito crédito também gera problema. A instituição tem que entender o tamanho das finanças pessoais do cooperado. Há um espaço no nosso país e tem muita desigualdade no sistema financeiro. As condições variam muito de acordo com a sua realidade financeira e isso é injusto.

E nós, cooperativas, somos o veículo para superar isso. Por isso o Banco Central nos desafia com os dois dígitos, porque percebe que nós somos insatisfeitos com as distorções que nosso sistema financeiro nacional tem e que podemos ajudar a resolver isso.

café
cooperativo
Inovação direto do
Vale do Sílicio
com Felipe Gianetti
apresentação:
Taís Di Giorno

Inovação Direto do Vale do Sílicio

Entrevista realizada com Felipe Gianetti, sócio da escola de negócios *StartSe*, em 30 de julho de 2020

Conta um pouco sobre como você, um brasileiro que trabalhava na área financeira, deixou tudo para trás e foi parar no Vale do Silício?

Gosto de contar essa história porque muita gente se identifica. Sou economista de formação. E aí, o sonho de quase todo economista é ir para uma grande instituição financeira ou mercado de ações. E assim foi. Eu me formei, tinha meus 23 anos, o que nem faz tanto tempo assim, e fui fazer o que queria. Não estudei em São Paulo, mas fui para São Paulo. Entrei em grandes bancos, a carreira estava indo muito bem. Tinha 27 anos e gerenciava equipes dentro de grandes bancos, tinha uma superexposição.

Mas aí, em 2017, no meio dessa passagem de um banco para o outro, eu recebi *e-mail* da própria *StarSe*, que eu não conhecia ainda, falando sobre o Vale do Silício e me convidando para o primeiro programa da *StarSe* no Vale. Eu já gostava de inovação, sempre buscava trabalhar com novos negócios. Eu via isso na mídia, me interessava, estudava sobre as empresas do Vale e aplicava os aprendizados na rotina, então não tinha motivo para não passar cinco dias no Vale e mergulhar nesse mundo.

Então, eu vim. Depois desses cinco dias, tive a certeza que a forma de negócios na qual acreditava e o profissional que eu queria ser estavam aqui. Era aqui. Não tinha lugar melhor para construir isso. Foi tempo de voltar para o Brasil, começar a arrumar maneiras de vir para cá, convencer minha namorada – hoje, esposa – a deixar sua carreira boa no banco, para, enfim, virmos. Na pior das hipóteses, seria uma experiência incrível, de muito aprendizado.

Assim fizemos. Viemos, estudamos na Universidade de *Berkeley*, uma das dez melhores do mundo, e as coisas foram acontecendo. Viemos para ficar dez meses. Hoje já faz mais de três anos que estamos aqui.

E aí a *StartSe* começou a reaparecer na minha vida ao longo desse caminho. O que foi um tremendo destino, já que era aquilo que me trouxe até aqui pela primeira vez. Fiquei muito próximo dos meninos que estavam construindo a *StartSe*, pois eles também vinham do financeiro e, aí, fui convidado para ser sócio.

Estive aí com vocês no começo de 2019 e fiquei muito impressionada. O Vale tem uma característica muito singular perto de qualquer outra região do mundo, o que desperta muito a curiosidade das pessoas. Como você vê o Vale do Silício, sua dinâmica perto das outas regiões e, para você, o que faz com que ele protagonize o tema inovação?

Primeiramente, o Vale é, simplesmente, uma região geográfica. Fica na Califórnia e, apesar de conhecido como Vale do Silício quando falamos de inovação, a região é conhecida como *San Fracisco Bay Area*, ou seja, Área da Baía de São Francisco. Geograficamente, o Vale é tudo que está entre San Francisco e San José. São 80 quilômetros de distância. Entre essas duas cidades há diversas outras onde estão espalhadas empresas de tecnologia, órgãos de educação e tudo que forma o ecossistema que é o Vale.

Segundamente, mais do que uma região geográfica, o Vale é uma região que possui uma forma de pensar e fazer negócio diferente. Se a gente parar para pensar, quase tudo aquilo que mudou nossa sociedade nas últimas décadas surgiu nessa região de 80 quilômetros. E se dividíssemos o mapa-múndi em *pixels*, essa região seria responsável por apenas um pixel do planeta Terra. Então, como quase tudo que impactou nossa sociedade nas últimas décadas surgiu aqui? Foi por acaso? Claro que não.

Se eu pudesse resumir o que faz esse lugar tão diferente, destacaria alguns pontos. O primeiro é que a gente tem uma forte rebeldia de pensamento. As pessoas que estão aqui fazendo negócios, construindo empresas, não estão aqui para construir um negócio que vai ser 5% ou 10% melhor que o concorrente. Estão fazendo um negócio 1.000% melhor, que vai jogar o concorrente para fora. Temos vários exemplos disso, como a *Uber* e o *Airbnb*. Tudo que usamos agora nessa pandemia para nos manter produtivos, os apps, as plataformas, estão aqui. E o que compõe essa rebeldia são vários fatores.

Um deles é que metade das pessoas que moram nesses 80 quilômetros não nasceram nos Estados Unidos. São pessoas de diversas regiões diferentes do mundo. E isso é muito positivo, pois traz pessoas com pensamentos diferentes, educações diferentes, religiões diferentes. Isso faz total diferença na construção de negócio no modelo que o Vale constrói.

Quando você constrói algo para causar uma ruptura na indústria, você não está pensando em escala local, e sim em global. Então, como você vai ser global se não tiver pessoas na sua empresa que pensam globalmente? Que conhecem mercados diferentes do seu? Dificilmente uma empresa sai do Vale para fazer negócio no Brasil, por exemplo, se não tiver certeza disso, não conhecer o país.

Então, todas as empresas que surgem aqui dão muito valor à diversidade desde o dia zero da empresa.

Esses dias, fiz uma visita a uma *fintech* do setor financeiro, criada por dois brasileiros de 22 anos. Hoje a empresa já vale três bilhões de dólares, mas ainda é nova, tem 300 funcionários. Quando entrei, vi uma parede cheia de bandeiras do mundo todo e já imaginava o que era. Mas, mesmo assim, quis perguntar. E um dos fundadores me respondeu: "Todas as bandeiras são nacionalidades de pessoas que trabalham aqui. A gente é uma empresa nova, só operamos nos EUA hoje, mas sabemos aonde queremos chegar. E não vamos chegar se não tivermos uma diversidade enorme aqui dentro". Comecei a refletir depois disso, porque lembro de quando trabalhava em grandes bancos e falávamos muito de diversidade, mas, quando olhava para o lado, quem trabalhava comigo tinha vindo das mesmas universidades, morado no mesmo bairro, consumido o mesmo conteúdo.

De fato, existia diversidade de pessoas, características, mas, na verdade, era muito teórico.

O nosso segmento de cooperativismo tem a diversidade como um dos principais pilares. E, por isso, tenho provocado muito esse questionamento: até que ponto esse pilar funciona e até que ponto

ele é só teórico?

O que reaprendi no Vale sobre a importância da diversidade foi incrível. Você precisa ter mini representações de sociedades, com várias classes, etnias e mentalidades para enriquecer seu time. Isso te traz uma visão de mundo muito mais real. Todos os segmentos têm que olhar para a diversidade de forma séria, mas acho que o cooperativismo tem a obrigação de trabalhar forte nisso, para ter crescimento mais acelerado e democrático.

Sim! Recentemente, o presidente Donald Trump colocou várias sanções que dificultam a contratação de estrangeiros até dezembro de 2020. Os principais líderes de empresas, como Elon Musk e Mark Zuckerberg, foram para a mídia bater de frente nessas medidas porque sabem que, se não existir diversidade nas empresas deles, o próprio negócio será prejudicado. Elas são globais, precisam disso e precisam continuar ditando esse ritmo de inovação global para que seja fomentado. Então, por mais que o presidente faça isso com o intuito de proteger empregos, ele está, na verdade, limitando que mais empregos sejam gerados.

Então, voltando aos pontos que tornam o Vale tão diferente, temos o cultural. Temos muito conhecimento, muito. Só com as universidades de *Stanford* e *Berkeley* são 130 prêmios Nobel. Só a Universidade de Berkeley é responsável por mais de 16 elementos da tabela periódica que conhecemos hoje. *Stanford* é uma das universidades mais difíceis de se ingressar, só mentes brilhantes entram lá. Então a região tem muito conhecimento.

E, além da rebeldia e do conhecimento, temos o dinheiro. Tem muito dinheiro disponível aqui. É uma das regiões mais ricas do planeta.

Para termos uma dimensão da riqueza do lugar, vou pontuar algumas coisas. A Califórnia é o Estado mais rico dos Estados Unidos. Se fosse um país, seria a quinta economia do mundo. Então, só a Califórnia já é maior que o Brasil. O segundo Estado mais rico dos Estados Unidos tem quase a metade do tamanho da economia da Califórnia. E, se o Vale fosse um Estado, ele seria o Estado mais rico dos EUA.

Aqui é um lugar onde duas em cada oito pessoas são multimilionárias líquidas na conta. A cada quatro dólares, um dólar de todo capital de risco no mundo é investido aqui. Então existe muito capital disponível para tornar tudo isso possível. Você não vê empresas nascendo, crescendo no mercado se não tiver muita injeção de capital. E, só para base comparativa, o Brasil representa só 0.3% desse número.

Eu vejo o Vale como uma grande incubadora. Tem muito investidor, mentes brilhantes e aquela ousadia e criatividade características da região. As pessoas imaginam, desenvolvem, fazem o protótipo e testam suas ideias. Lembro sempre disso e incorporei em minha gestão: soluções simples. Fazer coisas que "vovó" entenderia. Afinal, as pessoas querem inovação alinhada ao lúdico, soluções simples e intuitivas.

Ótimo ponto. Das inovações do Vale, qual delas é "ciência de foguete"? Pouquíssimas. Temos, sim, a *SpaceX*, a *Tesla*. Mas grande parte não é nada nesse nível.

Vamos olhar o *WhatsApp*, por exemplo. Quando surgiu para enviar mensagens, várias plataformas já faziam o mesmo. No caso do *Facebook*, já tínhamos o *Orkut*, o *MySpace*. O *Instagram* nada mais é do que algo parecido com o *Fotolog*. Mas por que o *Fotolog* morreu e o *Instagram* hoje está aí, valendo bilhões? A *Uber* é o mesmo serviço do táxi.

O que as empresas daqui fazem de diferente para ganhar o mundo tão rápido é tocar na experiência do consumidor. A experiência aqui é completamente diferente. E não é por isso que são negócios muito complexos quando começam. Só que essa cultura de fazer, testar, adaptar e pegar *feedback* com cliente é a beleza do negócio e faz com que o Vale consiga produzir produtos que as pessoas amam e querem consumir. É o que tem de mais inovador.

Claro que o Vale constrói muita coisa bacana. Foguetes, novos equipamentos, coisas muito diferentes do resto do mundo. Mas muitas coisas são simples e, pelo fato de entender, colocar diversidade, pessoas pensando globalmente, captar *feedbacks* constantes, eles são muito assertivos.

A maioria dessas principais empresas não são disruptivas, são de aprimoramento. A diferença é colocar a experiência no centro de tudo.

Sim. Quando o *Google* surgiu, ele fazia o mesmo que o *Yahoo*, por exemplo. Claro que ele veio com um algoritmo diferente, que ranqueava diferente, mas o consumidor não vê isso. Você não entende qual algoritmo ele usa, mas você quer procurar ali. O que fez o *Google* ganhar tanto foi que, quando você entrava no *Yahoo*, você via várias propagandas, e no *Google* é só a página branca com a barra de pesquisa. As pessoas acharam muito mais agradável. E aí, em segundo plano, as pesquisas ainda traziam resultados cada vez melhores.

No fim, o que importa para o cliente é a experiência, e o Vale é muito preocupado com isso.

E a diversidade no sentido de time reverbera para empresas e grandes marcas. Lembro que visitei a Amazon Go, que é um supermercado sem funcionário algum. E é incrível.

A experiência é de outro mundo. E, por trás, eles estão usando para coleta de dados. Mas a experiência é tão bacana, que você não liga, porque é uma experiência fantástica.

A pergunta que não quer calar nossos participantes: por que o Vale do Silício tem esse nome?

Todos os circuitos eletrônicos que vão nos celulares e computadores possuem o silício como matéria-prima. Ele não é comum da região geograficamente, mas quando as empresas de tecnologia começaram aqui, nas décadas de 40 e 50, e com um *"boom"* na década de 60, as primeiras delas eram empresas que construíam circuitos de componentes eletrônicos. Essa região começou a ser o que é por essas empresas que construíam componentes eletrônicos, processadores de computador que levam o silício na composição.

E o "vale" é porque aqui é, de fato, um vale. A região é toda montanhosa em volta.

O que o Vale do Silício tem estudado e trabalhado para a inovação do segmento financeiro?

No Brasil, o *Open Finance* está batendo à porta. Nos EUA, já temos isso há décadas. Já é padrão há muito tempo. Aqui, se juntarmos bancos e *credit unions*, que são algo parecido com o cooperativismo no Brasil, falamos de mais de 10 mil instituições. São muitas. Então, além da concorrência grande, aqui há muito tempo o dono do dado é o cliente.

Isso que vai acontecer no Brasil é muito bom para o consumidor. Talvez não tanto para as instituições financeiras.

Por terem acesso aos dados, grande parte das empresas que nascem no Vale, voltadas para a tecnologia no setor financeiro, conseguem oferecer soluções e experiências melhores do que os bancos. Acho que é o que vai acontecer no Brasil.

Hoje, principalmente a minha geração e as que vêm no futuro, pouco se importam com a marca, e sim com a experiência. Descartamos as coisas muito mais fácil. Meu pai, por exemplo, tem conta em um determinado banco há anos e valoriza isso.

E não precisamos de bancos, precisamos de serviços financeiros.

Exato. A experiência tem que ser boa.

Quando me mudei para cá, não tinha conta bancária aqui ainda, nem nenhum histórico. Tinha conta em um banco no Brasil e sabia que ia fazer uma movimentação muito atípica para o meu tipo de perfil. Entrei em contato com o banco, avisei sobre as movimentações e me disseram que estava tudo certo. Quando cheguei aqui, fui usar o cartão e ele foi bloqueado. Liguei lá, atualizaram meu perfil. Na segunda vez, bloqueado de novo. Eu sofri tanto transtorno que decidi que nunca mais usaria aquele banco. E assim foi. Quantos "Felipes" vão fazer o mesmo?

Quando o *Open Finance* chega e dá a oportunidade de outros *players* oferecerem soluções muito melhores, se apoderarem daquilo que era o maior ativo das instituições, os dados, você abre um mundo de oportunidades. O Brasil tem um mundo de oportunidade.

Se eu fosse olhar inovação no setor financeiro, olharia simplesmente em como inovar a experiência. Porque isso é um grande passo. Se olharmos as *fintechs* de sucesso no país, que ofereceram um serviço um pouco melhor, que nem é tão disruptivo assim, vemos o tamanho do crescimento que tiveram.

Temos um público muito sofrido, então um pouco que se oferece de melhoria já coloca a instituição em um patamar muito superior. Essa burocracia, o sofrimento para acessar a instituição, não combina com o mundo atual. Isso está caindo nas novas gerações, não tem nada que segure o cliente. Ou a experiência é boa, ou você perde o cliente.

Quando falamos de inovação no setor aqui, temos diversas empresas que eu admiro muito. Temos empresas que cobram mais caro que todas as outras e roubam o mercado mesmo assim, porque elas vão lá e mudam a experiência do usuário.

A *Brex*, por exemplo, não é nenhuma "ciência de foguete". Ela oferece cartões de crédito para *startups* que, quando estão nascendo, não conseguem limite. Foca em um público que não tem acesso e transforma a experiência deles em algo incrível.

Quando a *StartSe* começou, não tínhamos limite. Hoje nós temos, mas não troco a *Brex* porque a experiência vale tudo. Se eu, por exemplo, abasteço meu carro com o cartão, eles me mandam uma mensagem na hora, solicitando uma foto do recibo. Eu envio por SMS e ele já lança esse gasto no meu centro de custo, na coluna de combustível. Então é algo que facilita tanto a vida do consumidor, que ele não quer abrir mão por nenhum outro benefício que seja oferecido, senão ele vai ter que contratar alguém para fazer o que a instituição já oferece.

O setor financeiro é tão "*commoditizado*", tão dominado por grandes instituições que, por muito tempo não se preocuparam com isso. Então, qualquer *startup* que encontra uma dor e trabalha fundo nela tem potencial enorme.

A StarSe é uma escola de negócios que explora os principais ambientes de inovação espalhados pelo mundo, e que visa mudar as formas de agir e pensar das pessoas e dos negócios pelo planeta. O que os brasileiros mais buscam de modelo de negócio quando fazem a imersão no Vale do Sílicio pela StartSe?

Um ponto em comum das pessoas que vêm para cá é a busca por entender não só os modelos de negócio, mas como são feitos os modelos de gestão. Esse é o grande pulo do gato.

Modelo de negócio muda muito e tende a mudar cada vez mais rápido. Por mais que tenhamos modelos muito bacanas, é algo que talvez daqui um ano não seja mais. Uma coisa que faz a diferença e que torna possível que as empresas sejam tão adaptáveis, são essas constantes transformações que o mundo exige. Na década de 60, uma empresa que entrava para o índice das 500 empresas mais valiosas do mundo, ficava, em média, 60 anos compondo o índice. Hoje uma empresa fica 20 anos. E a tendência é que fique cada vez menos tempo. O que significa que as mudanças são mais constantes.

E a pandemia veio para provar que isso vai acontecer cada vez mais. Se olharmos a própria pandemia: se isso tivesse acontecido há 15 anos, quando ninguém estava conectado, talvez ela teria impactado a saúde da mesma maneira, mas economicamente o abalo seria menor. Isso porque o que acontecia de um lado do mundo demorava meses para chegar no outro. Hoje leva segundos. E mesmo com a conectividade toda que temos hoje, precisamos pensar que metade do mundo ainda é *off-line*. Então, nos próximos anos, vamos ver o mundo cada vez mais *on-line* e conectado. Cada vez mais, seja um vírus ou qualquer outro fator que impacte o outro lado do mundo, vai impactar os negócios no mundo todo em um piscar de olhos.

E isso exige que as empresas estejam cada vez mais preparadas para essas mudanças. Por isso as pessoas vêm para cá entender modelos de gestão que, na minha opinião, são a principal beleza desse lugar. É o que possibilita que essas empresas sejam e continuem tão inovadoras.

E aplicar isso traz resultados incríveis. Aqui na *StartSe*, se não tivéssemos esse conhecimento, talvez ficássemos pelo caminho em março, quando nossa receita foi a zero. E agora, três meses depois, estamos fechando o mês com o maior resultado da história da empresa.

Esse aprendizado que adquirimos aqui, na China, em Israel, de como fazer esse modelo de gestão, se mostra muito eficaz nesses momentos e em um mundo que se transforma cada vez mais rápido.

Qual a importância do ambiente tributário no estímulo à inovação e investimentos em tecnologia?

Hoje, no Brasil, temos sim uma das maiores cargas tributárias do mundo. E essa é a principal diferença que afeta a condição de empreender no Brasil e nos Estados Unidos.

Aqui nos EUA, as empresas só são tributadas sobre seu lucro. Diferentemente do Brasil, que é sobre a receita. Dificilmente uma *startup* nasce e é lucrativa nos seus primeiros cinco anos, porque ela está investindo, gastando dinheiro para crescer. Então a empresa basicamente não tem lucro e não paga imposto, esse imposto de renda como conhecemos. No Brasil, tendo lucro ou não, 27,5% fica para o Estado. Só isso já facilita o empreendimento aqui.

Mas, mais do que o quesito tributário, temos o ambiente. Um exemplo clássico é o jeito que a prefeitura de San Francisco, cidade que moro, lida com inovação. Vemos como o Estado se posiciona em relação às novidades e à inovação. Se eu achar que devo mudar a maneira com a qual o transporte é feito e decidir lançar um modelo novo que vai desbancar a *Uber*, qual o comportamento do Estado: ele deixa. Não vai tentar me regular, porque sabe que sou pequeno. Vai me deixar entrar, com o mínimo de perguntas possíveis, me deixar fazer e, depois de um tempo, ele vai consultar a população, que é o bem maior da cidade, e perguntar se o novo serviço foi legal. Se a resposta for negativa, ele vai me sugerir as mudanças que devo fazer e, se eu não as adotar, não posso mais operar aqui. Se for positiva, aí ele vai gastar tempo fechando as arestas para fazer com que o negócio seja competitivo.
Então acho que além do tributário, que é uma grande vantagem, tem

esse pensamento diferente, essa forma de o Estado atuar na vida das empresas que estão começando.

Volta para o que falamos há pouco, sobre colocar o cliente no centro de tudo. E, para os governantes, o cliente é a população.

Felipe, você tem três dicas práticas para quem quer começar a pensar de forma inovadora?

É a pergunta de um milhão de dólares. Mas tenho.

Em primeiro lugar, inovação não se constrói do dia para a noite. Não adianta achar que sim.

Em segundo, a execução é mais importante do que as ideias. Quantas ideias temos por dia? Inúmeras. Eu mesmo tenho várias no banho. Mas quantas, de fato, a gente tira do papel e executa? O Reid Hoffman, fundador do *LinkedIn*, fala no livro dele que se você não tiver vergonha da primeira versão do seu produto, é porque você demorou demais para lançá-lo. Então é importante fazer. Antes feito do que perfeito, pois a execução é o grande diferencial. Leia livros que tragam conceitos de execução do Vale e comece a aplicar no seu dia a dia. Com certeza você vai se ver executando e testando muito mais. A informação é abundante, basta procurar.

E em terceiro, procure livrar-se de paradigmas. Livre-se daquilo que diz que "não é possível". Se tem uma coisa que os empreendedores fazem é pensar como crianças, pois elas não têm filtros. Elas fazem, tudo é possível.

E tem um pouco daquilo de não deixar passar oportunidade nenhuma. No Vale, as pessoas fecham grandes negócios em filas de supermercado. Queria que você falasse um pouco sobre isso.

Isso é muito legal. A abertura que as pessoas têm aqui é muito única. Você vai ao mercado ou entra no trem e encontra pessoas dispostas a compartilhar o que estão fazendo. Temos a cultura do compartilhamento muito forte, diferentemente do Brasil, onde temos medo de compartilhar e outros copiarem. As pessoas gostam de compartilhar, porque só compartilhando uma ideia vou ter o *feedback* sobre a funcionalidade disso. A ideia tem que ser bonita para quem vai usar, não para mim.

E, por essa cultura, a gente vê negócios sendo fechado nos lugares mais inusitados; dentro de cafeterias, de trens, restaurantes, supermercados, *fast foods*. As pessoas estão ali compartilhando e, quando você compartilha, abre inúmeras portas.

Sabemos que o momento é desafiador para o mundo todo. Mas, para países ainda em desenvolvimento, a carga é muito mais pesada. E sabemos que inovação vai muito além de tecnologia. Tem mais a ver com uma mudança de mindset do que outra coisa.

Que dica você daria, especificamente para os brasileiros, para que a gente possa acelerar esse processo de inovação?

Acho que, de fato, o Brasil tem muito mais dificuldades que aqui, por todas as condições. É nítido. Mas tem uma vantagem. Por ter esse *gap* de tantas coisas, tem mais oportunidades. Aqui, quando você vai competir, já tem centenas de pessoas mais brilhantes que você executando aquilo. O Vale tem 14 mil *startups*. Isso talvez seja mais do que tem a América Latina inteira. Então, por mais que aqui seja favorável, a competição é drasticamente maior.

Temos que aproveitar que o Brasil é menos evoluído e as oportunidades são mais nítidas. Olha o mundo de oportunidades que o *Open Finance* abre no Brasil. Uma oportunidade que aqui, nos Estados Unidos, não existe mais. A questão é como olhamos este mundo, como aproveitamos.

As pessoas falam que as coisas no Brasil demoram muito para chegar. E, de fato, demoram. A *Uber,* por exemplo, levou sete anos para isso. Mas aí, quando essas empresas chegam, elas chegam maduras e arrebentam o mercado do dia para a noite. Por que ninguém viu o que a *Uber* fazia pelo mundo inteiro e começou a fazer melhor no Brasil, antes que ela chegasse? Ninguém fez.

A gente tem a vantagem de olhar para ramos de inovação, como o

Vale, a China e Israel, e executar isso no Brasil para sair na frente.

Temos muito o que aprender, mas temos muito mais oportunidades de melhoria do que aqui nos Estados Unidos. Acredito muito nos mercados emergentes porque as oportunidades são muito mais fáceis de abraçar e executar.

café
cooperativo
Tecnologia Sicoob e
Produtos Financeiros
com Rodrigo Moraes
apresentação:
Taís Di Giorno

Tecnologia Sicoob e Produtos Financeiros

Entrevista realizada com Rodrigo Moraes, diretor presidente executivo da Central Sicoob/SP, em 6 de agosto de 2020

Para começar, gostaria que explicasse um pouco sobre e a estrutura do Sicoob e o papel da Central frente às singulares e associados.

A nossa estrutura sistêmica é organizada em três níveis. O primeiro é a singular, que atende o relacionamento com cooperado. As singulares podem constituir as cooperativas centrais, que são o segundo nível. Nós, da Central Sicoob/SP, somos uma central de crédito. E as centrais podem constituir as confederações, que são as cooperativas de terceiro nível. Assim é a organização do sistema, de acordo com o Banco Central.

Nossa central conta com 17 singulares. Temos o prazer de ter o Sicoob Cecres desde 2015 e, de lá para cá, contar com essa grande parceria.

Para mim, o papel principal da central, além das previsões que estão no estatuto, é ser esse elo com a confederação, por estar mais próximo da base do cooperado com a singular. E isso é o que as instituições financeiras tradicionais não têm. Nós temos essa proximidade com as cooperativas singulares para que a gente resolva as necessidades daquela região, e ainda temos a oportunidade de representação daquele núcleo para as entidades de terceiro nível.

Eu vejo esse como um papel muito importante, de estreitamento do relacionamento da base com a singular.

Falando no papel da central, vejo que de uns anos para cá, alguns trabalhos, que antes eram feitos pelas singulares, como controles internos e contabilidade, agora são feitos pelo Sicoob/SP. Mas sinto que temos alguns outros serviços de retaguarda que a central poderia oferecer, para que a singular possa liberar suas equipes e recursos para, efetivamente, fazer negócios. Deixar a singular mais comercial, e a central mais na retaguarda.

Tem algum outro serviço no radar do Sicoob/SP a ser centralizado?

Dentre as características da central, temos essa função também, de buscar a eficiência e ganho de escala das cooperativas singulares, e buscar trazer principalmente essas atividades de *back office* para a central ou confederação.

É uma sobreposição de atividades. Por algum momento foi possível, por conta de Selic alta, em termos de ação financeira, não deixar essa sobreposição evidente. Agora estamos em condição de *spread* bem mais reduzido, então estamos buscando eficiência no sistema de três níveis.

Muitas atividades já estão na confederarão, como a ouvidoria e a prevenção à lavagem de dinheiro. E na central, nosso último planejamento estratégico 2016/2019 buscou ampliar essa centralização de serviços. Como você disse, o primeiro a ser centralizado foi o serviço contábil. Os controles internos também. E fazemos, também, para as cooperativas S4, as de categoria plena, que também têm necessidade de auditoria direta.

O que buscamos nesse novo planejamento estratégico 2020/2025 é oferecer eficiência em algumas outras atividades, como a centralização da folha de pagamento, sistema de gestão de caixa e uma outra muito interessante que é a constituição da nossa corretora, que teria a condição de avaliar a condição da constituição de seguros de numerados, aqueles que não têm contato diretamente com empresas seguradoras. Avaliamos também buscar eficiência nos processos de compras centralizadas, cadastrar fornecedores, buscar fornecedores mais em conta. Temos que buscar eficiência e redução de custos.

Tem a questão de ganho de escala, além da padronização.

E cobrança, Rodrigo? Discutimos isso há um tempo. Sentimos que é uma área custosa para as singulares, tanto a cobrança de atrasos como a carteira de prejuízo. Tem algum estudo para que a central passe a oferecer esse serviço?

Nessa proposta de ajustar e centralizar processos de cobrança, nós constituímos nossa securitizadora de ativos. Já está registrada e vamos começar a operacionalizar. É uma demanda mesmo. Buscamos otimizar o processo de recuperação de ativos problemáticos, que já estão na carteira de prejuízo, para sermos mais assertivos na recuperação desses ativos.

A constituição da securitizadora vai ser trazer esse processo, junto a parceiros experientes, para ação muito mais efetiva na recuperação dessas operações. Às vezes sentimos nas cooperativas que a carteira de prejuízo, ou própria cobrança administrativa dentro da régua normal, acaba ficando para o segundo momento. A cooperativa vai deixando a carteira em prejuízo e não concorre com as atividades do dia a dia dela. Fica uma carteira praticamente sem movimentação. A ideia é fazer os acordos e parceria para fazer o processo de cobrança dessas operações em prejuízo nas cooperativas.

Principalmente nesse momento, não é? A Selic foi ontem pra 2%[1] e o Copom anunciou que terá outra queda. Quando temos um spread tão reduzido, precisamos de mais eficiência nas outras áreas. A cobrança, quando não é eficiente, ocasiona aumento de despesa por conta de provisão e, nesse momento de spread baixo, os orçamentos ficam ainda mais desafiadores. Você tem noção de prazo para que as cooperativas possam contar com esses serviços pelo Sicoob/SP?

Estamos bem otimistas. Tivemos um atraso pela pandemia. Mas a intenção é que, a partir de setembro, já realizaremos as primeiras operações pela securitizadora de ativos Sicoob/SP.

A gente nota as pessoas vendo o PIX com bons olhos em nossas aparições na mídia. Porém, ao afirmarmos que o serviço é inclusivo, as pessoas questionam a necessidade de smartphone, internet, questionando essa inclusão.

Como você vê não só o PIX, mas também o Open Finance? É um mar de oportunidades, mas que traz uma série de riscos ao segmento quando não se tem uma cooperativa robusta.

Olha, eu vejo o PIX como a maior transformação do sistema financeiro nos últimos 20 anos, a partir do Sistema de Pagamentos Brasileiros

1 Data-base: agosto de 2020

(SPB). O PIX é instantâneo, praticamente sem custo. É realmente uma transformação muito grande e desafiadora.

O Banco Central, dentro do projeto dele de reduzir os custos operacionais, foi muito feliz com o PIX. Fico muito feliz que o Sicoob foi uma das quatro primeiras instituições a se habilitar. É realmente uma evolução e uma solução muito disruptiva no ponto de vista de transação financeira. Teremos que nos acostumar com ela, pois vai ser muito positiva e melhorar experiência do usuário.

Tínhamos o DOC e o TED com diversas limitações, e entre 4% e 5% do valor das transações ficam com os intermediários. O custo vai reduzir muito. E ele ainda tem interoperabilidade entre instituições, o que é muito positivo para o usuário.

Em relação ao *Open Finance*, essa tecnologia integra as plataformas de APIs e dá poder muito grande para o usuário escolher instituições, com plataformas que buscam a melhor condição para o usuário.

São duas propostas bem disruptivas do Banco Central, que vão de encontro ao cenário de redução de custo.

Hoje não tomamos um café e fazemos TED para pagar a conta. Mas, com o PIX, vamos pagar o pipoqueiro, o restaurante... enfim, vamos modernizar. E essa tecnologia trará um baque grande para vários players que ainda trabalham receitas sobre DOC, TED, talão de cheque, dinheiro físico, caixa eletrônico etc. Tem um arcabouço todo para se reinventar.

Exatamente. São produtos ameaçados pelo PIX: TED, DOC, boletos, cartão de débito, maquininhas... A gente já está avaliando no Sicoob quais os impactos na perda de receitas financeiras dessas operações.

Vejo um desafio grande para o nosso segmento. O cooperativismo, por ser sem fins lucrativos e uma sociedade de pessoas, tem o associado sempre no centro. Se vai ser bom para ele, precisamos ajustar nossos orçamentos. Mas é inegável a queda brusca de receita nesse portfólio que citamos.

O Open Finance vai ser a oportunidade do usuário fazer seu próprio banco. Permitirá que se tenha aplicação financeira com uma instituição "Y", boletos na "Y", crédito imobiliário na "Z", e tudo isso sendo administrado no mesmo API, pois ele fica com todos os seus dados. Temos aí uma oportunidade muito grande, mas temos que nos profissionalizar muito, ter agilidade de mercado e agressividade comercial para entrar nessa jogada levando preço e qualidade nesse novo leilão que se forma.

Vai ser excelente para o usuário, mas para as instituições é um grande desafio.

Sem dúvida. Não somos movidos pelo capital, queremos levar solução para o cooperado com preço justo, não obter lucro. Temos o diferencial dessa aproximação com o cooperado e suas necessidades.

Mas, quando a pessoa for colocar na carteira digital só o preço, pode ficar muito relativizado o resultado que a cooperativa traz, de fato, para o associado, pois às vezes ele não está nos números. A cooperativa é inclusiva, tem papel fundamental no desenvolvimento da sociedade do cooperado. Existe uma série de benefícios que a cooperativa traz que não estão nos números na carteira digital.

Então temos que sensibilizar, informar o papel fundamental que temos na comunidade. As condições de preço vão de acordo com a realidade, balizando os preços. Se não fossem cooperativas, com certeza teríamos preços muito mais altos no mercado.

Temos nossas semelhanças com instituições financeiras tradicionais, o portfólio de produtos financeiros, por exemplo. Por outro lado, temos o diferencial de não visar lucro e, por isso, praticar preço justo.

Acredito que mesmo com o *Open Finance* empoderando nosso cooperado como usuário dessas informações, temos que levar essas informações para ele entender o diferencial e o que agregamos de valor a ele.

Acho que temos papel forte de educação. Mesmo com a inclusão possibilitada pelo PIX, temos ainda 14% de não bancarizados no

país, um número que é muito alto. O PIX é focado na simplicidade, mas ainda temos parte relevante da população que não tem educação digital. Aí entra outro papel das cooperativas, em uma linha de financiamento de smartphones e de levar educação à comunidade. No Sicoob Cecres, trabalhamos muito isso em nossa parceria com cooperativas de reciclagem. É nossa obrigação atuar nessa linha social, inclusiva e de educação, pois é o que sustenta o segmento. Talvez isso dê mais legitimidade para o cooperativismo.

É um papel fundamental levar educação financeira e cooperativista não só para os cooperados, mas também àqueles que não conhecem ainda os benefícios, que estão à margem. Há comunidades em municípios pequenos que não têm instituições financeiras. E as cooperativas vão até elas. Esse é o diferencial do Sicoob e do cooperativismo. E nós temos recursos para trabalhar isso.

A gente tem o exemplo do Sicoob Credimonte, que fez uma parceria com a CUFA. Eles instalaram um PA dentro da comunidade. Essas pessoas antes ficavam na chuva, na fila de uma lotérica, e hoje, pelo PA do Sicoob, têm atendimento digno. O país ainda tem inúmeras discrepâncias sociais. Vejo como um terreno muito fértil para o crescimento do nosso setor. Um país com nível tão grande de pobreza e nós ainda temos penetração tão ínfima no sistema financeiro nacional. Ainda falta comunicar alguma coisa para crescer exponencialmente frente a tantas necessidades que temos no Brasil.

Sem dúvida. E esse é um dos nossos maiores desafios enquanto Sicoob.

Isso que estamos fazendo aqui, conversando, nos comunicando, falando do cooperativismo, é uma ação muito importante. Não temos todos os recursos financeiros que grandes instituições têm para fazer campanhas, mas esse "trabalho de formiguinha" faz diferença. É importante divulgar nossos princípios, o cooperativismo como um todo.

Falando novamente em tecnologia, os apps do Sicoob ganham prêmios, são reconhecidos pela segurança e comodidade.

Ganhamos de bancos muito renomados. Queria que você falasse um pouco sobre eles, sobre a sua experiência no Comitê Técnico da Confederação e o que os apps proporcionam de fato.

Para mim foi gratificante participar do Comitê representando nossa cooperativa. Foi uma evolução bem grande que tivemos e, felizmente, estávamos muito bem-preparados com uma solução para nossos cooperados enfrentarem esse período de pandemia.

O *app* Sicoob tem todas as soluções pelo *smartphone*. Alguns negócios que estão disponíveis nele são: crédito automático, contratação para pessoa física, financiamento de veículo, controle de limite de cheque especial, de cartão. Em um primeiro momento, foi bastante disruptiva a rapidez, a forma de contratação. Só até aqui, agosto, em 2020 foram mais de 2 bilhões e 500 milhões de reais em recursos disponibilizados na fábrica de limites do Sicoob. Todos disponibilizados e contratados pelo *app*.

Nos investimentos, ele faz suas aplicações em RDC, LCA, poupança, tesouro, fundos de investimento. Tudo pelo *app*. Previdência, contratação de seguros, consórcios... Ou seja, você tem praticamente todos os negócios pelo *app*.

Agora, nos serviços, temos os tradicionais: transferência, depósito por boleto, pagamento de operações de crédito, assinatura eletrônica de documentos, gestão de cartões de crédito com atribuição de limites. Você consegue impor valores máximos por faixa de tipo de negócios nos cartões. E você tem a opção dos cartões virtuais únicos e recorrentes. O único serve para uma única compra. Você gera o cartão, realiza a compra e, logo depois, ele perde a validade. E o recorrente fica disponível para aquelas assinaturas mensais de serviços de internet, TV, *streamings*, músicas. Tudo isso buscando a segurança.

Temos, também, nossa atendente virtual, a Alice. A proposta dela é a integração com o cooperado, para que não sejam tão frias as transações.

Neste período de pandemia, as assembleias digitais só foram

possíveis por causa do nosso outro app, o Sicoob Moob. Ele é um app de engajamento do cooperado, de relacionamento entre ele e a cooperativa. Lá ele tem acesso a todas as informações da cooperativa, além de estar integrado com *market place*, podendo fazer propostas e negócios entre cooperados. Tem, também, o acesso aos cursos da Universidade Sicoob.

As assembleias foram uma experiência democrática, mesmo virtualmente. A nossa proposta é sempre melhorar a experiência do usuário, por isso todos os apps estão alicerçados em três pilares: disponibilidade, excelente desempenho e seguros. Não podemos abrir mão de nenhum deles.

Pensando na falta de capilaridade que ainda temos, até por questões de investimento, o Sicoob colocou sua força nos apps. E esse é o futuro. Como disse o Almada (presidente executivo do CCS) em entrevista comigo, a tendência será manter alguns PAs para atendimento consultivo de serviços mais complexos, e o restante pode ser feito pelos apps.

Sem dúvida, é um processo de transição. Do modelo tradicional burocrático de agência para um modelo consultivo. É uma nova proposta para agregar valor aos cooperados.

Sabemos que o montante dos recursos que vieram para o Sicoob referente ao Pronampe não foi suficiente para atender toda demanda de PJs. Tem algum movimento da central de pleito junto aos órgãos de Brasília para disponibilizar mais recursos?

O Pronampe foi sucesso absoluto. O governo estabeleceu um montante de 16 bilhões que, rapidamente, foi utilizado. Fizemos atendimentos com 1 bilhão e 300 milhões em praticamente 48 horas. Foi muito rápido. Agora estamos aguardando sancionar a lei que vai ampliar os recursos em 12 bilhões. Dessa vez, o Sicoob tem uma demanda de 3 bilhões.

E o legal é que a gente avaliou a média desses recursos e eles foram para quem realmente precisa. Muitas vezes vemos recursos que vão para quem não está passando tanta dificuldade. O foco deve ser nos micros e pequenos empresários. O *ticket* médio dessas operações ficou em volta de 58 mil reais. É um valor baixo, que mostra que foi para quem realmente precisa lá na ponta.

Ainda falando em pandemia, o cooperativismo assumiu certo protagonismo nessa crise por cada apoio que ofereceu. Conseguimos mostrar o diferencial de mercado nesse momento. Como você enxerga o pós-pandemia para o segmento?

Tenho expectativas muito positivas. O cooperativismo sempre teve destaque nesse momento de crise, aproximando as pessoas. Enquanto as tradicionais reduzem o custo, o cooperativismo cumpre seu papel por estar próximo e entender a realidade.

Temos a expectativa do Roberto Campos, de ampliar a atuação das cooperativas no sistema financeiro nacional. Hoje estamos em cerca de 8% das operações e ele nos deu uma meta bem ousada, de 20% a 22% até 2022. Temos uma tarefa muito grande. Precisamos buscar novos cooperados, aumentar nosso quadro social. E levar serviços e benefícios para todos.

Tenho repetido que nosso maior inimigo é o desconhecimento, como diz Márcio Port. Por isso estamos investindo em comunicação. Precisamos provocar mais players do nosso sistema a falarem que o sistema cooperativista existe para que possamos entrar na vida das pessoas como um serviço diferenciado.

Sim, esse é um papel extremamente importante do cooperativismo. É a nossa essência. Temos que fazer com que mais pessoas possam desfrutar dos benefícios do segmento. Temos um grande potencial.

Nosso concorrente não são outras cooperativas, outros sistemas. Somos cooperativistas. Estamos em busca do cooperativismo. Temos que buscar os explorados pelas instituições financeiras e trazer para cá. E esse desafio aumenta cada dia mais.

café
cooperativo
Interlocução do
cooperativismo com
poderes públicos
com Edivaldo Del Grande
apresentação:
Taís Di Giorno

Interlocução do Cooperativismo Com Poderes Públicos

Entrevista realizada com Edivaldo Del Grande, presidente da OCESP, em 13 de agosto de 2020

Gostaria que você contextualizasse para as pessoas qual o papel da Ocesp no nosso sistema cooperativista brasileiro.

A Ocesp foi criada para que as cooperativas tivessem uma voz única. Isso bem lá atrás. Perceberam que precisávamos de uma voz única, capaz de se organizar e crescer. E aí nasce a Ocesp, com esse papel de representação. Mas, além da Ocesp, é criado o nosso serviço de aprendizagem do cooperativismo, o Serviço Nacional de Aprendizagem do Cooperativismo, Sescoop. É nosso "S".

Só conseguimos destaque para o Sescoop porque existiam a Ocesp e a OCB. É um trabalho em conjunto. A OCB é muito ligada às estaduais. O Sescoop veio suprir essa lacuna que tinha de informação, de promoção social, monitoramento. Foi também muito importante para nós. Posteriormente, foi criada Confederação Nacional das Cooperativas, CNCoop, braço sindical do cooperativismo. Existia questionamento jurídico de que só poderíamos ter o "S" se tivéssemos o sindicato. E foi muito importante para nós, já que nossas características são muito diferentes de empresas S.A. ou Limitadas. Essa relação trabalho e emprego precisa estar bem estabelecida e organizada para dar tranquilidade. Nossos colaboradores precisam de voz.

E assim que se constitui a Ocesp. Nasceu de uma necessidade de nos organizarmos como cooperativistas.

Então imaginamos aqui que temos a Ocesp como a voz das cooperativas a elas associadas. Assim, vemos a importância de estar associado à Ocesp, órgão representativo.

Dentro dessa representação, queria entender essa interlocução política que a Ocesp faz junto aos órgãos públicos em defesa do segmento. Como funciona esse relacionamento?

Realmente é algo expressivo. Aqui, em São Paulo, a Ocesp faz um trabalho junto as assembleias legislativas. Às vezes até no relacionamento com prefeitos.

Aliás, tenho orgulho de ter recebido título de cidadão paulistano, apesar de ser de Palmital, interior de São Paulo.

Precisamos desse relacionamento, porque as cooperativas dentro do município fluem muito. É importante ter o relacionamento.

Neste período da história, começamos a ter nossa Frente Parlamentar do estado de São Paulo. A OCB tem a Frente em Brasília. Claro, tudo capitaneado por nós. A gente faz um trabalho conjunto. Mas é muito importante esse trabalho no Executivo e Legislativo.

Não queremos benefícios do governo. Não precisamos. Só queremos que ele nos entenda e nos deixe caminhar, não trave o movimento. Muitas vezes não somos entendidos.

Temos 1.025 cooperativas no estado de São Paulo. São três milhões de famílias que dependem do movimento dentro dos dez ramos que temos no estado. Considerando que são três milhões de famílias, são cerca de nove milhões de pessoas que vivem desse movimento fundamental pra melhoria de vida de cada uma delas. E esse trabalho de interlocução nos ajuda.

Todos que podem contribuir com esse movimento, nós recebemos de braços abertos. Sabemos que enquanto estivermos no cooperativismo, estamos fazendo o bem.

É um movimento apartidário, que congrega todos os partidos. O que precisamos é que esses parlamentares, vereadores, prefeitos, deputados e senadores entendam e abracem nossa causa. Causa que, inclusive, se relaciona muito com a deles, pois o objetivo principal do Estado é melhorar a vida da população. E é exatamente o que o cooperativismo faz: melhora a vida de toda a comunidade onde está inserido.

Traz impactos muito positivos ao redor. Temos uma luta para

mostrar nosso diferencial. Precisamos mostrar que existimos e somos diferentes, e a Ocesp tem um trabalho fantástico nessa linha. Vocês fazem também uma atuação no momento de eleições?

Fui, por muito tempo, presidente de uma cooperativa agropecuária aqui no estado de São Paulo. Essa cooperativa tinha muitos problemas, mas ajeitamos todos. Não tínhamos defesa consistente que cuidasse daquilo, para a qual pudéssemos pedir ajuda. Quando falava sobre isso, as pessoas se assustavam. Falavam que não podíamos mexer com isso, que a política era suja.

Há um preconceito muito grande com a política partidária. Precisamos desmistificar isso, entender a política em sua raiz, que é trabalhar pela comunidade.

Exatamente. Admiro muitas pessoas dentro do movimento cooperativista, mas também tenho críticas a algumas. A grande maioria são pessoas sérias, que trabalham para a sociedade, da mesma maneira que dentro da política também tem muita gente séria. Claro, muita gente com ideias diferentes das nossas, mas isso acontece.

E tem pessoas ruins, que se aproveitam. Mas a maioria, com certeza, quer trabalhar, busca trabalhar para a população. É importante nos relacionarmos com eles. A política vai cruzar nosso caminho, por bem ou por mal.

Nós, como entidades, não podemos fazer políticas partidárias. Mas nós orientamos as cooperativas a buscarem um parlamentar com o qual tenham afinidade.

Temos uma coisa que muitas outras não tem: capilaridade. Nós somos um sistema. Nem sempre tão fortalecido, nem sempre conseguimos atuar com intercooperação, mas temos o poder de mostrar bons parlamentares, que fazem um bom trabalho, e recomendá-los. Políticos que podem ajudar no nosso caminho, sem interesse econômico. Isso é muito importante de ser feito.

Estamos às vésperas de mudanças tributárias que podem acabar com setores cooperativistas. Ter contato e relação com essas pessoas acaba nos ajudando a manter o sistema vivo, por isso é tão importante que as cooperativas se posicionem. E não reconhecemos partidos, e sim parlamentares. Pessoas que entendem e gostam do nosso movimento.

O cooperativismo é algo muito positivo. Olhe para países muito bem desenvolvidos, como Estados Unidos, China, Japão. São todos cooperativistas.

Não queremos influenciar eleições, só queremos inserir na política pessoas que nos ouçam, que entendam nosso papel na sociedade. Assim, nos juntamos para melhorar a vida de todos.

O cooperativismo é fundamental. É uma ponte que cruza o rio. De um lado, temos o capitalismo selvagem e, do outro, o socialismo. O cooperativismo une os dois lados.

E vale deixar bem claro que a Ocesp e a OCB têm o trabalho de evitar que aprovem leis que prejudiquem algum segmento cooperativista, dentro desses dez ramos. Esse trabalho de evitar algum problema que coloque em risco a continuidade de determinado segmento nem sempre aparece, mas é fundamental para que a gente continue no mercado em expansão. Quanto mais pessoas conseguirmos trazer para o sistema, junto da gente, melhor para nós. E acho que a Ocesp faz isso com muita maestria.

Sabemos que vocês levam à frente os pleitos do nosso estado de São Paulo, mas tem muitas questões que envolvem o Governo Federal e o Congresso Nacional. Como ficam os pontos que dependem de Brasília?

Temos uma ligação umbilical com Brasília. A OCB existe porque as organizações estaduais existem. E nós, estaduais, existimos porque existem as cooperativas.

Evidentemente que cada OCE se organiza politicamente. Quando falamos de ações de governo do estado, fazemos aqui mesmo. Mas quando precisamos de algo dentro do Governo Federal, a Ocesp aciona os parlamentares, e vamos ajustando. Quando acionamos, falamos do problema e pedimos ajuda. Não queremos impor nada, mas discutimos, explicamos o que vai afetar. É o convencimento. Esse parlamentar tem que ter uma base para conseguir nos defender. Tem que estar embasado tecnicamente.

A gente tem uma ligação direta com a OCB também. Às vezes a OCB não consegue fazer o convencimento e, aí, nós procuramos nossos parlamentares e explicamos a situação.

Vimos o cooperativismo de crédito sair da posição de "banquinho de jardim" para uma pujança no sistema financeiro nacional. E isso aconteceu porque nós começamos a fazer barulho, a mostrar a importância disso. E a parceria com os parlamentares foi muito importante para isso.

Além de tudo isso, temos o Banco Central nos abraçando. O Estado nos quer, quer que a gente esteja nesse processo. O BC sempre enfatiza que precisamos atingir dois dígitos na participação.

Todo esse processo é político. Todos os nossos ganhos são muito políticos. Olhem nossos relatórios, têm muitos resultados. Olha o que éramos há 15 anos atrás e o que somos hoje, em todos os ramos.

Nosso movimento é muito rico porque é feito de pessoas. É importante preparar nossos profissionais para o nosso sistema se consolidar e perpetuar no processo. Nossos filhos, netos e bisnetos vão aproveitar dele.

E esse pensamento é fundamental! Não dá para pensar no momento atual, e sim nas próximas gerações e como podemos contribuir para o crescimento do cooperativismo.

Nesse cenário de pandemia, acredito que tenha sido mais desafiador para a Ocesp. A gestão nunca foi tão desafiada quanto nesse momento. Como está a relação junto aos poderes públicos em um momento de tanta pressão e incertezas?

Passamos por um período horrível. Basta ver o número de mortos, o isolamento social, os ramos que não estão produzindo.

No início da pandemia, fizemos uma campanha. Vocês, do Sicoob Cecres, foram uma das cooperativas que colocaram a mão na massa para minimizar as dificuldades das pessoas, da comunidade. Demos muito apoio social neste período e isso não tem preço.

A gente criou, logo no início, um Comitê de Crise, onde nos reunimos diariamente. Com a pandemia, os desafios triplicaram. Tínhamos que tomar atitudes até mesmo para abastecer os mercados, por exemplo. Neste momento, falamos com parlamentares de São Paulo, explicamos a dificuldade.

Tive a oportunidade de apresentar para a ministra da Agricultura, Tereza Cristina, o problema que tínhamos nas merendas escolares. A ministra prontamente me mandou um recado informando que tinham resolvido o problema. Colocou 500 milhões para conta de merenda escolar e montagem das cestas verdes.

Olha a importância desse movimento, de estarmos atentos. Poderia citar mais 20 ou 30 ações que temos feito constantemente. O Comitê de Crise está funcionando. Algumas coisas não conseguimos solucionar, evidentemente, mas buscamos trabalhar e solucionar.

Queria que você nos desse exemplos de quais avanços o Comitê de Crise da Ocesp trouxe para o nosso segmento.

Nós tivemos inúmeras ações. Conquistamos cadeira no *Open Finance*, trouxemos as cooperativas pra operacionalizarem o fundo de turismo, temos lei de emergência cultural. Provavelmente vou deixar muitas coisas para trás, mas vem sendo uma luta constante. Acho que é muito importante ter a certeza que resolvemos muitos problemas.

Uma das nossas conquistas foi a criação da Semana do Cooperativismo na cidade de São Paulo, uma cidade tão importante. E essa Semana tem grande relevância para destacar o movimento, mostrar como somos bons. Porque hoje fazemos muito, mas mostramos pouco. Não somos bons em divulgar tudo de bom que fazemos. Mas isso tem mudado.

Conseguimos também regulamentar a assembleia via *web*, porque não conseguiríamos fazer assembleia neste período, prestar contas.

O que não falta é boa vontade.

E a gente percebe! Quem acompanha a Ocesp e o Sescoop conhece o excelente trabalho que vem sendo realizado. E, falando no Sescoop, gostaria que você nos explicasse a importância da instituição no trabalho de levar o segmento para a frente.

Temos profissionais excelentes em São Paulo. No interior também, mas há alguns anos era mais difícil.

Na época que era presidente da cooperativa, ela tinha muitos problemas financeiros e precisávamos de gente para resolver isso. Além disso, nosso pessoal precisava ser treinado, capacitado. Precisávamos de um planejamento estratégico, mas as nossas pessoas não sabiam fazer. Então, fomos até a Ocesp e pedimos acesso ao programa de treinamento para os funcionários, pois não tínhamos onde buscar funcionários novos, tínhamos que preparar a nossa gente.

Então, foi feita uma trilha de aprendizagem, estudamos. E começamos a trabalhar com recurso do Sescoop. Na cooperativa, não tínhamos condições de bancar isso. E foi feito.

O primeiro MBA que surgiu do Sescoop eu quis fazer. Dar o exemplo. Hoje essa cooperativa está indo muito bem, em cima do que conquistamos no Sescoop.

O sistema "S", ao contrário do que tentam pregar, é muito bem estruturado. Temos auditoria interna, auditoria externa, auditoria da OCB e Tribunal de Contas da União nos ajudando. Se não fosse o SESI, o SENAI, as empresas não tinham especialidades. É uma pena essa visão obtusa sobre o sistema. Mesmo alguns presidentes de cooperativas acham caro. Mas é preciso entender que, se tem reciprocidade, vale. Todo dinheiro que o Sescoop tem é para custeio e formação dessas cooperativas.

A formação é fundamental para o andamento da cooperativa. Nosso sistema "S" é fundamental para chegar onde chegamos. Se pegarmos um gráfico de evolução do movimento cooperativista pós 1999, veremos que foi muito forte. O Sescoop é uma das mais importantes ferramentas que temos no cooperativismo.

É um grande parceiro e é uma pena essa visão equivocada. Nosso Ministério da Economia precisava ver isso. Devia se preocupar com o que está dando errado, não com o que está certo, como o sistema "S".

Foi por isso mesmo que decidi colocar na mesa a importância do sistema "S". O Ministério da Economia precisa reconhecer. Sem capacitação, ninguém chega em lugar nenhum.

Mudando um pouco de assunto, gostaria de saber mais sobre a sua nomeação à coordenação do Fórum Paulista do Agronegócio. A nomeação é consequência da atuação na Ocesp?

Essa entidade começa com a Ocesp, FAESP, Fiesp, Sociedade Rural Brasileira... Sociedades de peso. Essas entidades começam um movimento, vendo que precisamos falar com mais força com o governo.

Atualmente, temos 42 entidades dentro do Fórum. Minha função é representar essas 42 entidades no diálogo com o governo, já que seria inviável irmos todos até o poder público. Então, primeiro conversamos, unimos nossas propostas e, então, levamos aos entes públicos.

É uma entidade que vai desde o agricultor que está trabalhando no campo até a indústria de transformação. Passamos por tudo.

Quando recebi o convite, analisamos bem. A Ocesp é muito bem-vista no governo. Quando comecei, para conseguir marcar uma reunião com a Secretaria da Agricultura, e olha que o agropecuário era o setor mais forte, levava de três a quatro meses. Veja o quanto nos fortalecemos.
Entendi que a coordenação poderia ser interessante para resolver os tantos problemas dos nossos dez ramos em São Paulo. Se tivermos

uma interlocução facilitada, podemos ajudar mais o movimento.

Quando falam meu nome, associam à Ocesp, e acho que isso vai levar nossa entidade a ser ainda mais bem-vista.

café
cooperativo
Mulheres no
Cooperativismo
com Maria Telma Galletti
apresentação:
Taís Di Giorno

Mulheres no Cooperativismo

Entrevista realizada com Maria Telma Galletti, superintendente da Confebras, em 20 de agosto de 2020

Antes de tudo, quero parabenizar a Confebras por ter uma líder como você.

A gente ainda tem essa luta pela representatividade, sabemos o que passamos, onde caímos, onde nos levantamos. Então é sempre importante compartilhar exemplos para inspirar a liderança feminina, a fim de termos mais igualdade.

Quando voltamos lá na sociedade patriarcal, as mulheres precisavam ser obedientes, procriar. Elas faziam parte do espaço doméstico, eram boas mães, esposas, mas até pela menor força física, eram tidas como inferiores. Sabemos que ainda existem resquícios dessa linha de pensamento. Qual sua visão sobre esse modelo tão arcaico nos dias atuais?

Então, a gente sabe que ao longo dessa formação da sociedade, e falamos de milênios, temos a figura da sociedade patriarcal. A mulher foi criada para ser boa mãe, boa esposa, cuidar da família e do marido. Tanto que, nesse período, e um pouco mais à frente também, quando as mulheres começaram a criar movimentos, foram rotuladas como mulheres sem sanidade mental. Elas viam a possibilidade de contribuir de diversas maneiras, de mostrar seu potencial. Mas a sociedade via a mulher de forma ruim em relação a isso.

É tudo muito pejorativo, são estereótipos criados lá atrás e que ainda perduram. Como se a mulher fosse só para casar e ter filhos. E, pior ainda, ela tinha que se casar. Não existia outra opção. E vemos ainda, nada muito distante, que quem não se casa ainda tem que ouvir comentários como "ficou para titia".

A sociedade patriarcal realmente tem grande participação na construção desses papéis que a mulher ainda vive.

A discriminação ainda é muito forte. Poderíamos falar de outros assuntos, mas ainda precisamos, infelizmente, provocar essa discussão.

O movimento feminista é dividido em ondas. A primeira onda, ali no final do século XIX, início do XX, onde as mulheres lutaram pelo direito do voto, pela escolha ou não do casamento. Imagina: a gente precisava lutar pelo direito da escolha de ter ou não filhos, de se casar ou não, de ter acesso à educação.

Eram escolhas tão básicas, mas, mesmo assim, as mulheres precisaram lutar por isso.

E aí vieram as ondas dos movimentos. Na Inglaterra, nos Estados Unidos. A segunda onda, mais forte nos EUA, com o movimento das Panteras, o movimento *hippie*.

As mulheres não podiam ter nem RG. Eram tratadas como se fossem, realmente, muito inferiores aos homens. Por isso precisamos inspirar mais mulheres, porque nem sempre são os homens que não abrem portas.

Sabemos que muitas mulheres abandonam suas carreiras no caminho, porque não é fácil. Mas é possível! É necessário encorajar mulheres com objetivo de liderança para que entendam que, com bastante força e garra, é possível sim.

Eu vejo que muitas mulheres, no nosso próprio meio, têm um potencial muito grande, mas falta acreditar naquele potencial. Têm capital intelectual elevado, facilidade, espírito de liderança e não aproveitam daquilo.

Às vezes é por não terem oportunidades, por serem tímidas. Então existe a necessidade de desenvolver essas mulheres. A gente sabe o quanto as mulheres podem impulsionar o desenvolvimento das organizações. E nas instituições cooperativistas não é diferente. As mulheres são ferramentas de desenvolvimento. E mesmo economicamente falando, são muito importantes.

Elas têm que acreditar no seu potencial de poder contribuir com a organização, com a empresa. Algumas mulheres têm dificuldade de tomar as rédeas até dentro do próprio lar, sentem-se coagidas.

É necessária uma mudança cultural. Tem que ter ajuda da população masculina, claro, mas as mulheres precisam acreditar mais no seu potencial.

E de união, não é? Essa pandemia colocou um holofote muito grande na questão da violência doméstica. Vimos o quanto precisamos nos ajudar.

Tem, sim, muitos homens que nos apoiam nessa caminhada. Tenho a felicidade de trabalhar numa cooperativa que me permite exercer minha liderança. Mas sabemos que o maior apoio deve existir entre nós mesmas e que o sistema como um todo tem muito o que evoluir. Quando vemos o percentual de mulheres nos cargos de direção de cooperativas, especialmente de crédito, vemos o quanto é pequeno. Temos que mudar as políticas internas.

Falando de você, que é uma referência na liderança feminina, gostaria que contasse um pouco da sua trajetória no cooperativismo e seus desafios e conquistas para inspirar outras mulheres.

Minha vida profissional começou muito cedo. Aos 18 anos, eu já trabalhava com carteira fichada numa subsidiária do Banco do Brasil. Na minha equipe tinha muitos homens. Não era fácil. Com três anos de empresa, tive a oportunidade de assumir um cargo de liderança. Na minha equipe tinha homens com idade para ser meu pai, que estavam lá há 20 anos. Para eles, eu era "uma pirralha", como eles mesmos falavam. Exatamente assim. Foi bem complicado, mas gosto de trazer esse exemplo.

Existia um homem na minha equipe, da área financeira. Antes de assumir a liderança, eu o ajudava a fechar os movimentos. Quando passei a ser coordenadora, eu tinha que delegar, cobrar. E uma vez teve um problema e ele atrasou muito o fechamento. Não conseguia encontrar a diferença. Eu tentava oferecer ajuda, e ele não aceitava, mesmo estando com dois ou três dias de diferença. Eu pedia para ajudar e ele dizia que eu não tinha capacidade. Eu insisti, pedi duas horas para encontrar a diferença. E foi o que aconteceu, eu consegui. A partir dali ele passou a me respeitar. Não me chamava mais de pirralha, me ajudou a mudar muita coisa no setor e viramos amigos.

Fiquei nessa subsidiária por dez anos. Foi bem difícil, porque esse período que citei não durou dias ou semanas; foram meses.

Quando saí de lá, vim para a Confebras. Nossa equipe sempre foi muito enxuta, mas naquela ocasião, em 2000, 2001, tínhamos um número de filiadas muito pequeno. Então, na época, o nosso Conselho apostou muito em um curso básico de cooperativismo. Eu cheguei, não tinha um recurso legal para implementar projetos e tinha o desafio de fazer com que a Confebras vendesse 45 mil cursos. Era o primeiro curso de cooperativismo a distância no Brasil. Foi um desafio muito grande, mas fizemos campanha, vendemos os cursos e conseguimos aumentar a equipe.

Posteriormente, a gente pegou o Concred e fez dele um grande evento do cooperativismo. A primeira edição que realizei foi em Cuiabá. A partir dali o evento foi crescendo.

Para realizar o Concred, eu ligava para patrocinadores pedindo adiantamento. Hoje recebemos ligações desde o início do ano de empresas querendo patrocinar o evento. A qualidade foi crescendo, graças a um esforço muito grande da equipe.

Hoje tenho o Concred como um dos meus produtos preferidos da Confebras, porque vemos muito resultado. Não só financeiro, mas de conteúdo mesmo, de debate.

Os debates são incríveis, a qualidade é excelente. Sempre elogio o quanto a Confebras consegue realizar com uma equipe tão enxuta.

É pequena, mas muito comprometida!

E fomos tendo novas ideias. Em 2002 tive a ideia de fazer o primeiro intercâmbio. Fomos tendo a ideia de ampliar os intercâmbios para outros países. O Sicoob Cecres é um dos nossos principais clientes deste produto.

Hoje temos 38 filiadas. Se a gente for somar, são quase cinco mil cooperativas e mais de 6,6 milhões de associados indiretos. E ainda temos um universo enorme para atingir. Mas, claro, mais importante do que ampliar essas filiações é manter as nossas.

Por isso, sempre trazemos inovações. Recentemente, trouxemos novidades em relação aos nossos produtos no EAD, e não é só para trazer receita.

E, abrindo um parêntese, posso falar com propriedade que o curso que temos hoje é um dos mais ricos do cooperativismo financeiro no mercado.

Voltando ao movimento feminista, infelizmente muitos ainda têm uma visão muito distorcida do que é o movimento. Ao contrário do que pensam, ele não é uma queda de braço com o machismo, já que ele não impõe a soberania feminina. Ele vem para trabalhar a equidade, mas, por algum motivo, foi tão descaracterizado ao longo do tempo. Como você vê essa questão da falsa polaridade do machismo e do feminismo hoje?

A luta das mulheres não é pela superioridade. Queremos igualdade. Por que uma mulher que tem a mesma capacidade que um determinado homem não pode ocupar o mesmo cargo ou, se ocupar, ter o mesmo salário?

A *Mackenzie* fez um estudo que aponta que a diferença de salário entre homens e mulheres no mesmo cargo chega até a 700 reais.

A gente fala em resquícios do passado, mas isso ainda é muito forte na cultura. E começa cedo, com aquela história de falar para o menino, desde criança, que precisa "provar que é macho".

É muito difícil, vamos levar muitos anos. Li um estudo que dizia que, para equiparar o salário de homens e mulheres, vai demorar mais de 30 anos, se continuarmos nesse mesmo ritmo. Esse prazo só reduz se criarmos políticas fortes pra isso.

É muito tempo!

Sempre defendo uma questão de competência, independentemente de gênero. Não há motivo para diferenças, se estamos falando de entrega de trabalho, de performance. Precisamos nos indignar quando falamos que vai demorar 30 anos, e por isso temos que provocar mais discussões, implantar políticas que deem preferência ao público excluído.

No Sicoob Cecres estamos em uma fase de contratações. E oriento sempre nossa equipe de Desenvolvimento Humano que, se chegar em um momento de equivalência de currículo, escolha sempre as minorias.

É bela a teoria, o diálogo sobre empoderamento, mas o que vemos nas empresas, na prática, é uma evolução extremamente lenta ou inexistente.

O processo tem que ser mais acelerado. A gente começou a evoluir um pouco e vemos que hoje tem agências específicas para integrar o perfil de excluídos nos processos seletivos. Vi recentemente um banco que vai ser criado aqui no Brasil e que só vai contratar o público LGBTQIA+.

E essa diversidade torna o ambiente tão rico. Ela proporciona discussões ricas, ideias diferentes. E falo sempre também do público jovem. Você tem que ter maturidade para parar, ouvir a ideia, a visão. Isso é muito bacana.

É importante trabalharmos com várias origens. Quando você quer todo mundo mais ou menos parecido, formado em faculdades similares, fisicamente semelhantes, da mesma classe social, você não faz uma mini representação da sociedade. Quando você leva uma ideia nova, você terá uma corrente que vai pensar da mesma maneira. A riqueza da empresa e das ideias passam, necessariamente, pela diversidade de time.

Em um país tão diverso, é inaceitável que as empresas não

mantenham coerência com a cultura do Brasil.

É verdade. Estava estudando o quanto nós conquistamos ao longo do tempo.

É importante destacarmos alguns pontos que se transformaram em conquistas a serem celebradas. Em 1879 foi quando a mulher conseguiu o direito ao ensino superior. Em 1934, conseguimos o direto ao voto. Em 1985, teve a criação da primeira delegacia da mulher. Em 1996, conquistamos a lei de cotas para candidatura de mulheres. Em 2006, a criação da Lei Maria da Penha. E, só em 2015, o feminicídio se tornou um crime hediondo. Olha o quanto ainda temos de caminho a percorrer!

Em 2015, o presidente do Canadá fez um discurso em que, após anunciar que o parlamento seria composto 50% por mulheres, foi questionado sobre a decisão. Sua resposta foi, simplesmente, que "estamos em 2015".

É muito tempo para poucos passos. E os passos que estamos falando, voto, delegacia, feminicídio, são coisas básicas, só para termos dignidade e mais nada. Quanto de verdade avançou? Nada.

Exatamente. E vemos o quanto as mulheres podem contribuir no impulso da economia. Temos que nos apoiar, começar de dentro. Incentivar, motivar, nos unir enquanto mulheres.

Nossas instituições cooperativistas precisam criar movimentos, fóruns de discussões. Nós temos, mas ainda é muito pouco. Precisamos fazer muito mais, tem que ser contínuo.

E buscar a autoliderança. As mulheres, às vezes, têm dificuldade de exercer segurança e liderança dentro do lar, têm que lidar com a autoestima baixa. Nem todas conseguem cair e levantar. A gente caiu várias vezes e conseguimos nos levantar, por isso quero compartilhar com muitas mulheres. Muitas ficam pelo caminho.

Não é fácil. Você, que é mãe, sabe. É um desafio imenso conciliar tudo: casa, trabalho. Por mais que tenha alguém te ajudando, é difícil.

Você tem que chegar em casa, tomar as rédeas, fazer tarefa com o filho, colocar roupa para lavar, fazer comida, colocar jantar na mesa. Todas essas atividades que, dificilmente, são divididas. O marido pode até participar, mas geralmente é muito pouco. Essa responsabilidade fica para nós, não adianta.

A gente fica equilibrando pratos. E na pandemia isso se intensificou, com filhos tendo aula on-line, a gente tendo que cuidar de casa, alimentação, provas, trabalho.

Nunca trabalhamos tanto quanto agora. Tenho aprendido muito, mas é muito difícil e desafiador. A mulher, sem dúvida, fica muito mais sobrecarregada.

Sim! É um momento, também, de ressignificação. Eu tive muita dificuldade no começo. Muitas vezes são dez da noite e ainda estou trabalhando, pois não consegui terminar de responder meus *e-mails*. A gente trabalha duas, três vezes mais. Fica sem horário para nada.

No Brasil, as mulheres representam 60% dos universitários, mas só 3% delas chegam à liderança executiva. O que será que falta para romper essa barreira?

Precisamos criar políticas públicas dentro de instituições que empoderem mulheres. Que incentivem elas a descobrirem seu potencial. Isso leva tempo, mas primeiro a mulher precisa acreditar que é capaz.

Concordo. Precisamos respirar esse empoderamento e entender que somos capazes.

A barreira, muitas vezes, não é somente imposta pelos homens e sociedade, mas pelas próprias mulheres. Precisamos entender que podemos, conseguimos. É necessário o autoconhecimento, autorrespeito. O caminho não é fácil, mas não é tão difícil quanto parece. É possível. Precisamos fazer alianças com pessoas, mulheres e homens.

Falando das nossas características, queria saber se você acha que

nós temos alguma característica singular do nosso gênero, que acaba contribuindo para as lideranças femininas?

As mulheres têm essa vontade de crescimento, o otimismo. Só precisam passar a acreditar no seu potencial. Temos a perseverança, não desistimos.

Sempre falo isso. Às vezes estamos em um momento tão difícil, mas precisamos sempre acreditar e confiar. Manter a fé, se manter de pé. Nada cai do céu. Se a mulher quer determinado cargo, posição ou mudança, ela tem que buscar.

Tem que estudar, buscar conhecimento. Claro que não é fácil. A gente tem que dividir o tempo das atividades do lar com o profissional, mas é muito necessária essa busca constante por conhecimento. E fazer isso acontecer.

Otimismo, busca, perseverança e foco são atributos que a mulher precisa manter vivos. É assim que conseguimos chegar lá.

A mulher tem uma habilidade da intuição, da sensibilidade, da empatia. E o homem também tem algumas características mais enaltecidas que a mulher, mas acho que a união é o segredo. Ninguém melhor ou pior.

Temos que buscar o equilíbrio.

No *coaching*, temos a roda da vida, dividida em algumas partes. Buscar esse equilíbrio pessoal, profissional, religioso. E essa roda tem que girar. Senão pesa de um lado só. Não é fácil, é um exercício diário.

Gosto de perguntar: "A sua roda, roda?". Se não, sua vida não está rodando, está quadrada.

Falando ainda do nosso segmento, como a Confebras, que tem uma grande líder feminina, enxerga que as cooperativas podem acelerar esse processo de inclusão, uma vez que é um dos nossos pilares?

As cooperativas devem incentivar a realização de eventos, internos e externos, e fazer com que os líderes participem. É importante fazermos algo que inclua os homens. Fazer evento para discutir igualdade de gêneros e cobrar que os homens estejam ali presentes. Eles precisam comprar a ideia e entender o quanto a mulher pode ser importante para a instituição.

Devem, também, criar políticas internas. Entender como valorizar a mulher. Quais os pré-requisitos para a escolha de novos funcionários e sempre incluir a mulher. É um trabalho moroso, mas temos que fazer logo.

E a Confebras, enquanto instituição, além desses eventos que já faz, tem de fazer movimentos direcionados a isso. Precisamos de fóruns, algo contínuo, ter parcerias com fundações. Temos que pensar em construir algo em conjunto para o cooperativismo. Acho muito bacana essa união. Com ela, a gente consegue, de fato, fazer algo diferenciado. Não podemos mais ficar só no discurso.

Sabemos que, no começo dessa evolução toda, precisamos falar de cota, de eventos com reconhecimento. De alguma forma, isso vira motor para abrir uma vontade política que chegue a um melhor patamar de equidade. Depois, isso vira um processo cultural, mais natural.

Acredito que a Confebras, como instituição suprassistêmica, poderia realmente trabalhar publicidade, melhores práticas dentro de fóruns de discussões, para passarmos a ter metas, objetivos, entender qual a fotografia atual das mulheres no mercado do nosso setor e qual o objetivo a ser alcançado.

O nosso presidente do Conselho de Administração, o Bibbo, é muito predisposto a esse tipo de debate. Inclusive, ele questionou: como você vê o papel da mulher no desenvolvimento econômico global?

A mulher pode impulsionar consideravelmente o crescimento global. Temos vários estudos sobre isso.

Temos um exemplo muito forte no Japão, que estava tendo um

encolhimento considerável. E aí, uma das estratégias foi levar as mulheres para o mercado de trabalho. O estudo que fizeram após essa inserção mostrou que o percentual que elas levaram de crescimento em dois anos, de 62%, foi maior que a estatística anterior de oito anos, de 60%.

A participação das mulheres é muito importante. A equidade de gênero pode acrescentar até 12 trilhões de dólares no PIB mundial. Isso se olharmos até 2025. Olha o quanto podemos impulsionar a economia!

Ainda falando em dado mundial, de 173 países, 90% ainda tem pelo menos uma lei discriminatória contra as mulheres. É triste estar no século XXI e ainda ver isso.

E, pensando de forma técnica, é um assunto para o qual podemos trazer um estudo mercadológico. Saber a história da mulher desde o início e trazer estudo da igualdade de gênero, o impacto da mulher no mercado de trabalho e na economia global.

Podemos conversar mais pensando presente e futuro. Quais ações podemos tomar para acelerar esse processo. A equidade de gêneros está na agenda da ONU 2020-2030, porque é evidente o quanto esta pauta leva uma necessidade de urgência à equidade. Porém, por conta da pandemia, muitas ações estão sendo adiadas.

Então, o que você acha que a gente pode fazer para que as empresas acelerem esse processo de crescimento, para que não seja tão orgânico?

Hoje a gente vê isso um pouco distante quando buscamos os dados. É exatamente essa busca da mudança cultural e inserção de políticas que vai fazer a diferença. Não vejo uma alternativa diferente. O governo tem que incentivar as instituições, as empresas.

E as mulheres têm que buscar mudança interna no entendimento de que são capazes. As mulheres ainda se escondem, calam suas opiniões. Essa mudança tem que partir das mulheres, mas com ajuda do governo, de políticas e das empresas.

E no poder público os partidos políticos já estão buscando mais mulheres, fazendo captações.

Hoje temos poucas. Cerca de apenas 20% do parlamento é formado por mulheres. Já foi menor, mas esse número ainda é muito pequeno. E a gente vê esse percentual também dentro do cooperativismo financeiro.

Entendo a Confebras como fundamental no cooperativismo brasileiro e, tem nas mãos a possibilidade de provocar essas discussões. E garanto que podem contar com a gente.

Para finalizar, o que você diria para as mulheres que querem ser líderes e ter sucesso em suas carreiras?

Primeiro, acreditem em si mesmas. E, segundo, façam seu papel.

Temos que buscar conhecimento, por mais difícil que seja o cansaço de lidar com tudo. Conhecimento nunca é demais. Temos, sim, vivido uma onda de intoxicação de conteúdo, mas cabe a nós selecionar o que é melhor.

Quando tiverem uma opinião, defendam até o fim. A não ser que as convençam de que estão erradas, não deixem de defender sua posição. Não tenham medo de se expressar. Não tenham medo.

Acreditem, busquem o equilíbrio profissional, religioso, profissional e matrimonial.

Não é simples, mas no final é muito gratificante ver que o propósito foi conquistado e valeu a pena.

café
cooperativo
Saúde mental em
tempos de pandemia
com Ana e Douglas
apresentação:
Taís Di Giorno

Saúde Mental em Tempos de Pandemia

Entrevista realizada com Ana e Douglas, sócios-proprietários da Canto Baobá Psicologia, em 27 de agosto de 2020

Queria começar perguntando o que é o Canto Baobá e com que propósito ele nasceu?

Ana: O Canto nasceu em 2019 com o intuito de atender o máximo de pessoas possível. Queríamos um trabalho em que fizéssemos todos os recortes de diversidade, de gênero, orientação sexual, raça e classe. Um olhar democrático para a psicologia. Então eu e o Doug trouxemos todo um olhar de quem somos, antes de tudo. Eu sou LGBT, e o Doug é um homem negro. Olhamos para as pessoas e trouxemos o acesso à psicologia.

Então tem sido um trabalho muito grande, muitas pessoas têm nos procurado e nos indicado.

Atualmente temos 13 psicólogos e mais três pessoas na administração e marketing. Tem sido um grande crescimento, principalmente agora na pandemia. O número de procura pela terapia aumentou muito. Estamos em São Paulo hoje e buscando a ampliação do espaço.

Douglas: Hoje a gente tem cerca de 350 pacientes passando pelo Baobá. Estamos no atendimento *on-line,* ainda por conta da pandemia. Buscamos todas essas questões para que seja também um espaço de inclusão, onde possamos não só democratizar cada vez mais a saúde mental para vários públicos, mas também reconhecer esses profissionais que estão com a gente. Sabemos que ambos os lados ainda têm muitas dificuldades a serem trabalhadas.

As empresas procuram vocês para trabalhar novas formas da cultura de diversidade?

Douglas: Trabalhamos, sim, com empresas. Fazemos *workshops*, palestras para ir mostrando os caminhos que temos que traçar. Não é somente ter na empresa mais mulheres, mais LGBTs, mais negros. Mas também pensar no que está dando de ferramenta, de subsídios para fazer com que essas pessoas cheguem a uma equidade.

Não adianta só falar de igualdade e quando fizermos os recortes ainda vermos tanta diferença. A gente vem pensando cada vez mais nisso. Tanto que a ideia do Baobá, na verdade, não é ser só uma clínica social.

Chamamos de espaço Canto Baobá porque queremos fazer um lugar onde todos e todas se sintam em casa.

Ana: Algumas empresas nos procuraram para falar de gênero, inclusão, trabalhar as pessoas que já estão no espaço. Diversidade não é só trazer as pessoas, mas também ter diálogo entre quem está na empresa e quem está chegando. Essa cultura também tem que ser trabalhada. Temos que falar dessa estrutura, do acolhimento de todas as pessoas nas empresas, nas escolas.

Fazemos tudo isso, além do atendimento individual de psicoterapia, que é nossa maior demanda hoje.

Pergunto isso porque temos debatido isso aqui sempre que é oportuno. A questão é que está na moda trabalhar o público excluído, mas minha preocupação é mesmo com a cultura. Não é trabalhar porque é politicamente correto, e sim fazer com que essas pessoas sejam bem aceitas, não continuem a sofrer discriminação no ambiente de trabalho.

Minha preocupação é: até que ponto no pós-pandemia isso vai vir de uma forma estrutural e que venha para ficar? Principalmente porque a pandemia trouxe muito às claras as discrepâncias que temos socialmente no país.

Douglas: A gente precisa pensar muito nisso mesmo. Como Canto Baobá, temos muitas coisas em que acreditamos e que são nossa missão. Tem alguns trabalhos que nós vemos que realmente não faz sentido associarmos o nosso nome. Não entramos no jogo quando é uma empresa que sabemos que está sendo só superficial.

Quanto à pandemia, o racismo está aí há muitos anos. A homofobia, o patriarcado, o machismo. Acho que a pandemia fez a gente se isolar e gritar um pouco dessas dificuldades da sociedade, porque já não dá mais para ficar calado. A gente já não pode mais não meter a colher na briga de casal, na violência contra mulher. A gente já não pode mais ficar passando pano para a homofobia e o racismo. A gente tem que pensar em estratégias que não sejam somente algo passageiro. Que criem uma cultura.

Quando falamos do subsídio, é pensar em formas de capacitar, cada vez mais, essas pessoas. Não basta somente fazer uma campanha ou um marketing na empresa se a gente sabe que dentro do local ainda é reproduzido o racismo, machismo e homofobia.

Isso é perigoso porque você expõe a pessoa que está chegando e tem uma expectativa. Você vai levá-la para uma situação ainda pior se a empresa estiver mal preparada.

É fundamental trabalhar a inclusão, mas ela tem que ser bem implementada, primeiro na cultura organizacional, na cabeça das pessoas, para que não tenhamos o problema de traumas ainda maiores.

E falando no Canto, vi que vocês trabalham também com o público em situação de maior vulnerabilidade, pessoas que teriam dificuldade de acesso à psicologia. Queria entender como funcionam os atendimentos.

Ana: Quando essas pessoas chegam até nós, não existe uma lista diferenciada. Independentemente do valor, sendo social, simbólico, valor parecido com o que o conselho nos indica, que são mais altos. Não tem essa separação, não tem triagem. Todas as pessoas são acolhidas, recebidas, tem o mesmo tipo de atendimento, da mesma forma.

Todos os profissionais que começam a trabalhar com a gente concordam com esse nosso ponto. Independentemente do quanto essa pessoa possa pagar, ela deve ser acolhida. Mas como todos esses tipos de pessoas nos procuram, conseguimos valorizar os profissionais. Porque tem quem pode pagar mais, quem não pode, quem está passando por uma situação que, pode não estar em vulnerabilidade, mas perdeu emprego. Enfim, temos esse diálogo, essa atenção. E isso não é só do Canto, mas da nossa classe em si. É essencial ouvir as singularidades, entender o momento e não negar atendimento para ninguém.

Hoje com 13 profissionais, atendendo mais de 300 pessoas por semana, ainda temos uma lista de espera. Todos que nos procuram entram no mesmo caminho, independentemente de por onde fazem o contato. Não questionamos quanto a pessoa vai pagar no primeiro contato, pois não importa. Todas são recebidas e seguem a mesma lista.

O foco é o acolhimento. Acho que vocês devem ser muito procurados também por conta da identidade da empresa. Mesmo uma pessoa que possa pagar uma clínica ortodoxa, ela vai preferir ajudar e fortalecer uma clínica com um propósito tão bacana quanto o de vocês.

Falando um pouco do que passamos hoje com o isolamento social, como lidar com a saúde mental tendo toda essa expectativa versus frustração quase diária?

Ana: No começo da pandemia, a gente começou a receber muitas pessoas com ansiedade, com angústia, sem entender o que estava acontecendo. E nosso trabalho foi bem cirúrgico. Porque a gente precisava falar sobre sentimentos e emoções. Tínhamos privações, tínhamos luto do contato social, da rotina que nós conhecíamos, e tudo isso foi tocando muito no campo das emoções. Até quem não olhava para isso por conta das demandas da rotina, ao ficar em casa se depara com esse olhar para si. Isso além de toda a mudança, as pessoas com máscara, esse distanciamento. Nós precisávamos ir trabalhando todos os sentimentos que isso causava com detalhe mesmo.

Fomos elencando aquilo que causa ansiedade, tristeza, privação, luto, saudade. E falar sobre isso é muito importante.

Também veio o *looping* de uma demanda muito grande. Queríamos fazer cursos, coisas diferentes, aproveitar para fazer exercício. A gente precisou acalmar um pouco toda essa demanda porque não era o momento para preencher.

Douglas: No começo, todo mundo estava trabalhando para ter alto rendimento. As pessoas começaram a consumir muita coisa. Foi onde percebemos que o nível da ansiedade aumentou. A gente foi criando estratégias para mostrar a cada indivíduo como ele é singular. Que o mesmo exercício que eu consigo fazer, não é o mesmo que vai fazer sentido para você, Taís, ou para a Ana. Fomos criando subsídios para que essas pessoas fossem se adaptando cada vez mais à sua própria realidade e respeitando seus lutos diários.

Antes, você podia almoçar com a família no domingo, assistir a um jogo à tarde em um barzinho, receber seus amigos em casa e, de repente, não podia mais. Então é necessário saber lidar com essas situações.

Ainda temos que enfrentar todas as crises que o país passa. A gente acaba focando muito mais na notícia diária e, aí, muitas coisas vão despertando ansiedade e depressão.

Tudo isso fomos trabalhando e continuamos trabalhando ainda com nossos pacientes.

E é um looping. Ficamos em uma montanha-russa diária de sentimentos. Temos nossas obrigações, trabalhamos muito.

E, diante desse cenário, qual o papel das empresas com a saúde mental dos funcionários nesse momento? E qual dica vocês dão para as lideranças? Como elas devem atuar nesse momento em que tudo está mais aflorado?

Ana: É algo que aparece muito na clínica. A empresa precisa estar próxima dos trabalhadores. Não só perguntar se está tudo bem, mas se interessar, perguntar como foi o fim de semana, como a pessoa está se sentindo. Quando a singularidade é vista, muda muita coisa.

Temos que tirar o estigma de que ficar em casa deixa a rotina mais tranquila, porque não é real. É diferente. Sentimos um cansaço maior atendendo *on-line*. Você precisa estar muito mais concentrado, a internet falha, o vizinho bate, o cachorro late. Cansa muito mais.

Temos que falar abertamente que não é tão simples assim. E é importante que as pessoas possam se identificar e entender que não é o momento de produzir muito, de entregar a melhor performance e que é, sim, um momento um pouco mais difícil de fazer isso.

Deixando essa imagem, as pessoas se sentem acolhidas, vão entender a empresa como um lugar que vai escutá-las, onde elas vão poder falar que não está fácil. Não vão guardar isso para si. E esse acolhimento impacta diretamente na produtividade. Quando eu me sinto acolhido eu me sinto mais contente com a empresa.

Faz todo sentindo. Mas existe uma ambiguidade nessa baixa produtividade, pois temos um cenário com 13 milhões de desempregados e muitas empresas fechando. Então nós, por exemplo, uma cooperativa de crédito, estamos em um cenário difícil.

No nosso caso, e no caso de muitas empresas, é delicado falar para o colaborador que não é momento de produzir muito, porque precisamos dessa produção para não deixar ninguém desempregado, para fazer a empresa ter fôlego de virar esse ano e conseguir manter o emprego de todo quadro.

Que dica vocês dão para esse tipo de mercado? Preciso das pessoas produzindo, mas preciso respeitar essa dificuldade de conciliação, de trabalhar, cuidar de filhos, de casa e de toda essa sobrecarga.

Douglas: O que você e a Ana trouxeram nos faz pensar muito. A pandemia fez a gente repensar a forma de trabalho como viemos levando até aqui. Fomos percebendo que algumas coisas estavam muito arcaicas.

Os cargos mais altos, em algumas empresas, já tinham o *home office* implantado. Mas chegou um momento em que você teve que pensar como um todo.

Quando você está em um ambiente corporativo e o líder está próximo do time, é mais fácil ele acompanhar e ver o desempenho de cada um. Mas quando o time está afastado, vêm todas essas variáveis e demandas que vão se colocando na rotina.

Nesse ponto, também paramos para pensar que o homem ainda tem muito privilégio. A mulher tem muitos trabalhos ainda. Quando olhamos essas dificuldades, vamos entendendo o rendimento desse funcionário.

Se olharmos as pesquisas, a maioria dos desempregados são mulheres. Porque a mulher carrega o peso de responsabilidades que os homens não têm. E ainda é tão difícil reconhecer o trabalho doméstico como uma tarefa. A gente ignora. E isso vai excluindo a mulher do ambiente de trabalho. Ela precisa cuidar do filho, da casa, pensar em tudo, enquanto o homem tem o privilégio de só pensar no trabalho dele.

As empresas precisam se perguntar como está sua forma de trabalho. Uma coisa é quando o time está em um local de conforto e consegue pensar em uma solução todos juntos. Mas a realidade é que, neste momento, nem todos e todas estão começando do mesmo ponto de partida.

Ser líder também tem essa singularidade. Como eu e a Ana temos mais psicólogos conosco, sabemos que cada um tem sua forma. Sempre que fazemos reunião perguntamos como estão as coisas para cada um.

Quando você olha para questões de gênero, classe e recorte social, vemos que, para chegar a um mesmo ponto, alguns percursos são um pouco mais longos.

Passa muito pela empatia. O líder tem o desafio de manter a empresa viva, de dar conta de tudo que ele está sentido e de dar conta do time dele. Acho que a liderança nunca foi tão desafiada como neste momento. É uma questão que exige muita escuta ativa. Tem que ter muita percepção do líder, dos sinais cognitivos para ajudar e dar a mão àquele liderado, e ainda garantir que a empresa sobreviva.

Ana: É essencial a proximidade, o olhar à pessoa. É desafiador para o líder olhar para uma equipe grande, com tantas pessoas. E olhar essas particularidades é um desafio maior ainda, mas que é preciso agora, porque é uma questão muito singular.

Se a pessoa sentir essa abertura para falar, mais rápido a empresa vai resolver e acolher aquilo de diversas formas. Tanto para o trabalhador, quanto para a empresa. Porque está sendo falado, dando espaço de fala.

Acho que é a questão humana. Colocar-se no lugar do outro e entender multiversos. Cada pessoa tem sua demanda, suas dores, suas necessidades, e a gente tem que lidar com tudo isso enquanto fazemos a roda girar.

Falando do que vocês trouxeram, o Canto teve uma procura maior das mulheres por conta dessa sobrecarga e dessa desigualdade de distribuição de tarefas durante a pandemia?

Douglas: É interessante pensar que a busca da mulher pelo cuidado com a saúde mental já vem de bem antes da pandemia. Se fizermos um recorte mesmo, uma triagem de gênero, vamos percebendo que, sim, o número é bem maior entre as mulheres.

É interessante que, dentro desses recortes, vamos encontrando os principais sinais que se fazem presentes. Essa mulher que sofre violência dentro de casa, esse cansaço mental de sempre ser cobrada. A gente sabe que a mulher é muito mais cobrada no espaço corporativo do que o homem. Até porque os cargos de chefia, na maioria, têm homens à frente. A gente vai percebendo que vai causando um desgaste mental para essas mulheres. E, dentre as pessoas que passam no Baobá, o maior número são mulheres. Elas que nos procuram sempre com demanda alta por várias formas abusivas que vivem no dia a dia.

E elas procuram quando ainda estão ali em frente a alguma diversidade ou já chegam com o trauma?

Ana: Conversamos sempre, em um grupo *on-line* que montamos, sobre o que é ser mulher e o que é ser homem.

O que percebemos é que as mulheres procuram mais pela saúde mental, mas isso se justifica também por tantas adversidades que passam, tanta violência diária, tantas questões que aparecem. Mas também tem uma procura preventiva. Não existe um padrão. Essa procura pode ser prévia, em crise ou depois. É geral.

Mas temos a questão da masculinidade. Não temos tanta procura dos homens. O número de homens nas nossas rodas, no atendimento, é muito menor.

E podemos fazer recorte de gênero também. Do quanto precisamos falar de saúde mental das mulheres, dos homens e como um é muito diferente do outro.

O homem chega muito fragilizado. É muito recorrente. Já chega na crise, muito abalado, porque foi ensinado a nunca procurar, a guardar o sentimento, não falar sobre isso, não ter espaço. A gente lida com muitas violências o tempo todo, contra mulher, de casos de masculinidade, LGBTfobia, racismo e cada um dos dois atravessa de uma forma. A gente consegue fazer uma análise dos gêneros.

A procura de mulheres é maior, mas porque são atingidas de diversas formas. Mas os homens também precisam de um olhar, principalmente pela masculinidade tóxica.

Criamos esses grupos para que as mulheres possam falar das triplas, quádruplas jornadas de trabalho, do nível de violência doméstica que aumentou em 400% na pandemia. E para que os homens possam ter espaço para falar de sentimentos, que podem, sim, chorar. Que aquela dor que passou e foi guardada precisa de um lugar para ser habitada e trocada.

Além do individual, na pandemia procuramos um espaço para que as pessoas pudessem trocar, se identificar, entender que não estão passando por isso sozinhas e podem compartilhar com alguém.

Não sei se faz sentido, mas será que tratar e acolher um homem

desse, criado para ser forte, não chorar, não ter contato com o sentimento, pode evitar uma violência doméstica? Um sentimento não bem canalizado pode desaguar em uma surra na mulher?

Diogo: Tem um projeto na área judicial que trabalha com homens enquadrados na Lei Maria da Penha. E ela vem trabalhando com rodas terapêuticas com esses homens e foi mostrando o rendimento, o quanto esses homens foram repensando sua masculinidade. Então sim, é importante. 71% da lista de suicídio são homens. O homem tem muito mais chance de atentar contra a própria vida.

O que a Ana trouxe é muito importante pensar. O homem desde cedo tem que ser forte, não pode chorar, tem que ser o melhor, tem que ser violento. Colocam várias situações em que vão se construindo a frase "você tem que ser homem".

A gente vem debatendo. Quando falamos dessas rodas no Baobá e outros espaços, buscamos entrar cada vez mais nos espaços corporativos também para falar das masculinidades, da questão da mulher. Viemos trabalhando isso porque vemos resultado. Vai melhorando a violência contra a mulher, do homem contra o próprio homem. Vamos vendo que a agressividade não é só questão física, mas acontece também nesses espaços que os homens têm que liderar mulheres. Então, com esse trabalho, vai se criando uma empatia nos espaços e o questionamento do que é ser homem.

Esses tempos viemos escrevendo que está na hora dos homens serem menos homens, já que foram criados de formas tão brutas, que não conseguem olhar de forma mais empática para a mulher ou para outro homem.

Talvez tenha o ponto de que o homem não entenda qual é seu papel frente a essa nova mulher. Estava bem claro na sociedade patriarcal que a mulher era como parte dos móveis, do lar. Só que agora, nesse novo modelo, aparece tudo que estava embaixo do tapete. Essa mulher que é executiva, que trabalha, que dá conta dos filhos e da casa está em um período de desabrochar. Sinto que o homem ainda não entendeu seu papel. Faltam debates desse tipo para que ele entenda que não existem regras absolutas, a coisa tem

que funcionar com respeito dentro de cada realidade.

Ana: Ele precisa saber que não tem só um papel. Que não tem que ser agressivo, guardar para si. Que ele tem outras possibilidades e pode sair da prisão.

Quando um homem chega para um atendimento e pode falar o que doeu, o que passou, é algo muito profundo. Sentimos, de fato, como foi difícil chegar até ali, falar que doeu e passar a ter a possibilidade de olhar para isso e ir cicatrizando aos poucos.

Quando atendemos homens que só têm uma forma de ser homem, eu vejo alguém preso dentro de si. É um processo lento, com muito cuidado, para que a pessoa também entenda que ela pode falar sobre o que está sentindo e, depois de vários atendimentos, pode compartilhar isso em casa. Assim, ela não vem de uma forma violenta, impulsiva.

É um trabalho que precisa de mais espaço para falar e que bom que estamos aqui falando sobre. Que os homens podem se identificar com outros homens que têm essas questões, que podem olhar para isso. Os grupos são muito importantes para isso. Para que eles se sintam seguros.

Tem uma pressão em volta quando o homem fala do seu sentimento, quando conta que vai para a terapia. Ficam preocupados com como falar isso no grupo de homens com o qual se relacionam. E quando eles contam que compartilharam a terapia em um grupo "x" de outros homens, é uma vitória.

A gente tem que desmistificar isso tudo. Somos seres humanos com suas singularidades, dificuldades e caixinhas pretas de sentimentos. A pandemia trouxe esse olhar para dentro, para as nossas sombras. E nem sempre nós gostamos de tudo que enxergamos por dentro nesse isolamento. É como uma arrumação de armário, e isso deságua em uma série de sentimentos.

Douglas: Não teve como fugir. E aí parece que, quando vimos os armários, fomos descobrindo que as roupas já estavam muito misturadas. Quando a Ana traz essas reflexões e a gente vai conversando sobre essas masculinidades, vamos entendendo que muita coisa foi jogada dentro desse armário e não foi vista.

Algo que sempre falamos nos nossos papos é que temos dificuldade de nomear os espaços, de nomear o que sentimos. Todo mundo vai para a terapia achando que vai ser lindo, que as coisas vão melhorar e a vida vai começar a funcionar. Mas, logo na primeira sessão, já somos transparentes. Alertamos que vamos sofrer um pouco ali, porque vamos lidar com as dores. Vamos nomear coisas que machucam. Então nomear esses espaços, essas dores, é a dificuldade.

A pandemia veio, te colocou isolado, e você teve que lidar com todos os monstros nesse armário. Teve que ir aprendendo a nomear tudo isso.

Acabamos usando máscaras, não é? Temos que nos ver de forma mais nua.

Douglas: Sim, são as máscaras sociais. A gente acaba percebendo que não fazem mais sentido. Temos que repensar essa identidade como empresas, como pessoas, como lideranças. O que a gente vem fazendo nessa construção? Será que esse alto rendimento, que buscamos cada vez mais, está usando a forma e a ferramenta correta para chegarmos nesse resultado? Como a gente pode construir tudo o que precisamos e, quando chegarmos aonde desejamos, não tenhamos esquecido alguém lá atrás? Senão a gente contribui, cada vez mais, para uma sociedade tão cheia de depressão, ansiedade e outras doenças.

Queria que vocês falassem um pouco sobre como diferenciar um estado deprimido de um quadro depressivo.

Ana: A gente fala muito sobre essa diferença. Até pra não "patologizar" todas as pessoas. Vocês falaram de máscaras. Falar de sentimento foi tabu durante muito tempo. Foi muito estimulada a felicidade e não podíamos falar sobre esses pontos.

E as redes sociais contribuem, não é? Pessoas sempre felizes, bonitas

e bem resolvidas. Só que não!

Ana: Exatamente. E estar deprimido faz parte. Tem dia que as coisas não deram certo, que algo nos machucou. Hoje vemos as notícias o tempo todo e isso muito nos atinge nesse momento que vivemos. Causa tristeza e vários sentimentos.

Na terapia, a gente nomeia. Falamos: "faz sentido estar triste por tal situação" ou "faz sentido se incomodar com isso".

Já a depressão é um período longo de apatia. Os sentimentos ficam todos guardados e não se mexem mais. Com ela, é um trabalho longo, em que vamos mexendo essa espécie de linha reta, que não está feliz, nem triste. Tudo vai ficando muito estagnado. A gente precisa lembrar a pessoa que ela pode ficar triste de novo, que ela pode sentir isso para que outras emoções tenham espaço. Até brinco em alguns atendimentos que não dá para tirar só a tristeza. Paralisá-la sem mexer nas outras emoções.

Com depressão, a pessoa fica apática, estagnada em um longo período. Diferentemente do estado deprimido, que pode ser um dia, um momento. E que faz parte de nós ter esses momentos.

Dentro dessa montanha-russa que vivemos tem muitos dias assim. E essa tristeza faz parte do amadurecimento emocional. Traz uma estrutura melhor. É importante entender que não estou bem hoje e tudo bem, amanhã é outro dia. Tem uma exigência da sociedade em um geral, mas tem a nossa também.

Douglas: Estamos falando de identidade, e é isso. Permitir-se. Hoje não estou feliz, não está fácil e tudo bem. A gente não se permite dizer que está doendo, que está cansativo.

Quando escutamos alguém falando que seu líder o ouviu, ficamos muito felizes. Achamos sensacional, mas sabemos que é o mínimo.

Quando encontramos alguém que nos ouve, parece de outro mundo. Mas, se pararmos para pensar, nós que esquecemos disso no meio do caminho. As identidades vão se perdendo também. Não vão se construindo, e aí é cada vez mais difícil se permitir ser quem você é.

O ser humano vive de pequenas compensações. Quando o trabalho não foi muito bem, se compensa com o almoço em família no domingo ou com a viagem com os amigos no fim do mês. E aí, com a pandemia, nos vemos sem essas compensações.

Como lidar com esse distanciamento das pessoas que amamos? E como a gente para de contar com essas pequenas compensações e passa a olhar para o que tem que ser resolvido de verdade?

Ana: Se todos os dias estão precisando de pequenas compensações, será que não é hora de olhar para o todo? A família e o amor são um todo. Ficar longe das pessoas é quase como um luto. Se falamos disso uns com os outros, a gente se aproxima.

Você está sentindo isso, mas sua mãe, seus amigos, seus parentes também. Quando temos um espaço para trocar, falar que estamos com saudade, aproveitamos os meios que podemos usar para nos aproximar. A gente fica mais humano. Não esconde e nem aparece só quando está feliz. É importante saber que você está sentindo aí e eu aqui para que possamos nos aproximar nesse momento, para essa troca nada feliz.

Não devemos nos afastar mentindo, guardando, acumulando, se cobrando. Eu e o Doug conversamos bastante para trocar o que estamos sentindo. É como se nos abraçássemos em palavras pela tela.

É o contato com a verdade. Não está tudo bem e ok, vai ficar. Hoje não está. É o que vocês falaram. Nós perdemos algumas pessoas e estamos privados do contato com outras que amamos e, junto a isso, ainda tem o medo que impera que é o medo de passar por alguma perda ainda mais severa durante a pandemia.

Douglas: Queremos ser sempre fortes. A gente sempre quer sustentar tudo. E aí é difícil assumir fragilidades. Difícil assumir que, em alguns dias, estamos cansados, com saudade, querendo abraçar quem está distante da gente. A força é muito mais fácil de assumir. Agora dizer que sente falta, que não sabe lidar com algo, é você assumir que dentro dessa sua identidade existe uma fragilidade.

E isso é para os fortes também!

Ana: Sim! Tem uma grande inversão do que é ser forte. Assumir exige força.

Por isso ficamos tão felizes de ter espaço para falar disso. Estamos sempre de portas abertas para todas as pessoas. É muito bom saber que existem espaços trabalhando as pessoas em primeiro lugar. Essa troca que tivemos também é buscar afeto um no outro.

E eu gostaria de finalizar a conversa recomendando que pesquisem sobre o baobá, a árvore. Ela é linda, enorme e de origem africana. O baobá faz uma ligação entre o nosso e outros mundos. O que torna o nome do Canto Baobá ainda mais inspirador e apaixonante, devido a sua missão de falar, ter voz e externar.

café
cooperativo
A importância do
FGCOOP
com Adriano Meira Ricci
apresentação:
Taís Di Giorno

A Importância do FGCOOP

Entrevista realizada com Adriano Meira Ricci, diretor executivo do FGCOOP, em 3 de setembro de 2020

Queria começar com uma premissa básica. O que é o Fundo Garantidor do Cooperativismo financeiro?

Hoje o fundo garantidor existe justamente para trazer segurança ao mercado cooperativista, do mesmo jeito dos bancos. Nossa principal função é garantir os depósitos dos associados na cooperativa, a exemplo do que já percebia e já existia nos bancos comerciais.

Existimos desde 2014.

Quais são as operações cobertas pelo fundo?

Basicamente, as tradicionais de captação. Estamos falando do depósito à vista, depósito de poupança, depósito a prazo, letras de câmbio, letras imobiliárias, letras hipotecárias, LCIs, LCAs. Tem um conjunto de operações. Em nosso site, divulgamos exatamente quais são essas linhas, para que não existam dúvidas sobre a cobertura daquela linha que a pessoa quer aplicar.

Algumas que não são garantidas são os depósitos em fundo de investimento, o capital social, fundos de ações.

O Fundo foi criado para garantir a segurança dos pequenos investidores que não tem condição de fazer uma análise mais profunda de investimentos. É muito ligado ao princípio da hipossuficiência, a fim de levar conhecimento mostrar para o cooperado.

Hoje o FGCOOP traz o limite de 250 mil reais.

Para todas as operações o limite é o mesmo?

Isso, por CPF e CNPJ. Então, se tenho conta em duas cooperativas, eu tenho o fundo de 250 mil reais para cada cooperativa.

E isso ajudou tanto a gente. Estou no cooperativismo há duas décadas e, quando íamos falar com investidor, alguém interessado em aportar recurso na cooperativa, a gente ficava sem argumento quando as pessoas perguntavam sobre garantia real. Questionavam apresentando o FGC. Quando chegou o nosso fundo garantidor, foi motivo de muita comemoração.

Sinto que o cooperativismo financeiro pode crescer muito com essa sustentação. O Fundo Garantidor trouxe competitividade para mostrarmos às pessoas que o cooperativismo não oferece nenhum risco diferente do mercado tradicional.

Acho que esse é o principal ponto. No início, quando cheguei no FGCOOP, em fevereiro de 2020, conheci algumas cooperativas no Sul. Conversamos com alguns diretores e, em uma delas, escutei uma história sobre isso. Antes da existência do FGCOOP, era necessário que cada cooperativa colocasse uma placa visível para os cooperados informando que os valores depositados naquela cooperativa não estavam garantidos. Imagina a situação para o cooperado que estava chegando?

A criação do FGCOOP deu-se em um momento muito importante. Foi quando você percebeu um crescimento muito forte do cooperativismo e uma estabilidade nesse crescimento. Essa criação teve um apoio muito forte do Banco Central e trouxe para o sistema essa equiparação de tratamento. Nos demais pontos, as cooperativas ganham dos bancos. O que faltava, de fato, era uma equiparação em relação a risco e garantia. E agora ela existe.

Temos mais credibilidade, além de competitividade também. Tem muitos normativos que saem para o sistema financeiro nacional inteiro e as cooperativas financeiras têm que atender normalmente, mesmo vindo basicamente para a rede bancária. Quando se trata de um benefício, que vai nos ajudar a vender a ideia da cooperação, é importante que tenha a mesma visão de abrangência e equidade entre os vários players, sejam cooperativas, bancos ou fintechs.

Concordo, Taís. Acho que é fundamental e esse é nosso objetivo.

Talvez o que mais falte hoje é divulgar, principalmente da parte do FGCOOP. E esse é o nosso objetivo, fazer uma forte divulgação da existência, da finalidade, de como ele contribui com o sistema. Não só trazendo segurança para os cooperados, mas ajudando, também, as cooperativas.

Acho que além de trazer essa percepção de tratamento igualitário, que é muito importante, também temos essa função da divulgação, que falta um pouco hoje.

E os sistemas, em suas divulgações individuais, passar a incluir o FGCOOP. Ações como o Café Cooperativo auxiliam muito nisso.

Precisamos alinhar nossa forma de divulgação. Falar mais sobre o fundo, ter fóruns com pautas sobre o tema para que pessoas usem isso na argumentação das ofertas.

Agora, fala um pouco para nós sobre como o FGCOOP atua em termos práticos. Até agora falamos do associado, mas sabe-se que o FGCOOP atua também junto às cooperativas. Como é, na prática, essa atuação com as singulares?

Atualmente, nós estamos em um momento de transição. Estamos fazendo modificações na forma de atuar.

Hoje, basicamente, temos o grande papel de avaliar risco sistêmico. Nós fazemos pela captura de informações com cada cooperativa, rodamos um modelo estatístico e trazemos o risco de cada uma. Atuamos fortemente ancorados nos depósitos, no resultado financeiro, nas questões de despesa. E esse conjunto de indicadores traz, ao final desse processo, um risco. E esse risco nos permite antecipar algum tipo de problema que aquela cooperativa pode ter.

Esse trabalho é disponibilizado em todas as reuniões do Conselho Administrativo, composto por um representante de cada um dos sistemas e um indicado da OCB, que representa as cooperativas não vinculadas a sistemas. Nessas reuniões, a gente comenta sobre essas cooperativas para que ações de correção sejam feitas.

Esse é um dos pontos e uma das nossas formas de atuação. A partir desse momento, existindo a necessidade de assistência financeira, por exemplo, para uma incorporação, nós fazemos a análise dessas assistências.

E, por fim, temos buscado a atuação preventiva. Não deixar as cooperativas terem problema e impactar no risco sistêmico. Está muito ligado ao risco de imagem do sistema.

Com isso, a gente evita ter que colocar em prática nossa principal função, que é o pagamento de depósito. A ideia de um trabalho bem feito do FGCOOP em conjunto com os sistemas é evitar fazer honra de depósito em alguma cooperativa que quebre.

Então, se a gente tem uma cooperativa que está com níveis de riscos desenquadrados, temos atuação imediata do FGCOOP. E como esses dados chegam até vocês? Pelos relatórios do Banco Central ou das centrais?

Mensalmente, à medida que as cooperativas encaminham as informações financeiras para o Banco Central, elas encaminham também para o FGCOOP.

Temos um outro grande projeto no FGCOOP que visa melhorar a governança, que vai nos permitir criar e assinar acordo com o Banco Central para receber essas informações diretamente deles, como é hoje com o FGC. Ainda não temos essa comunicação direta entre BC e FGCOOP para oferecer informações das cooperativas.

Mas todas as informações necessárias são captadas junto às próprias cooperativas.

Essa atuação preventiva do FGCOOP envolve, logo de cara, uma liberação de recursos? Como é esse trâmite?

Porque existe uma responsabilidade muito grande de vocês gerirem um fundo de terceiros, garantir onde vão colocar o recurso e saber que ele vai retornar para o Fundo. Como funciona essa questão mais operacional no momento de injetar recurso para evitar que

uma cooperativa liquide?

Quando a gente termina esse trabalho de monitoramento, sai um relatório que classifica todas as 684 cooperativas em três níveis: alto, médio e baixo risco. As classificadas como alto risco são encaminhadas a outra área chamada Assistência Financeira, que faz uma análise daquelas informações e solicita para cada uma das cooperativas um plano de ação, apresentando o que vem sendo feito para reverter aquela situação. Este é o primeiro contato que fazemos.

Não existe assistência financeira de imediato, a não ser que exista um pedido das cooperativas ou do próprio sistema. Essa solicitação se dá quando vai ocorrer uma incorporação, por exemplo.

O FGCOOP, quando avaliamos a questão de risco, está em segunda e terceira camada. A primeira são os próprios sistemas para resolver as questões. Nosso papel é levantar que aquela cooperativa tem determinado risco.

A partir desse momento, após a reunião com o Conselho de Administração, também fazemos mensalmente uma reunião com o BC, onde mostramos esse relatório para que o fiscalizador tenha acesso às informações. Eles também têm o trabalho deles de risco de cada cooperativa. Nesse conjunto, avaliam se é necessário solicitar mais explicações à cooperativa.

Então, buscamos antes resolver essas questões com ações das próprias cooperativas, seja pela redução de despesa, busca de novos cooperados, revisão de produtos. Cada uma nos traz o que está sendo feito para resolver as questões pontuadas que trazem a cooperativa para a análise de alto risco.

E tem alguma subordinação ao Banco Central? Por exemplo, para que o Fundo possa liberar um valor para uma cooperativa, tem que ter homologação do Banco Central ou há independência?

Somos totalmente independentes. A avaliação para assistência financeira se dá pela nossa equipe técnica. Ela leva muito em consideração se aquela assistência financeira, como hoje falamos muito em fusão, tem bom resultado previsto com aquela incorporação.

O pagamento dessa assistência financeira por parte da cooperativa que está incorporando se dá com as perdas que foram rateadas entre cooperados da cooperativa incorporada. Isso traz segurança para o Fundo e todo o sistema. Toda essa assistência financeira retornará para o patrimônio do Fundo dentro do prazo acordado em cada um dos negócios.

Não temos nenhuma subordinação para aprovação. Atualmente, a gente faz essa análise e encaminha. Quem aprova a assistência financeira é o Conselho.

Não tem nenhuma liberação que seja a fundo perdido? Todo recurso aportado nas cooperativas precisa retornar para o FGCOOP?

Isso. E no mínimo, pela nossa política, trazendo a rentabilidade do nosso fundo de investimento.

Já que a gente tira do Fundo para assistência financeira, o retorno tem que se dar ao menos pela remuneração média que temos no período do fundo de investimento. Não existe liberação a fundo perdido.

Todas as cooperativas do país fazem parte do FGCOOP?

Todas as cooperativas de crédito que têm depósito. Atualmente, são 684. E estas são obrigadas a se associar ao Fundo.

Existem mais cooperativas de crédito, mas, como elas não têm depósito, não precisam estar associadas.

Então, levando em conta as categorias capital e empréstimo, clássicas e plenas, só as de capital e empréstimo não compõem o Fundo?

Isso. As demais, com depositantes, são obrigadas a se associar.

Adriano, você chegou no nosso segmento em 2020. Já deve ter feito um panorama geral das várias formas de atuação das classificações

de cooperativas. Como você enxerga as cooperativas de capital e empréstimo?

Tenho minha base de formação no sistema financeiro. Por 35 anos trabalhei em banco e foi uma grata surpresa ser convidado ao FGCOOP e cuidar de um mundo tão diferente e apaixonante quanto o cooperativismo.

Lá no banco cuidávamos de microempresas, e começamos a perceber um movimento muito forte das cooperativas em relação a atuação mais próxima ao associado. Com isso, vimos que estávamos perdendo muitos negócios. Digo isso porque, de fato, minha proximidade com o segmento se dá muito fortemente a partir de junho 2020. Estou aprendendo bastante com o pessoal do FGCOOP.

Sobre seu questionamento, as cooperativas, de forma geral, têm uma função, que é a bancarização ou a alternativa de captação e empréstimo para associados. Eu ainda tenho uma visão pequena em relação a isso, mas vejo as cooperativas de capital e empréstimo como uma alternativa excelente.

A partir do momento que um grupo de pessoas se reúne com objetivo de montar uma cooperativa e poder realizar empréstimos para aquele grupo, sempre com objetivo da divisão dos resultados, isso agrega muito e é uma alternativa ao sistema tradicional também.

Você falou um pouco de mídia, comunicação, e fico feliz de saber que o FGCOOP vai comunicar mais. Temos alguns gargalos do sistema, e um deles é não se comunicar com a imprensa. E a imprensa, por desconhecimento do modelo do nosso negócio, muitas vezes acaba pecando por publicar matérias equivocadas.

Queria que você falasse um pouco sobre a questão do cooperativismo financeiro. O segmento, como um todo, é fundamental. Mas sentimos que o crédito, por ter supervisão do BC, tem evoluído muito sua questão de compliance, governança, gerenciamento de riscos. E nem todos os segmentos cooperativos têm um órgão supervisor, o que os deixa mais vulneráveis. E aí, quando uma cooperativa não dá certo, respinga na imagem de todo o setor. Afinal, as pessoas

não entendem bem o que são os ramos. Qual sua visão sobre esse tema?

Acho muito importante falar disso. Estamos passando por um processo de revisar nosso modelo de comunicação no FGCOOP. E a principal função disso é exatamente essa, levar para a sociedade de forma geral, sócios ou não, a existência do FGCOOP, qual sua finalidade, por que o risco é o mesmo dos bancos. Falar de cooperativismo.

É muito importante deixar clara a divisão dos ramos. Quando você fala de uma cooperativa habitacional que teve um problema, as pessoas têm que entender que de forma nenhuma isso vai impactar uma cooperativa de crédito do mesmo município.

Hoje temos visto um reforço muito grande da governança de cada cooperativa de crédito. A forma como atuam, a gestão de risco, o *compliance*. Tudo muito bem trabalhado para que questões como essa, como a quebra de uma cooperativa, não afetem a credibilidade de outra ou de todo o sistema.

E aí acho que o grande papel do FGCOOP é contribuir com esse processo. Ter um projeto de comunicação muito ligado a isso.

Outro grande projeto muito alinhado a essa questão é a prática dos sistemas trabalharem uma forma única. A visão deve ser falar do cooperativismo. Reforçar todos os aspectos que estamos comentando aqui. Segurança, benefícios, o que é o mundo cooperativo. Para reforçar essa ideia e tirar qualquer tipo de equívoco.

Sempre falo sobre isso. A Febraban tem sua diretoria de imprensa, e o cooperativismo financeiro ainda não. E a necessidade de se olhar para isso para nós, que ainda temos participação tão baixa no SFN, é urgente.

Em termos estratégicos, quais os próximos passos para o aprimoramento da atuação do Fundo?

Temos grandes projetos. O primeiro deles está muito focado no monitoramento, nossa principal fonte de informação. Trabalhamos muito com as informações que captamos das cooperativas e a ideia é iniciar um projeto que chama Monitoramento 3.0, trazendo para avaliação informações de mercado e informações não estruturadas, que são aquelas que você não captura de balancete.

É um grande projeto de aperfeiçoamento do modelo para termos cada vez mais certeza da classificação que leva cada cooperativa a poder atuar de forma preventiva.

Temos o projeto de comunicação, que já comentei. Outro muito importante é o que estamos desenvolvendo para atualização do nosso modelo de tecnologia. Estamos chamando de transformação digital. Boa parte das comunicações com as cooperativas ainda é feita por *e-mail*. Iniciamos um projeto, contratamos uma empresa para desenvolver um sistema único que vai poder se relacionar e comunicar com cada cooperativa e todos os nossos intervenientes, inclusive o Banco Central. Isso vai facilitar muito nosso processo de comunicação e análise.

Hoje nós temos uma defasagem de aproximadamente dois meses nessa análise devido à troca de informações ainda ser assim. Imaginamos que, com esse projeto finalizado, teremos mais qualidade nesse trabalho. Ele já é muito bem feito, mas, como todo trabalho, podemos aprimorar.

Outro grande projeto é o de governança. Estamos passando por uma revisão do nosso estatuto que vai permitir que a gente tenha participação de conselheiros independentes no Conselho do FGCOOP. Isso é importante para termos a visão externa. Diversos sistemas já fizeram isso.

Assim como fizeram com você, não é?

Acho que foi um pouco essa visão que me trouxe para o FGCOOP.

Em grandes linhas, o que esperamos para frente é uma proximidade muito maior com as cooperativas. A questão da pandemia nos trouxe diversos problemas, mas também uma série de coisas boas, como essas *lives* e a possibilidade de se comunicar mais agilmente com as cooperativas pelas reuniões de vídeo.

A ideia é que a gente passe a fazer esses encontros mensalmente, iniciando pelas cooperativas que a gente analisa como alto risco. Manter esse contato mais pessoal, olho no olho, ligando, conversando, vendo o que está sendo feito, nos colocando à disposição. Nossa grande função é ajudar, apoiar e contribuir com processo de melhoria da cooperativa.

O outro processo que a gente começa é a apresentação do risco sistêmico para outras instituições, o que está muito alinhado com o que fazemos: mostrar que o risco do cooperativismo é muito menor do que se imagina.

Recentemente fizemos uma apresentação para um grande banco, a fim de alinhar expectativas. Eles tinham uma visão equivocada do risco do cooperativismo. Nessa oportunidade, mostramos, por exemplo, que o cooperativismo cresceu mais que os bancos em todos os indicadores – depósito, patrimônio, número de agências. Indo na contramão do que os bancos têm feito, buscando estar perto do cooperado.

Em entrevista ao Café, Almada cita que as agências precisarão se reinventar, já que a ideia é que ninguém precise ir a um posto de atendimento pagar boletos, mas sim procurar atendimento consultivo, plano de previdência, consórcio, ou seja, vendas de maior complexidade.

Hoje, 80% das operações no Sicoob já são feitas pelo app, mas acho que o cooperativismo ainda se destaca pelo relacionamento mesmo. Claro que você tem que ir para o mundo digital, mas sem se esquecer das pessoas mais idosas, que têm alguma dificuldade digital. É importante ter uma agência de acolhimento para esse perfil.

Foi isso que comentei quando falei com o banco. A abertura de agências em momento algum traz impacto negativo na evolução digital. O que as cooperativas oferecem está na mesma linha de

qualidade que os bancos grandes oferecem.
Tive a oportunidade pessoal de abrir conta em duas cooperativas aqui em Brasília e os apps não deixam nada a desejar em relação aos bancos tradicionais. O forte relacionamento, de fato, é o grande desafio. O Almada tem toda razão.

O desafio é o entendimento do que de fato vai usar aquele ponto. Além disso, é ponto de convivência, ainda mais para o cooperativismo que tem laço muito mais forte entre as pessoas.

Adriano, qual a sua visão sobre o círculo virtuoso que o FGCOOP propicia ao cooperativismo, ou seja, o respaldo ao rating das cooperativas e, consequentemente, melhores condições de captação?

Quando classificamos uma cooperativa e mostramos o risco, temos a visão e podemos comunicar as pessoas que elas têm essa garantia, a exemplo de qualquer outra instituição financeira. A gente cria essa possibilidade do entendimento de que o risco é o mesmo.

Como disse, por experiência pessoal, o atendimento da cooperativa é muito diferente, muito próximo. Aquela questão da ajuda, do apoio, de tentar resolver as coisas. Aí ganha-se muito.

Se temos as mesmas condições que o FGC propicia, o que falta, de fato, é comunicação. Muita gente desconhece não só o FGCOOP, mas o modelo cooperativista de crédito. Temos um bom caminho a percorrer nesse sentido.

Nosso grande objetivo é resguardar recurso, mas também promover esse círculo virtuoso. Quando temos crescimento das cooperativas, percebemos que teremos menos demandas para assistência financeira e quase não teremos pagamento de depósitos.

O modelo cooperativista está muito à frente em termos de custo quando falamos de crédito. Estamos com a faca e o queijo na mão. Temos que conversar, mostrar para as pessoas que fazemos muito melhor.

A gente tem estudado muito sobre a revolução tecnológica no sistema financeiro mundial. Quando falamos de PIX e Open Finance, reconhecemos o quanto isso é uma evolução para o consumidor, mas um grande desafio para as instituições financeiras. Como você enxerga as cooperativas financeiras e o risco dentro desse modelo tecnológico desafiador?

Olhando o mundo cooperativista e o *Open Finance*, vejo muitas vantagens para o cooperativismo. Mas tem uma questão. Os investimentos de T.I. para você trabalhar nesse mundo são muito elevados. Mais do que nunca, o sistema precisa se unir nisso. Eu não vejo como algo viável cada cooperativa criar seu modelo de *Open Finance.*

O *Open Finance* não foi feito para atender seus clientes e cooperados. É um modelo que perpassa as cooperativas, o que também traz outra visão de como resolver a atuação regionalizada. Mas, mais do que nunca, um modelo único para todo sistema seria o ideal.

Com o sistema, os usuários vão só, por exemplo, informar que querem um seguro de carro, qual o carro, o ano, o que ele quer de benefício e já receber diversas cotações. Muitas vezes não vai nem saber exatamente de quem contratou. E por trás daquela plataforma pode estar qualquer instituição financeira.

Esse movimento precisa ser consolidado no Brasil. Ele traz alguns riscos para o mundo cooperativo se o sistema não se juntar para trabalhar.

A escalabilidade agora é necessidade.

Sim! Temos uma série de oportunidades enormes, considerando que o cooperativismo é extremamente competitivo em taxas, em serviços.

Algumas questões têm que evoluir sim, mas o *Open Finance* traz a possibilidade de trabalhar com um parceiro que fomenta o tipo de negócio que você não tem no seu portfólio.

Tem uma grande oportunidade de entrar até no market place.

Falamos muito no conceito de frictech, o encantamento do cliente para que ele consiga ter valor agregado com um clique. A cooperativa pode liberar linha de crédito imobiliário e já ter um parceiro de negócios no market place que tenha, por exemplo, uma loja de material de construção, que já imputa o valor no financiamento imobiliário.

O grande desafio talvez passe por isso, de entrar outros players no mercado para agregar mais valor, fazendo com que o associado tenha o mínimo de desgaste possível.

Vejo o futuro assim.

Em alguns países já acontece, por exemplo, de você visitar um imóvel que tem interesse, esse imóvel tem lá um *QR Code* que já te dá as informações sobre ele e já traz propostas de financiamentos. Esse conjunto de soluções está muito ligado a isso.

E você pode fomentar o negócio do seu cliente. Trabalhar em parceria com clientes PJ e encantar tanto quem vende, quanto quem compra.

Na minha visão, esse é o futuro. Quem chegar primeiro vai beber água limpa.

Dependemos de Brasília proporcionar isso para as singulares, pois não temos esse poder de decisão. Tem que ser sistêmico. Tudo converge para a questão de melhor preço e praticidade e é o grande desafio que temos em todos os sistemas. Esse diálogo precisa acontecer para que a gente continue competitivo nessa era tão tecnológica. E tudo isso com o desafio de manter a essência do cooperativismo.

A grande questão é essa: manter o conceito do cooperativismo dentro desse mundo tão aberto. É um desafio, mas um desafio bom.

Em relação a investimento, realmente não dá para ser realizado dentro de cada cooperativa. E aí esse processo é longo.

Falando nesse repensar, temos o papel das centrais. Quando falamos de escalabilidade, falamos de tudo que é negociado pela central, que fornece uma retaguarda para que as singulares liberem suas equipes para fazer negócio.

Sem dúvida. Além disso, as centrais, dentro do trabalho que é feito hoje de gestão de cada cooperativa, também nos ajudam muito.

Quando você faz o primeiro papel de avaliação de risco, de acompanhamento, isso traz um benefício muito grande para o FGCOOP também.

O FGCOOP segue princípios e melhores práticas dos fundos garantidores internacionais?

Sim. Semanalmente a gente divulga os princípios da EADi e indicamos, em cada um deles, de que forma o FGCOOP cumpre ou, se não cumpre, como vai começar a cumprir ou por que não tem necessidade.

Essa divulgação é feita para os conselhos e, como coloquei, passará a ser divulgada também de forma ampla nesse novo modelo de comunicação que estamos desenvolvendo.

café
cooperativo
Como mudar seu
mindset e superar
obstáculos
com Viviane Negrelli
apresentação:
Taís Di Giorno

Como Mudar Seu Mindset e Superar Obstáculos

Entrevista realizada com Viviane Negrelli, *coach* e *master practitioner* em PNL, em 10 de setembro de 2020

Queria que você esclarecesse um pouco sobre mindset e o conceito básico de Programação Neurolinguística. Acho que não dá para separar um do outro, não é?

Se fossemos falar da PNL detalhadamente, demoraríamos bastante tempo.

Eu diria que a PNL é ferramenta de excelência de comunicação intra e interpessoal para entender melhor seus pensamentos. Quando entendemos melhor como funcionamos, como formamos nossos padrões de pensamento, a gente pode reprogramar isso para algo que gere um resultado melhor. Essa é a função da PNL. Entender e reprogramar comportamentos, pensamentos e ações para gerar excelência em qualquer área da sua vida.

É realmente uma forma diferente de conseguir se comunicar com você e com o outro usando uma visão maior.

E mindset? O que é?

Mindset é a forma como você pensa, como você age. Seu *mindset* depende das suas experiências, do que você formou em relação a isso.

A maioria das pessoas acreditam que a forma como elas pensam é a mesma que todos pensam. Quando entendemos que temos um padrão mental, mas que ele não é universal, conseguimos fazer essa mudança.

Damos significado o tempo todo para tudo que acontece e, a partir disso, vamos formando padrões de pensamento. A gente não vive o fato, vive o significado. E acredita que aquele significado é universal.

Algo que tenho falado muito é: você pensa sobre o seu pensamento?

Porque é tão automático que acreditamos ser uma lei universal e acabamos não refletindo sobre eles. Então, a hora que vierem, pare para pensar sobre seus pensamentos. E o melhor que posso pensar em relação a eles. Devo me questionar: essa maneira de pensar vai me trazer resultados positivos? Reprogramar um pensamento faz muita diferença.

Mudar a forma de pensar é importante, mas você só consegue fazer se estiver conectado a você mesmo, refletindo sobre o que você pensa, sobre como se comporta, como age. A melhor forma de você utilizar uma ferramenta que hoje é tão falada, a mudança de *mindset*, você precisa parar para pensar no que você pensa. Quando fizer isso e refletir sobre o que está pensando, se está gerando resultado positivo ou negativo. Você pode pensar de várias formas sobre o mesmo assunto, ampliar sua forma de pensar para ter opções, que aí você escolhe a melhor naquele momento para tomar uma decisão melhor. É hora de a gente começar a olhar para dentro.

Muita gente me fala: "Puxa, não consigo ter nada na minha vida". E meu questionamento já começa aí. Nada? Tem saúde? É importante para você? Então você tem alguma coisa. Essas generalizações que fazemos toda hora nos cegam. E aí, com essas perguntas, a pessoa chega em algo mais específico. Não consegue ter dinheiro ou um bom relacionamento.

E antes de ter, temos que ser. Tudo começa nessa autoconsciência. Eu sou, então agora vou fazer com tudo que sou.

E a gente tem o padrão mental que passa por crenças, por significados e por ações. A gente tem comportamentos de acordo com o padrão mental.

Algo que fixei muito dos aprendizados que tive com você é que, se você quer analisar sua vida, analise seus resultados versus seus objetivos. Se eles estiverem congruentes, está tudo ok. Se algo não estiver a contento, vai voltando e revisitando desde o padrão de pensamento e crenças.

Queria que você desse exemplos de fato e significado e falasse,

também, sobre crenças limitantes.

Para exemplificar fato e significado, dou o exemplo de um namorado que não te ligou. Esse é o fato: ele não telefonou. Mas aí você começa a viver o significado: ele não te dá atenção, está te ignorando, não pensa em você. Tudo isso é significado.

Quando você volta para o fato, ele é: ele não telefonou. Podem ter acontecido milhões de coisas. Mas você não vive o fato, vive o significado que você deu para algo que aconteceu. Quando você volta para o fato, você tira a emoção. Toda vez que estiver sofrendo, volta para o fato.

Se você entender que o fato é o fato e o significado é aquilo que você pensa sobre o fato, facilita o processo. Você dá um significado dependendo da sua vida, da sua maturidade.

Com as crenças acontece a mesma coisa. A gente vive uma situação e, se ela se repetir, a crença quase vira um fato. Se acontece a mesma coisa duas vezes, você já começar a acreditar que não é coincidência. E não é tão fácil diagnosticar nossas crenças.

Se você quer detectar uma crença, primeiro veja o resultado que você está tendo e mude seu comportamento. A crença perde a força.

E a crença pode ser sua ou herdada, não é?

A maioria das vezes, é herdada. Você aprende com alguém.

Outra forma de questionar sua crença é perguntar para você mesmo: onde eu aprendi isso? Com quem eu aprendi isso? Traga mais clareza de onde veio isso aí. Muitas vezes a gente carrega os padrões dos nossos pais, ou de alguém com poder pessoal muito forte sobre nós. E muitas vezes a gente não gosta daquele padrão, criticamos nossos pais, mas repetimos sem perceber.

É hora de trazer para nós a responsabilidade da nossa própria vida. Nossos pais criaram a gente da melhor forma que eles puderam naquele momento. Mas vieram com um arsenal de crenças deles.

Quantas crenças financeiras a gente carrega pelo que vimos na nossa casa.

E aí, ou repetimos o padrão, ou queremos inverter completamente. E aí vai para outro extremo.

Se você tiver total consciência, você vai entender que foi padrão deles e que não fazem parte de você.

É hora de a gente buscar equilíbrio na nossa vida. E é hora de perceber em que área da minha vida já tenho resultado satisfatório. Isso já está legal para mim, mas tem um lado da minha vida para o qual estou negando olhar, estou postergando. Será que não é hora de trazer equilíbrio? Você só vai se sentir completo quando a vida estiver completa em todos os aspectos.

É a hora de começar a olhar para tudo, principalmente para aquilo de que você foge. Aquele comportamento que incomoda tanto no outro: por quê? Porque está dentro de você. Se está te incomodando, vá investigar.

No começo, parece que vai ficar mais pesado você colocar responsabilidade da sua vida em você. E talvez fique. Mas, depois, fica tão agradável você conseguir dar conta de você mesmo em todos os aspectos da sua vida.

Outro dia, estava lendo o livro do Steven Cohen em que ele fala de independência e interdependência. Na situação de dependente, você coloca a responsabilidade da sua vida na mão do outro. Ele tem que cuidar de você, olhar por você, fazer por você. Quando você é independente, você faz o contrário. Olha só para você, consegue resolver sua vida, dá conta de tudo. E a interdependência é quando você olha o "nós", sem perder seu "eu" porque você já conquistou. Você olha e pensa: "O que nós podemos fazer em prol de algo maior?". Eu posso fazer algumas coisas, como você também pode. Mas nós duas, juntas, podemos muito mais. Sem dependência.

Mas você só consegue ser interdependente quando consegue sua independência. Por isso é essencial olhar em que grau de maturidade estamos.

Falando em maturidade, sabemos que essas crenças limitantes acontecem, em sua maioria, na infância.

Tenho falado bastante sobre isso para as mães que estão em home office: tomem bastante cuidado com o que falam para os filhos nesse momento. Sabemos que estamos estressadas, mas temos que tomar cuidado para não falar o que, às vezes, vem à mente. Não pronunciar para as crianças algo como "não aguento mais" ou "não vejo a hora da escola reabrir". Crenças limitantes são profecias autorrealizáveis. Muitas vezes, sem perceber, acabamos criando crenças limitantes nas crianças.

Com certeza. É um ano muito difícil, mas falar isso para a criança pode ser perigoso. O que você passar para o seu filho é o que ele vai reproduzir.

Proponha estudarem juntos, passarem mais tempo juntos. Tudo tem a ver com o significado que você dá. É importantíssimo.

Eu mesma, com o meu filho mais velho, por não ter essa autoconsciência ainda, fui uma criadora de crença limitante. Sempre tive dificuldade em matemática, nunca gostei, e quando ele começou a aprender, eu só comentei: "Presta atenção na matemática". O significado que ele deu foi: "Isso deve ser horrível". E, realmente, arrastou a matemática a vida inteira.

Pais e professores têm alto poder pessoal.

As pessoas não têm noção do quanto é perigoso. Criam adultos inseguros. Ninguém faz por mal, mas a gente precisa falar mais sobre isso.

Aproveito sua deixa para falar: cuidado, pais superprotetores. Superproteção gera pessoas inseguras e imaturas. Você resolve tudo, faz tudo, não deixa o filho criar mecanismo de defesa, resolve todos os problemas por ele e não deixa sofrer. E aí, quando ele cresce, a responsabilidade vai ser dele e ele não vai saber lidar.

Tudo o que você fala, seu filho compra como verdade. Devemos primeiro nos corrigir e, depois, passar para os nossos filhos o que esperamos deles.

A superproteção cria um ser fraco, que não cresce forte para a vida. A linha Winnicott da psicologia defende que pior que a ausência de mãe, é o excesso de mãe.

O equilíbrio é tudo.

A PNL tinha que ser matéria de escola. Porque depois que a gente conhece, estuda e entende, vivemos sem discussões acaloradas. De forma mais harmoniosa, respeitando diferentes formas de pensar.

A gente ouve muito: "Não quero nem olhar isso". Mas não é porque você não olha que esse problema vai sumir. Porque os comportamentos vão estar alinhados ao que você pensa. Se você olhar, não vai enxergar, mas tenha certeza de que seus comportamentos estão alinhados ao que não está enxergando.

Quando você enxerga, você tem a capacidade de mudar para melhor. Descortinar é ter visão melhor, mais ampla. Entender de onde vêm seus comportamentos. Essa avaliação que a gente começa a fazer, a mergulhar dentro de si, no começo é difícil mesmo. Porque você tem que trazer as responsabilidades para você.

As escolas deveriam ter, no mínimo, duas matérias extras: inteligência emocional e inteligência financeira. Quando o adulto vai para o mercado de trabalho, é isso que pega. As pessoas são admitidas pelo currículo e demitidas pelo comportamento. Isso é fato. Ela não fica porque não consegue se relacionar, não consegue lidar com adversidades. E tudo é relacionado a comportamentos ou crenças limitantes que ela tem.

Viviane, as crenças podem ser positivas e se tornar negativas, limitando ou impedindo que a gente cresça?

Depende do significado que você der para um fato. Temos crenças

possibilitadoras e limitantes. Toda crença, mesmo a possibilitadora, em algum aspecto é limitante.
Crenças limitantes são as que te impedem de realizar o que você quer. É aquilo que você quer fazer, mas acha que não consegue. Podem ser crenças limitantes de capacidade, de merecimento, de possibilidade. Quantas vezes não ouvimos coisas como "a vida começa após os 40"?

Frases prontas. Mesma coisa que "dinheiro é sujo" ou "o gerente limpou a minha conta". A gente cresce com isso.

Exato. Tudo que é radical, devemos desconfiar e olhar com calma.

E com o dinheiro tem muito. Como se ter dinheiro significasse não ter ética.

Dinheiro é bom. É resultado de um trabalho bem feito. Posso melhorar minhas crenças. Essa crença positiva vai te fazer voar.

Ela pode se tornar limitante se acontecer algo que você dê um significado negativo. Mas, se você estiver sempre repensando seu pensamento, você modifica na hora.

As crenças são generalizações.

Queria que você falasse de autossabotagem e vitimização.

A vitimização é clara em pessoas que não trabalham sua maturidade. Você se sente o coitado, vítima das circunstâncias. Você não quer resolver sua vida e se torna dependente.

Gosto de trabalhar isso no próprio *feedback*. Se você dá um *feedback* para alguém e a pessoa justifica, ela já não está lidando com isso. Usar desculpa, se vitimizar e se justificar são características de imaturidade. Quando eu não quero dar conta, me faço de vítima. É melhor fazer isso do que cuidar da própria vida.

A autossabotagem muitas vezes está ligada à crença de merecimento.

Isso acontece muito até com peso, peso do corpo mesmo. Faz

aquela dieta e quando chega no objetivo, volta ao peso inicial. Não consegue se manter ali.
Eu proponho o desafio de, por 30 dias, você fazer o que se comprometeu com você mesmo.

Não quero nem discutir crenças. É mais difícil do que mudar ações. Mudar a ação e comportamento é mais fácil do que crença. Se nossos comportamentos já são inconscientes, imagina uma crença que você nem sabe de onde veio?!

Se você quer emagrecer, você se comprometeu com esse objetivo. O primeiro passo é: vou eliminar doce da minha vida. Mantenha esse objetivo por 30 dias. Aí, no princípio da autossabotagem, a pessoa mesma se justifica. Vai bem no primeiro, segundo e terceiro dia. No quarto, ela fala que vai comer um docinho, mas depois faz meia hora de esteira. Começa a negociar com a própria meta. E a negociação é boa. Mas daqui a pouco você come o doce e não vai mais na esteira. É autossabotagem.

Não tem negociação nenhuma. A hora que faz isso, você se sabota menos.

A autossabotagem também acontece porque a gente acha que não merece, ou que não é capaz. Temos que ter em mente que, se alguém fez, também somos capazes de fazer. Trabalhar a autoestima é importante. E ter paciência e persistência para mudar um hábito.

Entender que, quando preenchemos nossa Roda da Vida, na qual damos notas de 0 a 10 para diferentes aspectos da vida, muitas vezes a gente olha para algo com nota baixa e deixa lá. Mas a gente precisa entender que nossa vida é uma teia. Não olhar para finanças, pode me levar ao fim de um casamento. A autoestima baixa desanda uma série de outras coisas.

Em todos os campos da nossa vida, as coisas conversam entre si. Não dá para deixar nada isolado. Se não olhar para o que está ruim, uma hora aquilo vai gritar e afetar campos muito caros para nós.

É sistêmico. Não adianta não olhar. Vai refletir em outro lugar.

Vivi, recebemos o case de uma pessoa contando que começou a trabalhar com 14 anos. Para seu filho, que hoje tem 18, ele procura oferecer a possibilidade de se dedicar a sua formação educacional e profissional. Ele quer saber: ele o está mimando ou investindo no seu futuro?

A única pessoa que vai responder isso é o próprio filho.

Se ele está dedicado a estudar e ele tem condição, tudo bem. Mas se o filho não quer e ele está investindo só porque não teve isso na infância, precisa ser olhado com mais cautela.

É necessário entender o objetivo de cada um. Se tem condição de bancar o filho e o filho devolve resultado sobre isso, está perfeito. Mas se ele não valoriza, não é o que ele quer, não é o objetivo, ele pode estar tentando viver a vida que não teve na vida do filho. Fazendo uma projeção.

A adversidade agrega na superação de desafios?

Toda vez que passamos por adversidades, temos que criar um mecanismo para resolver aquilo. Você é obrigado. A gente sabe que as pessoas que passam por mais adversidades têm o pensamento de ir para a solução mais rápido.

A primeira diferença entre a pessoa com e sem maturidade é a forma de pensar que ela desenvolve. A pessoa que não é madura foca na adversidade. Ela não consegue pensar na solução. Já a mais madura olha para o problema e já busca solução. Ela cria mecanismo de solucionar de forma bem interessante, vai direto. E isso vira um padrão.

O imaturo leva para o vitimismo, generaliza. O maduro entende que é algo pontual.

É bom colocar no papel nossos pensamentos. Ver que lado está pensando mais, o do problema ou o da solução.

Quando tomamos consciência e entendemos que temos momentos felizes e tristes e que precisamos minimizar o tempo que sofremos, fica mais fácil entender. Se analisarmos, perceberemos que curtimos mais as tristezas do que alegrias. Porque o cérebro tende a fazer isso com a gente. Policiar nossos pensamentos é essencial.

A adversidade não teria sentido se não fosse para o bem, para a evolução, desenvolvimento e para nos tirar da zona de conforto.

Gosto de frase de efeito. Crie uma frase, um antídoto. Tenho uma que adoro: tudo que não me derruba, me fortalece. A única coisa que vai me derrubar é quando eu morrer. Antes disso, sei que aquilo é só uma fase muito difícil.

Na prática, acho que as pessoas poderiam processar um pouco das informações que passamos aqui e fazer o primeiro exercício de autoanálise. Tudo que estamos falando, começa pelo autoconhecimento.

A quem tiver curiosidade, tem uns exercícios de PNL muito bons, como a própria Roda da Vida e o Quociente de Adversidade.

No coach de carreira, gosto de falar da maturidade logo na primeira oportunidade. Queria que você falasse disso: da relação entre carreira e maturidade.

A liderança tem dois focos: execução de tarefas e gestão de pessoas. Para ser um bom líder, a pessoa tem que saber fazer bem os dois.

Ele dificilmente se perde na execução de tarefas porque, para chegar no cargo, foi muito treinado tecnicamente. Mas ele tem que ter autoconhecimento, pois só desenvolvimento técnico não permite aquele cargo.

Vai para a liderança quem sabe lidar com adversidade, quem sabe lidar com gente. O líder muitas vezes se perde aí. Vem treinado tecnicamente, chega a uma habilidade tremenda para lidar com o desenvolvimento técnico, mas a parte emocional não foi treinada. Então, sem dúvida, ele trabalhar isso é importante.

Após a leitura dessa conversa, tenha em mente: não precisa começar a questionar suas crenças, mas comece pelos seus resultados. Se eles não estão bons, comece a observar seus comportamentos.

Quando você muda uma ação e consegue um resultado positivo, quando faz algo que não acreditava que era capaz e dribla a crença limitante, ela perde força. Se conseguir fazer isso, pode ir além.

Não quero que a mudança de *mindset* seja para você só algo bonito. Quero que use essa ferramenta e transforme em resultado na sua vida. Observe o resultado e perceba a ação. Questionei: o que estou fazendo que não deveria estar fazendo? E o que deveria estar fazendo e não estou?

E sempre ser antes de ter. O contrário não é sustentável.

café
cooperativo
Sucesso da parceria
entre Sicoob
Credimonte e CUFA
com Antenógenes da Silva
apresentação:
Taís Di Giorno

Sucesso da Parceria Entre Sicoob Credimonte e CUFA

Entrevista realizada com Antenógenes da Silva, presidente do Conselho de Administração do Sicoob Credimonte, em 17 de setembro de 2020

Antes de começarmos, se você me permite, quero dizer que nós acompanhamos desde o início esse projeto incrível de vocês na favela Alto Vera Cruz. Já foi até pauta da nossa reunião do Conselho de Administração. Para nós é uma honra ter você para dar essa aula de inclusão social e financeira.

São palavras enaltecedoras, Taís! Não somos merecedores, mas acato e agradeço. Não é uma aula, jamais, é só uma ação de intercooperação, uma troca. Fico muito grato pela oportunidade. Tudo que vamos transmitir aqui nessa conversa não é um projeto do Sicoob Credimonte. É sistêmico, é do Sicoob. Gostaria muito que todas as cooperativas entendessem o potencial e a capacidade que temos de levar cidadania, principalmente para as pessoas invisíveis. Espero que todas busquem trilhar esse caminho.

E, entrando no nosso tema, pasmem: a cada três brasileiros, um não tem conta em banco.

O case de vocês, que vamos apresentar agora, mostra o potencial que temos enquanto Sicoob, e enquanto cooperativismo,de trabalhar a inclusão legítima. Então, conta para nós como nasceu essa ideia de ter um Posto de Atendimento dentro da maior favela de Belo Horizonte, com 150 mil pessoas não bancarizadas? E como vocês conseguiram viabilizar a parceria com a Central Única das Favelas, a CUFA?

Hoje temos 29 anos. Eu assumi em 2015.

Acho que o cooperativismo tem que ser democrático. Nós tínhamos uma cota de ingresso de 25% do salário mínimo. Atendemos, atualmente, Santo Antônio do Monte, Pedra do Indaiá e Camacho. Um dia, estava na nossa agência em Camacho e vi um rapaz, um trabalhador rural, querendo financiar uma moto. Ele estava contando seu dinheiro suado, sujo de terra, para integralizar a cota. Eu pensei:

"Isso é surreal". Então, coincidentemente, surgiu o Faça Parte, nossa conta digital, com a cota de 20 reais. Vi que era hora de democratizar. Levei à Assembleia e reduzimos o valor da cota para 20 reais.

Com isso, surgiu um movimento de ingresso para a cooperativa. Nós saímos de, em 2015, cinco mil associados, para 17 mil atualmente.

Mas, Taís, causamos um problema também: o estrangulamento do próprio mercado. Hoje o Sicoob Credimonte tem 85% da praça em Santo Antônio do Monte, 100% em Pedra do Indaiá e 100% em Camacho.

A central Crediminas, à qual somos conveniados, começou um planejamento de expansão de cooperativas e nos convidou para ir para Belo Horizonte. Comecei a me preocupar. Somos uma cooperativa do interior, não temos expertise nenhuma em trabalhar em capitais, como iríamos para uma cidade grande? Qual o sentido disso? O melhor seria termos uma parceria.

Começamos uma conversa, na época, com o clube Atlético Mineiro, mas infelizmente essa conversa não se desenrolou. Ao mesmo tempo, abrimos um escritório de negócios em BH, bem enxuto, só para fazer negócios de crédito, coisas básicas. Sem a estrutura de uma agência. E deu muito certo, mas não abandonamos a ideia de parcerias.

Então, um dia, estava em BH, em uma reunião, e o proprietário da nossa agência de publicidade me falou que tinha um pessoal de uma ONG querendo bater um papo comigo. Era a CUFA. Eu não conhecia, mas topei e nos reunimos. Estava lá o Francis, presidente nacional da CUFA, e a Marciele, presidente estadual.

Taís, talvez você não acredite em amor à primeira vista, mas eu acreditei naquele momento. Foi um casamento perfeito de ideais.

A CUFA hoje está em 17 países. Foi fundada no Rio de Janeiro pelo Celso Athayde, com quem tive o prazer de conversar. É uma entidade seríssima, que tem um poder muito grande de *entrance* nessas comunidades, de representatividade, e com um objetivo muito claro: eles não podem errar. O território não permite o erro.

Foi um namoro de dois anos até instituirmos nossa agência no Alto Vera Cruz. Claro que houve também um estudo muito abrangente da situação do local, já tínhamos um estudo da Prefeitura de BH, o apoio do poder público e também do Sebrae, que tinha um estudo de regiões possíveis de bancarização em BH.

O Francis me indicou o Alto Vera Cruz e, quando questionei o motivo, ele me respondeu: "Porque eu nasci lá! Eu conheço!". Então fomos.

Começamos o planejamento e, enfim, em maio de 2019, tivemos essa grata satisfação de abrir nossa agência lá no Alto Vera Cruz. Esse namoro se transformou em casamento, com apoio fantástico da CUFA.

Você consegue ver alguma forma de viabilidade disso sem o apoio da CUFA?

De forma alguma. Não dá.

Hoje a nossa grande dificuldade é fazer com que as pessoas tenham entendimento do que é uma cooperativa. Quem dirá a de crédito. E digo que cooperativa de crédito é mais difícil ainda, porque a nossa concorrência é canibal, não é nem predatória. Quando você fala para alguém que ela é dona, ela não acredita. Acham que é instituição bancária, que queremos sugar ou que não temos o menor interesse, que estamos lá só para tirar deles.

A CUFA nos apresentou à comunidade. Eles não podem errar. Então, quando apresentam uma instituição, têm que ter certeza da idoneidade dela. Trabalham por isso, apresentam para a comunidade e o trabalho a seguir é nosso, para trazer o senso de pertencimento.

Foi interessante. Nós já tínhamos um projeto chamado "Acolher", de trabalhar com os funcionários para que se sentissem acolhidos pela cooperativa e transmitissem isso aos associados. E aí estabelecemos esse projeto lá no Vera Cruz.

Não dá para fazer o trabalho sem uma liderança positiva e efetiva naquela comunidade.

Estudo da região também, o potencial, a necessidade. Se a CUFA procurou pela Credimonte, ela provavelmente já tinha procurado as instituições tradicionais sem sucesso, não é?

A própria CUFA eu creio que não, mas a comunidade sim.

Faça o exercício de pensar na primeira imagem que vem à cabeça quando falamos de favela. Pois bem, quando minha filha tinha seis anos, ela identificou da melhor forma possível o que é uma favela. A minha esposa fez essa mesma pergunta para ela e ela respondeu que favela era aquele monte de casinha cor-de-rosa, uma em cima da outra. A imagem que temos visualmente é aquilo. Ponto.

Obviamente que as mazelas existem, que os males existem assim como em qualquer lugar. Não seremos hipócritas. Mas o que é o Alto? Belo Horizonte tem 300 favelas. Dessas, todas têm potencial da mesma maneira que o Alto.

O Alto Vera Cruz tem 50 mil habitantes e um entorno de mais 100 mil. São 150 mil habitantes desbancarizados.

Havia uma lotérica lá, um cômodo pequeno, e as pessoas ficavam na rua, na chuva para pagar suas contas.

Lá tem 1.350 pessoas jurídicas. Um comércio fantástico. Eles trabalham e gastam todo dinheiro lá dentro, mesmo sem bancarização.

Um funcionário nosso contou que entrou em uma loja e viu um rapaz comprando um tênis de 800 reais. Na hora, nosso funcionário alertou: "Esse tênis custa 200 reais no shopping". E o rapaz só respondeu: "Não, eu gasto meu dinheiro aqui dentro. Aqui nós resolvemos as nossas coisas". Resposta pontual.

Ali você tem profissionais liberais, advogados, dentistas, médicos com consultórios... É uma infinidade de microempreendedores que precisam de apoio financeiro.

Agora, não se engane: é necessário que haja essa parceria com uma entidade, como a CUFA, e que nós entendamos as demandas de lá. Cada negócio é um negócio. Diferentes culturas e vocações econômicas. Nós tivemos que nos adaptar a essas nuances.

Por exemplo, vamos criar uma linha de crédito específica para o Alto. Lá existem pessoas negativadas. Não tem problema! Criamos uma linha para negativados, microcrédito de dois mil reais, com aval bom, mas com a condição de que a pessoa quite aquela negativação e possa usufruir do mercado financeiro.

Precisamos deixar as pessoas habilitadas para poder operar com a cooperativa. Tem que existir esse trabalho econômico de ajuda. O Sicoob Cecres tem uma linha para negativados porque entendemos o papel da cooperativa. Se tivermos as mesmas condutas praticadas pelo mercado tradicional, qual nosso diferencial de verdade?

Exato. Assim, nós viramos bancos. Perdemos a nossa essência e nos transformamos em bancos.

Esse é o nosso maior ponto lá. Esse trabalho de deixar o vizinho feliz. Não posso ser plenamente feliz se meu vizinho não é. Isso que tenho que levar para lá, essa é a grande sacada. Não só lá, mas onde quer que a gente esteja, na nossa inserção nas comunidades. Que seja uma inserção real, pedagógica, cultural, social e, principalmente, financeira.

E esse trabalho acaba atendendo todos os princípios do cooperativismo, não é?

Sim. Gosto muito do quinto e do sétimo.

Ontem mesmo lancei um programa que é o "Jovem Inovador", que nós vamos lecionar para os jovens em Pedra do Indaiá que não conseguem ser atendidos pelo poder público.

Não podemos deixar parar. É um ciclo virtuoso, porque isso traz esse jovem para a cooperativa também.

Qual o impacto social e econômico de inserir uma agência da cooperativa em uma comunidade como o Alto Vera Cruz?

Olha, os impactos sociais são visíveis. Acho que o exemplo mais clássico que temos é de quando chegamos. Nós contratamos uma empresa de internet, de cabeamento e provedor de internet, para fazer o cabeamento na nossa agência. Esse pessoal chegou lá no Vera Cruz e disse que ninguém lá tinha internet cabeada. 150 mil pessoas sem internet, trabalhando com dados móveis.

Eles, que já eram nossos associados, nos procuraram e pediram uma linha para fazer expansão do cabeamento. Eles procuraram a CUFA também e, em um dia, em um sábado, das dez horas da manhã ao meio dia, eles fizeram 600 cabeamentos de internet. E deu gargalo, tiveram que parar. Hoje estão fazendo essa expansão tanto no Vera Cruz, quanto no Taquaril e na Serra. E tudo com um preço bem reduzido para os moradores.

Nós já levamos um benefício indireto. O poder público não estava lá, as empresas privadas também não. Já tivemos o primeiro impacto.

Além disso, você tem o microcrédito. Temos o caso de uma pessoa que sonhava em comprar uma cadeira de barbeiro. Olha a facilidade de realizar um sonho para essa pessoa empreender. Financiamos para ela e ela chorou, disse que aquilo era a realização de um sonho. As pessoas que precisavam sair no horário de almoço do trabalho para ir ao centro, resolver qualquer questão tola, agora resolvem lá. Levamos cidadania para elas.

Temos nove funcionários, a agência tem mil metros quadrados. É digna de estar no centro da cidade. Realmente, tem que ter conforto para eles. São pessoas dignas, honradas. Elas chegam e se sentem pertencentes. E dos nossos nove funcionários, sete são da comunidade.

Quando assistimos ao vídeo institucional, a gente se emociona ao ver os depoimentos riquíssimos das pessoas contando que não precisam mais ficar na chuva, na fila da lotérica, porque a cooperativa levou um lugar coberto. Você vê que as pessoas precisam de tão pouco e nós, enquanto cooperativas financeiras, podemos fazer algo que impacte de forma tão positiva a vida delas.

Nós podemos muito e fazemos pouco.

Tenho comigo que o tecnicismo é muito importante. Sou advogado de formação, contador também. Entendo que o tecnicismo é fundamental. Porém, o nosso espírito deve ser muito mais do que o técnico. Muito além disso.

Quando você consegue atingir essas pessoas, quando você consegue atingir corações, você consegue trazê-las para si. E aí você tem o melhor dos mundos. Eu acho muito importante.

E esse case de vocês nos dá motivação, vontade de fazer diferente. Tem uma funcionária de vocês que dá um depoimento no vídeo e que se emociona muito ao dizer que a agência está linda e que a pessoa é atendida com tanta dignidade que acaba indicando também os familiares.

Nós temos casos fantásticos de pertencimento. Quando eles me contam, às vezes achando até um absurdo, eu falo que é maravilhoso. Uma vez, dois namorados, em um dia de muito calor, entraram, sentaram-se no sofá, namoraram, beijaram à vontade e depois saíram, foram embora. Estavam lá aproveitando o ar condicionado. Outra vez, duas moças entraram no ATM à noite, com as câmeras filmando, trocaram de roupa e foram para a balada. Pô, isso é pertencimento! É bacana! A cooperativa é deles, eles têm que usar mesmo.

É realmente particular. A gente que trabalha com crédito urbano vê que essas histórias são muito particulares.

E o impacto econômico? Como é para a comunidade e para a cooperativa?

O Alto é um negócio diferente. Em Santo Antônio do Monte nós temos uma certa experiência com favelas, porque temos um comércio muito informal, que se chama rifa. Detectamos que seis mil veículos saíam todo dia de Santo Antônio para o Rio de Janeiro para fazer venda ambulante. Sabíamos e tínhamos certo conhecimento do potencial das comunidades.

Nós sabíamos que o *payback* seria retardado em relação à normalidade de um ano, um ano e meio. Mas, para nossa surpresa, aparentemente vamos atingir o *payback* ainda em 2020. Como disse, é uma região muito rica.

Nós ganhamos o primeiro lugar, com a agência do Alto Vera Cruz, em um grupo da Crediminas, que fez uma campanha de credenciamento de Sipag. Os estabelecimentos de lá não tinham maquininha.

Não se faz social sem dinheiro, palavras do próprio Celso Athayde. O resultado financeiro está sendo muito bacana, dentro do planejado.

Agora, para a comunidade, não tenho dúvidas de que foi excelente, porque não existia a possibilidade de crédito. E hoje eles podem.

O Instituto Sicoob está sendo nosso parceiro na educação financeira, a Ocemg também.

Se a gente pensar, o projeto de vocês trouxe impacto social, econômico e de imagem não só para a Credimonte, mas para o Sicoob e o cooperativismo como um todo. E, mesmo assim, é economicamente muito viável, porque eles consumiam de alguma forma, o dinheiro já girava. E agora ele gira passando pela cooperativa.

Na sua visão, com tanto potencial e fatores tão positivos, por que essas pessoas ainda são tão invisíveis?

Cultura. Eu acho que é o principal. E misticismo. Temos que desmistificar essa imagem midiática de que a favela é uma faixa de gaza. Quando fomos abrir a agência no Vera Cruz, era isso que eu mais ouvia: Faixa de Gaza.

Nós temos que tirar essa ideia do tráfico. Existe, está lá. Quando fomos abrir a agência, conversamos com a CUFA sobre isso e sinalizamos que não poderíamos ter relação com esse pessoal. A CUFA repassou a mensagem e trouxe a resposta.

Olha, o tráfico lá não é aquele centralizado, onde tem um chefe que toma conta de tudo. São vários. E todos foram unânimes: não iriam, não queriam e não podiam trabalhar com o Sicoob, mas gostariam muito que seus filhos, quando tivessem oportunidade, pudessem ter um cartão de crédito para ter cidadania.

Temos que tirar essa aversão que temos dessas pessoas. Chega dessa bobagem. Somos seres humanos, estamos unidos. Precisamos causar essa ruptura. Tenho casos fantásticos de pessoas de uma hombridade que nunca vi e talvez não veja em outros locais.

Essas pessoas são invisíveis porque não se vislumbra o potencial que elas têm. Não é dada a elas a oportunidade que podem ter.

Uma das nossas funcionárias é neta de uma grande líder comunitária de lá, que dizia que Vera Cruz tinha tudo, menos agência bancária. E agora a neta dela trabalha conosco.

É preciso entender a mentalidade deles. Não é diferente da nossa, mas tem outra cultura.

O preconceito está presente o tempo todo. Você se senta em um lugar lá para comer, e eles se sentem vítimas de preconceito só por você estar ali. Mas, a partir do momento que você cumprimenta a pessoa, ela já se desfaz em um sorriso.

Precisamos muito da desmistificação. Perder o medo de falar das favelas. E chamar pelo nome, pela realidade sem poesia.

Sim! Olha que hipocrisia: a própria CUFA pede para que a gente fale a palavra "favela". São bandeiras bobas, quando o mais fácil seria romper essas barreiras.

Sim, e não discriminar ou excluir. Tem muita gente do bem, muito trabalhador, muito comércio. É uma comunidade, como todas as outras.

E muitas pessoas desbancarizadas, sem um trato.

Eles têm uma cultura fantástica, uma pegada cultural muito bonita. Estamos fazendo uma oficina de teatro que vai ficar lá por um ano dando aula de teatro, dança, circo. Nesses locais, a diversidade cultural é muito pujante, muito bonita. E você pode despertar viés comercial nisso. Criar empregos ali dentro dessas oficinas, de cenógrafo, de iluminador.

Temos que ver o negócio porque ele volta para eles depois.

É uma cadeia do bem. Primeiro que o terreno é muito fértil, você tem carência de tudo ali. Se você vai lá, gera negócios, gera empregos, melhora a força da sua singular, aquilo volta para eles.

E volta para nós. Um ciclo virtuoso que precisamos implantar.

É tanto sucesso falar desse case que a gente fica pensando: e aí? Vai ter mais comunidades com a Credimonte?

Olha, com a Credimonte, sim. Já estamos com outro projeto. Nós fomos convidados para outra parceria.

Mas, como te disse, não é um projeto nosso. Pode ter sido cria nossa, mas é aberto a todos. Já convidei várias cooperativas. Temos que estender isso, multiplicar essa ideia.

Uma coisa posso atestar: dá certo. Dentro do tecnicismo, financeiramente é bom para a cooperativa. Socialmente, melhor ainda.

E abro as portas desse projeto para todos. Quero que conheçam, que vão até lá. Vou aonde for necessário para apresentar esse projeto com números, com fatos. Eu acho que isso é muito importante para todos nós entrarmos nesse oceano.

A Credimonte ainda vai ampliar, mas só em BH são 300 comunidades. Não damos conta sozinhos.

Você tem uma tônica muito forte, porque além da cooperativa de crédito, vamos criar lá no Vera Cruz outra cooperativa de trabalho. Você vai criando situações para que firme a sua posição ali dentro e traga mais benefícios para as comunidades. E isso é muito importante, não podemos parar, não.

Sempre digo que eu, na minha função hoje, tenho que acordar e ter um projeto em vista. Não posso deixar de ter.

E parabéns pelo retorno muito antecipado. Significa que tem uma gestão muito forte, porque o terreno também era muito propício. Você não sabia como era o comportamento de uma carteira, da inadimplência.

Outra pergunta: como você tem visto a atuação das cooperativas financeiras junto a inclusão social? Temos vários cenários. Falamos hoje de inclusão social, de incluir o público vulnerável, mas temos uma Selic desafiando demais, o Open Finance chegando, o PIX. As cooperativas estão numa situação difícil, a gestão nunca foi tão desafiada. Temos que nos manter muito competitivos agora para ter sustentabilidade no mercado aliada a essência, a inclusão social. É um momento delicado. Como você vê todo esse cenário?

Você disse muito bem. Estamos em um momento de adaptação, onde precisamos ser verdadeiros camaleões. Mudando de cor a cada situação. Temos uma fatia muito pequena de participação no Sistema Financeira Nacional, mas temos grande potencialidade de crescimento.

Em relação a isso que me pergunta, vejo uma coisa muito ligada a outra. Claro, temos que ter uma responsabilidade muito grande com os resultados. Temos 230 milhões de depósitos na Credimonte, o que para uma cooperativa do interior não é pouco. Esses associados depositaram na gente toda a sua confiança. Temos que ter essa responsabilidade.

Com o mercado exigindo adaptação muito maior, o que precisamos fazer é conhecer as vocações econômicas das cidades, as necessidades dos associados. Temos que trabalhar isso com muita tranquilidade. Temos que ser profissionais. Temos que ser técnicos nesse sentido. Isso está intrinsicamente ligado ao social. A partir do momento que você traz as pessoas para dentro da cooperativa, faz com que ela se torne a primeira instituição, você tem o melhor dos mundos.

Existe essa tolice de que com o social você vai gastar muito. Não considero gasto, considero investimento, porque ele retorna em número de associados. Sobre o exemplo da cota que reduzimos: caiu nossa PL, obvio. Tínhamos aumento de PL com a integralização. Mas e o ganho em escala? Os cinco maiores bancos trabalham com escala.

Hoje temos que fazer isso. Trabalhar a escala sem deixar o social, se não nos tornamos bancos e vamos criar antipatia com os associados. Meu ponto de vista talvez não seja tão técnico nem tão coerente, mas é a filosofa que adotamos aqui e está dando certo.

A nossa preocupação com escala é, por exemplo, a questão do Open Finance com Selic baixa, porque nossa escalabilidade ainda não é tão grande.

Queria saber como estão lidando com isso, se estão tendo alguma ação com o Conselho de vocês. Vamos ter essa questão do associado com um clique, podendo migrar de instituição financeira. Como consumidora, acho excelente. Mas é um desafio grande pra cooperativas pequenas e médias.

É um terreno ainda pantanoso. Até onde participei, nem o próprio Bancoob tem noção de como vai ser. O Almada diz que calcula perda de 35% na rentabilidade. Não sei se vai ser tudo isso, ou se vai ser mais. Mas sinto que não temos ainda uma realidade muito clara. Quem vai ser tributado, quem não, como vão ser os pagamentos. Tudo muito nebuloso ainda.

Tomamos pelo menos uma atitude, que é a única que poderíamos ter tomado nesse momento, que é a fidelização da chave PIX aqui com a gente. Esse foi o grande movimento que fizemos, uma campanha muito intensa para fidelizar essas pessoas. Quando você tem um instrumento assim, uma ferramenta dessa, em um clique se faz tudo. A reinvenção começa aí. Infelizmente, temos uma mania muito feia de trocar o pneu do carro com ele andando. Sempre acontece, e a gente se reinventa naquele momento.

Então acho que são momentos difíceis de interpretar e ter visão além do alcance. Hoje trabalharemos nesse processo de fidelização do associado. É o primeiro passo. Aí sim nosso planejamento já trabalha no sentido de buscar alternativas de rentabilidade em substituição às que devemos perder.

Agora só vou colocar mais um ponto que acredito: tem muita coisa utópica também. Acho que quando se começa a dizer que a revolução é apocalíptica para o cartão, para a maquininha, não é bem assim. Tenho estoque muito renovável de associados. Cerca de 40% do nosso quadro social tem menos de 30 anos, mas vivemos em um mundo muito estranho. Temos os nativos digitais, os convertidos digitais e os que não vão se converter.

Esse período de transição é muito doloroso. Temos que dar verdadeiros saltos de fé para enxergar o que vai acontecer. Essa transição não vai ser tão radical. Espero que, até lá, tenhamos pelo menos um norte melhor do que podemos fazer.

O desafio é certo. O Sicoob prevê que pelo menos 20% das pessoas façam a migração para o PIX a cada ano. Vai ser menos doloroso. Concordo que o mercado financeiro mundial tem passado por inúmeras mudanças. Tecnológicas, marcos regulatórios. Nunca tivemos que nos adaptar tanto e em meio a uma pandemia. Mas fico positiva porque o cooperativismo, historicamente, cresce nas crises, nasceu para mitigar grandes crises. Então vamos fazer uma boa limonada desse limão azedo que estamos digerindo.

A humanidade só vai para a frente se movimentando. O que não dá é para ficarmos parados. Expansão é uma coisa fantástica. Quem sabe não é uma grande oportunidade de ocupação de territórios como o Alto Vera Cruz que estão desbancarizados.

Vamos parar de olhar para nós mesmos. Vamos olhar para fora, é muito melhor. Temos que acreditar em pessoas. O resultado vem como consequência.

Dá para ter valor agregado. E a gente precisa se voltar mais para a nossa essência e entender que temos 45 milhões de brasileiros que não têm conta em banco. Só isso é um imenso oceano azul.

Se você der um cartão de crédito para essa pessoa, der um acesso a uma agência mais estruturada, isso já é cidadania. Dá o senso de existência para ela.

Isso, infelizmente, às vezes é deixado de lado. Essas questões financeiras, mercadológicas são, claro, responsabilidade grande. Mas não podemos deixar de ousar. Se ficarmos aquietados, simplesmente vamos sucumbir. Os bancos estão a milhares de anos luz na nossa frente. Temos que ser mais positivos.

Tem mercado para todo mundo!

E ele é um mercado bom desde que nosso associado reconheça que ele é dono. Você não desvaloriza nada que é seu. Aqui sou um mero administrador da confiança dos outros. É assim que a gente vive.

Queria que você nos deixasse uma frase ou um pensamento de inspiração para as singulares olharem para o projeto de vocês e se mobilizarem a ousar também.

Vou repetir duas que já disse nessa conversa e que carrego comigo: "Não posso ser feliz se meu vizinho não é" e "vamos acreditar em pessoas, o resultado vem por consequência".

café
cooperativo
PIX e a revolução no
mercado financeiro
com Marcos Vinicius Borges
apresentação:
Taís Di Giorno

PIX e a Revolução no Mercado Financeiro

Entrevista realizada com Marcos Vinicius Borges, Diretor de Operações do Centro Corporativo Sicoob, em 24 de setembro de 2020

O pessoal está ansioso para entender o que é o PIX. Explica para nós o que é e como ele vai funcionar na prática?

Ele é um método de pagamento criado pelo Banco Central.

Quando a gente compara com as bandeiras de cartões, elas criaram seus próprios métodos de pagamento. Cartão de crédito, crédito à vista, crédito parcelado, a função de débito. O BC decidiu criar seu próprio método de pagamento e esse produto se chama PIX. Esse método só contempla, por enquanto, uma modalidade de transação: o pagamento instantâneo.

E o que é o pagamento instantâneo? Nada mais do que aquilo que a gente vê acontecer no mundo físico passando a acontecer no mundo digital. Tira o dinheiro do bolso da Taís e transfere para o bolso do Marcos. Isso é feito, fisicamente, com uma nota de 100 reais. Digitalmente, vamos debitar a conta da Taís e creditar a do Marcos.

Como é instantâneo, ele debita a sua conta *on-line* e credita a minha também *on-line*. Mas o mais importante é que ele também debita a sua instituição e credita a minha instituição de forma *on-line*. Quando isso acontece, desarma-se uma estrutura extremamente onerosa por trás de pagamentos que ninguém vê.

Pagamento é algo muito intermediado. E o PIX não tem nenhum intermediário. Não tem credenciador, não tem emissor, não tem taxa de desconto do comércio, não tem maquininha. É celular para celular. Tira o dinheiro da conta de um, põe na de outro. Tira da instituição de um, transfere para a instituição do outro. No pagamento instantâneo, é isso que acontece.

E é verdade que são sete dias por semana, 24 horas por dia e transferências que são quase um WhatsApp de bolso para bolso: realizadas em até 20 segundos?

Esse discurso é um discurso do nosso regulador.

Sou entusiasta do PIX e de toda inovação. E sou fã de carteirinha dos técnicos do BC. Tenho participado e participei de todos os fóruns do BC. Temos cadeira lá no fórum PIX, então ajudamos, de alguma medida, contribuindo com sugestões e participando de testes.

O Bacen, quando criou o PIX, fez uma coisa diferente. Ele disse que não teria intermediário. Então não tem credenciador ou emissor. Ele precisa conectar o pagador e o recebedor. Ele precisa conectar a instituição do pagador com a instituição do recebedor. E, para isso, ele não quis entregar essa tarefa ao mercado. Ele disse que faria.

Então quando o BC diz que fará, ele diz que vai ficar no meio, entre as instituições da transação. Quando ele diz isso, ele fica no meio em duas situações. Ele criou o SPI, Sistema de Pagamentos Instantâneos. Par do SPB, Sistema de Pagamentos Brasileiro, só que no universo de pagamentos instantâneos. É a estrutura de liquidação centralizada. É o Banco Central que olha para as transações, recepciona as transações, debita a instituição A e credita a instituição B. E sempre *on-line*. Transação à transação. Olha que loucura.

Na plataforma do BC.

Isso! O BC criou essa plataforma do SPI dele, nas estruturas dele, administrada por ele.

Mas não acabou! Ainda tem a outra parte que o Bacen criou. O DICT, Diretório de Contas Transacionais. Ele é um repositório do BC onde todo recebedor que queira usar uma chave PIX, para receber um PIX, tem que figurar nessa base do BC.

Dizendo isso, dá para ter uma noção da responsabilidade do BC. Ele vai ficar no meio e ele não pode cair nunca para assegurar o esquema 24 horas por dia, sete dias por semana, 365 dias no ano e transações no menor tempo possível.

Nós, aqui no Sicoob, não temos dúvida. O Banco Central assumiu para si uma missão extremamente crítica.

Acreditamos que vai dar certo? Claro! Mas é preciso ter essa clareza. O BC trouxe para si essa missão e a gente acha que vai dar certo.

Respondendo sua pergunta, o Bacen diz que não vai cair nunca e eu acredito. Então a ideia é essa: 365 dias por ano, em todos os segundos das nossas vidas.

O desafio é grande, mas também acredito que o sistema não cairá, afinal a responsabilidade é muito grande. E como fica a questão do custo?

O BC ele vai cobrar de nós, instituições, um custo por essa infraestrutura centralizada. Pelo DICT e pelo SPI.

Ele sempre disse desde os primeiros fóruns: "Mercado, só vou cobrar o suficiente para recompor nossa estrutura de investimento e custos nessa plataforma centralizada". E parece que fez isso mesmo. Divulgou há poucos dias o custo para nós: será de um centavo a cada lote de dez transações.

Por outro lado, ele disse: "Instituições, não está autorizada a cobrança de tarifa entre as instituições". Tipo a TIB, Tarifas Interbancárias. A TIB não existirá nesse universo.

Mas e entre instituições e cooperados, podemos cobrar? O BC ainda não normatizou. Estamos em compasso de esperar, e muito ansiosos. Ele tem dado dicas. Diz que não quer que o pagador pague tarifas. Muito provavelmente, haveremos de isentar por força normativa todo pagador do PIX. Seja pessoa física ou jurídica. É o que parece que vai se configurar.

Por outro lado, o Bacen tem dado dicas de que nós poderemos cobrar do recebedor. E se poderemos cobrar do recebedor, ainda não disse como. Ainda não sabemos se vamos poder cobrar um percentual do valor da venda, se vamos poder cobrar tarifa por transação ou lotes de transação.

Eu confesso que tenho algumas preocupações. O BC, do lado do recebedor, tem dito nos eventos que participamos que ele espera que a tarifa cobrada do recebedor seja menor do que é a tarifa que ele paga para aceitar um cartão de débito. Quando a gente olha para o cartão de débito, a gente sabe, o lojista paga em torno de 1,3% a 1,5% do valor da venda, em média. É isso que efetivamente acontece.

Mas vamos fazer de conta que um cooperado nosso resolveu comprar um carro de 100 mil reais. Se ele comprar e pagar a concessionária com TED, ele vai pagar tarifa, como pagador, e o recebedor vai receber 100 mil reais. Nenhuma tarifa no recebimento.

Paga quem faz.

Isso. Mudando essa lógica para o PIX, o pagador não vai pagar tarifa alguma. É o recebedor quem vai pagar. E, na hipótese dessa tarifa ser de 1%, por exemplo, ela é menor que a tarifa de cartão de débito, como quer o BC. Mas, se for de 1%, a concessionária vai receber 99 mil, não 100, como seria em uma TED. E isso joga contra o PIX.

Temos conversado muito sobre isso com o BC, sobre nossa preocupação em relação a tudo isso. Parece que o BC vai estipular um teto, um limite de cobrança do recebedor. Em níveis que a gente não consegue dizer agora.

A ideia é que seja percentual sobre o valor da transação, é isso?

Está se discutindo de tudo. Possibilidade de ser percentual, de ser tarifa, de ser um combo de tarifa e percentual, de ser tarifa por quantidade de transações. O debate é intenso, mas ainda não se cravou uma posição.

E precisamos entender essa dinâmica, porque, a partir do momento que o Bancoob falou que faríamos o cadastramento, o Sicoob Cecres entrou em campanha de cadastramento do PIX. E o associado traz essas perguntas que estamos levantando aqui e a gente, sem essa regulação, não consegue suprir toda a demanda. Porque é muito novo. O PIX é o feito mais revolucionário, em termos de meios de pagamento no Brasil, desde o Sistema de Pagamentos Brasileiro (SPB).

Sempre digo isso. O PIX é a maior revolução do sistema financeiro nacional desde o SPB, e isso faz mais de 20 anos. Nunca vi nada igual. Nunca vi nada igual, também, no que diz respeito à forma como o BC está lidando com isso. O BC está simplesmente normatizando tudo.

Para que você tenha uma ideia da dimensão disso que estou dizendo, você já deve ter atualizado o *App* Sicoob e quem atualizou já vê o Sicoobpay. Para quem já tem o Sicoobpay, o PIX está lá dentro. Daqui a pouco, liberaremos o PIX como PIX, porque por enquanto só se faz transação de Sicoob para Sicoob. Quando vier o PIX, a gente integra com o mercado.

Esse *app* que está aí, nós tivemos que submeter para o BC. O BC validou se a jornada do usuário pagador ou recebedor dentro do *app* respeita os requisitos mínimos de experiência que o BC espera para a sociedade.

Eu, em 31 anos de instituição financeira, nunca vi nada parecido. É curioso. Temos que nos importar com isso e tocar adiante. Mas não deixa de ser curioso.

É curioso, mas temos aquilo do frictech. As instituições financeiras que vão sobreviver a tantas mudanças tecnológicas são aquelas onde a jornada do cliente vai ser a melhor possível e com menos atrito de procedimentos internos. Temos processos internos que acabam trazendo delay na solução. Talvez o Bacen já olhe para essa questão da jornada do cliente. Vamos ter muito ganho com isso. O desafio é grande, mas é ganho de qualidade na solução para o associado.

Sem dúvida. Eu tenho dito que meios de pagamento, no fio do tempo, vão deixar de ser um negócio em si. Meios de pagamento terão de se *"commoditizar"*. Daqui a pouco todo mundo está isentando tudo para todo mundo. Porque o nosso negócio vira outra coisa.

Então, se o preço deixar de ser um fator de distinção, o que vai acontecer é que precisamos entregar, como você bem disse, a melhor jornada digital ou física para o nosso associado.

E nesse cenário, permita-se aproveitar, nasce o Sicoobpay olhando para isso. Porque quando o PIX chegou, nós pensamos: "E agora? O que a gente faz? Qual a melhor jornada? Colocamos o PIX onde?". Então, ao invés de olhar o PIX isoladamente, a gente acreditou que havia uma oportunidade de revisitar a primeira versão do *Sicoobpay* e fazer dele uma espécie de carteira digital. E evitamos chamá-lo assim. Ele é um agregador de pagamentos e recebimentos. Isso significa que estamos olhando para o cooperado, para as necessidades dele. E, a partir das necessidades dele, pensando no que desenvolver. E não olhando para o PIX e, a partir do PIX, pensando em como oferecer para o cooperado.

Com esse racional, olhamos para o Sicoobpay e criamos o seguinte *slogan* para orientar nosso trabalho aqui dentro: "Pensou em pagar e receber, Sicoobpay". Assim, a gente coloca no Sicoobpay tudo que o cooperado precisa na hora de pagar ou receber.

Isso pode não ser uma verdade quando sair do projeto em 16 de novembro. Muita coisa ainda vai acontecer nessa caminhada. Mas o endereço final disso é que o cooperado encontre tudo ali. Gerar boleto de cobrança, gerar *link* Sipag, pagar boleto com código de barra, pagar boleto com PIX, pagar convênio, recarregar celular, abastecer suas carteiras digitais no *Uber*, *Netflix*, *Spotify*. A ideia é essa.

E aí, se nesse ambiente estou entregando tudo que ele precisa como pagador e, sobretudo como recebedor, preciso entregar ferramentas de gestão. Que tal a gente pensar no melhor serviço de conciliação? Se o cooperado é um lojista, vende muito, e o PIX derrama essas transações aí dentro. Além das vendas eu vejo as transações do Sipag, as TEDs. Que tal criar uma organização financeira e conciliada para o cooperado? Que tal oferecer crédito certo para ele?

Porque hoje, na cooperativa, quando tem alguém operando muito com Sipag, você olha para ele e ele tem um recebível futuro. Você pode tanto antecipar essa venda futura, quanto criar linhas de crédito na expectativa do fluxo futuro. E você faz a trava de domicílio. Então, no PIX, não tem trava, não tem fluxo financeiro futuro, não tem antecipação, não tem nada disso. E qual a linha de crédito legal para trabalhar aí? Estamos realmente imersos nesse racional do que é bom para o cooperado?

Na hora que ele estiver no Sicoobpay, o que ele precisa ter na mão? Para o cooperado pagador, já coloquei lá, está lá no Sicoobpay o crédito automático, o CDC do cartão. Vai integrar com o Coopera, que a gente lançou agora.

Tudo isso é só para corroborar que estou muito com você. É a jornada do cooperado que vale.

Quais oportunidades e desafios você vê que o PIX traz para o segmento cooperativo?

O PIX, em primeiro lugar, nos desafia muito.

Vamos partir da lógica normativa primeiro. O BC determinou quem pode participar do PIX. E, ao dizer quem pode, ele incluiu instituições financeiras ou instituições de pagamento. E essas instituições, para participar do PIX, têm que ser ofertantes de conta corrente, ou conta poupança, ou de pagamento.

Conta corrente e poupança são nosso dia a dia. Mas conta de pagamento, algo que foi criado dia 4 de novembro de 2013 pelo BC junto à instituição de pagamento, nada mais é do que a possibilidade das *fintechs* atuarem na oferta de conta.

Foi a partir daí que vimos o surgimento de *PicPay*, de *Ame*, do próprio *Nubank*. A gente vê uma profusão de instituições de pagamento e *fintechs* surgindo para operar contas de pagamento. E o BC acaba de dizer que, para oferecer o PIX, tem que ofertar conta de pagamento pré-paga.

Veremos surgimento de muitas outras instituições de pagamento oferecendo conta de pagamento com o PIX nela. E, mais do que isso, muitas dessas empresas serão vinculadas ao varejo. A Magazine Luiza, o *Ame*, a Americanas, o Mercado Pago. E veremos, muito possivelmente, *Google* e *Facebook* também jogando esse jogo.

Acho que, essencialmente, vamos ver o mapa competitivo bastante modificado.

Quando você traz o Market Place, você está falando do PIX ou já estamos falando do Open Finance?

Tudo o que estou falando diz respeito ao PIX e já está valendo. Está acontecendo.

Quando disse que esse mapa competitivo está se alterando, isso já vem desde 2013. Para piorar, em 2018, se não me engano, o BC e o Conselho Monetário Nacional soltaram duas circulares que hoje são interpretadas como a lei das *fintechs*. O que foi feito? Foi permitida a criação de duas novas modalidades de instituição financeira.

Você vê uma *fintech*, com dois milhões de reais de capital, surgir e começar a oferecer crédito só digitalmente. Se com dois milhões isso é possível, imagina o potencial de empresas chinesas, de um *Facebook,* de um *Google* para atuar com essa Sociedade de Crédito Direto (SCD). Criou-se a figura da sociedade de empréstimos entre pessoas, *fintechs* que nascem apenas para intermediar a sobra daquele que tem e colocar na mão de quem precisa. Imagine agora o combo: uma instituição de pagamento que opera uma conta de pagamento pré-paga e, simultaneamente, se torna também uma SCD. Ela capta, empresta, tem soluções de pagamento e crédito pra todos. Incrível tudo que está armado.

E, apenas um aperitivo do *Open Finance*, já que não é muito minha competência, o PIX já nasce integrado a ele. O *Open Finance* começa em 2021, mas lá já tem uma figura chamada PISP – Provedor de Iniciação de Pagamentos. O PISP nada mais é do que, por exemplo, a possibilidade de um *Google* se habilitar no BC como PISP e receber de você a autorização para iniciar transações PIX em seu nome, contra ou a favor de alguém. Isso já é o primeiro caso declarado pelo BC da integração PIX e *Open Finance*.

Está mudando. O cenário que nos espera é de muitos desafios, mas são oportunidades também. Se a gente acertar a mão na oferta, na boa experiência para o cooperado, não haverá razão do cooperado nos deixar. Temos mais é que atrair esse mundão de gente que não sabe nada do cooperativismo brasileiro. Tem aí 90% do mercado brasileiro à disposição para trabalhar e tornar boa parte disso nossos cooperados.

Então, em resumo: vemos que vão surgir outros players nesse mercado para trabalhar meios de pagamento, e nem sempre eles ficam sob o guarda-chuva do BC, quando ofertam um produto específico. Mas a gente tem um desafio grande que passa pela questão de "conheça seu associado". Fico muito feliz de saber que você pensa assim.

Nós, enquanto singulares, temos limitações, em termos sistêmicos, de trabalhar dentro do que o sistema oferece. Saber que vocês estão pensando nessa jornada do cliente traz grande conforto. Certamente, teremos redução de receitas, haja vista a não arrecadação de tarifas de DOC, TED, boletos... Mas o foco principal é relacionamento.

É isso aí. Se eu acredito que meios de pagamento tendem a se *"commoditizar"*, é porque não estou vendo receitas vindo daí no futuro. As receitas virão de mais relacionamento. E o mesmo vale para as *fintechs* que estão entrando. Se forem isentar o PIX para todo mundo, vão ter que ganhar com outras coisas. Não adianta entrar para ser só ofertante de conta de pagamento pré-paga.

A conta não fecha.

Exatamente. O *Nubank* é um prejuízo atrás do outro. Se a *fintech* se posiciona como instituição de pagamento mais SCD, e ela começa, a partir de 2021, a se integrar com outras instituições financeiras no âmbito do *Open Finance*, e trazendo produtos para o seu portfólio, o cenário está muito diferente.

É nisso que acredito. Por isso acho que temos que seguir firmes com muita coisa que estamos fazendo. Nós temos aqui para nós que uma das missões mais nobres que temos aqui no Centro Corporativo Sicoob é agregar fator de competitividade para as nossas cooperativas. O CCS não atua diretamente, nós servimos vocês. São vocês quem trabalham com o cooperado. E essa missão nós precisamos continuar perseguindo.

Fazendo coro com o que você disse: inteligência artificial. Sem inteligência artificial, não vamos longe no mundo com esse quadro competitivo que estou desenhando. Vamos precisar entender de comportamento. E fazer ofertas assertivas.

O Cooperativismo vem nessa linha. Nós operamos cartões. Minha vida toda no Sicoob foi pautada nisso. Sempre digo que, até aqui, sabemos o quanto o cooperado gasta e onde ele gasta. Mas nunca tivemos condição de saber qual a preferência dele e o que ele gosta de consumir para termos a condição de fazer a oferta certa. O Coopera chega como uma baita ferramenta de marketing do Sicoob. Estamos trazendo várias soluções, as melhores do mundo. Estou trazendo o *Sales Force*. Toda uma ferramenta de marketing com CRM acoplado. Essas ferramentas vão me permitir conhecer melhor os hábitos dos consumidores. Com ele, além de saber quanto gasta e como paga, vamos saber o que ele consome e podemos fazer ofertas mais assertivas. Desenhar produtos muito mais a cara dele. Acredito muito na inteligência artificial.

Inteligência artificial, blockchain e Business Intelligence (BI). Nossa central está criando uma área de BI para dar suporte às singulares. E o Sicoob Cecres também tem, para fazer uma segregação de perfil e saber o que ofertar. São ferramentas para chegar no objetivo da assertividade da oferta.

Isso, estão no mesmo caminho. BI é uma ferramenta que usamos aqui o dia inteiro. Antes de ir à prancheta de qualquer projeto, temos que buscar informações para saber em que território estamos pisando.

E contem com nosso BI centralizado. Temos aqui uma estrutura cada vez maior. Estamos alimentando com todo comportamento de cartão, de Sipag, de coisas que rodam fora do SisBR e vamos enriquecer nosso BI com movimentação do Coopera também.

Com o PIX, como fica a questão de DOC, TED, boleto bancário, maquininhas e o próprio dinheiro físico?

Que festival de impacto, não é?!

Assim, eu não tenho dúvidas que a primeira grande vítima do PIX será o dinheiro. Dinheiro é um negócio caro para ser emitido fisicamente, caro para ser distribuído, caro para as instituições financeiras e caro para o comércio também, que tem que se proteger cada vez mais do uso do dinheiro.

Acho que o PIX vai causar um efeito muito benéfico com a redução da circulação do dinheiro. 60% do consumo privado no varejo brasileiro é feito com dinheiro em espécie. O desafio é, de fato, muito grande.

Quando olhamos para a TED, ela, em teoria, nem fará mais sentido. O DOC eu já nem conto mais, para mim já tinha que ter acabado há muito tempo. Mas a TED fará pouco sentido. Lembre-se que ela faz imputando dados do recebedor. O PIX também terá a solução de imputação dos dados do recebedor quando você sabe banco, agência e conta do favorecido. Mas há a observação que eu trouxe anteriormente: se a tarifa do recebedor não fizer sentido, for cara, ele vai preferir receber TED. Mas a TED tende a ser fortemente impactada.

Outro ponto: temos 600 convênios administrados aqui no CCS. O convênio nada mais é do que a relação entre instituição e concessionária que nos permite receber, pagar em um dia ou dois dias e receber uma tarifa por isso. Temos, hoje, uma receita bem importante com convênios. Com o PIX, basta que a concessionária tenha conta em qualquer instituição e, nessa instituição, na condição de recebedor, a concessionária vai passar a gerar seus boletos com código de barra e com o PIX. Então, toda vez que o pagador escolher o PIX, a transação não vai girar pelo nosso convênio e, aí, não tem tarifa para a gente.

Com os boletos, a mesma coisa. Nossas empresas, nossos cooperados que são PJ e que hoje geram boletos em código de barra, em breve vão poder tirar seus boletos híbridos, também com PIX, para o pagador escolher se quer pagar no código de barras ou no PIX. Se paga no código de barra, temos TIB. Se paga no PIX, não temos nada.

Então a gente também estima um impacto médio para 2021 em cobrança. Por isso sempre alerto: cooperativa, se suas receitas estão muito pautadas em convênio, boleto de cobrança e em recebimentos de adquirência, tome cuidado. Seria bom se preocupar com diversificação de fonte de receitas.

As transações de cartão de débito também estão ameaçadas. De crédito, não no curto prazo. Mas de débito, vai depender de um fator: da experiência, da jornada.

É ruim a experiência de um pagador hoje com o cartão de débito? *Contactless*, com chip, *checkout* pronto para espetar ou aproximar. Não dá para dizer que é ruim. Então eu estou muito curioso para ver como vai ser a experiência do pagador com PIX no dia a dia quando o *checkout* do estabelecimento aceitar o PIX, quando pendurar um *QR Code* na parede. A experiência vai contar muito. Mas não muda o fato de que acreditamos no impacto médio nas transações de cartão de débito para 2021.

Resumindo sobre adquirência e cartão: nada muda na estratégia do Sicoob. Se você está abrindo a conta de um cooperado hoje, coloca cartão múltiplo na mão dele. Crédito e débito. Deixe que escolha como vai querer pagar. Se o cooperado é PJ, oferece Sipag porque vai ter muita gente para pagar com cartão de débito e crédito. Não vai acabar.

É uma transição. A gente entende que tem que continuar ofertando porque talvez a transição seja lenta. Teremos pessoas com resistência tecnológica. Sabemos que não é todo mundo que tem internet no smartphone. A gente tem incentivado mesmo, até perceber como vai se comportar o associado.

Quantos não têm facilidade com tecnologia? Temos um público bem relevante de idosos. Mas eu responderia agregando outra informação. Vejo, por um tempo razoável, a coexistência de todas as soluções de pagamento. No fio do tempo, em função da preferência das pessoas, é que veremos um ou outro dispositivo desaparecer. Mas ainda vai depender da preferência das pessoas.

Se o PIX não conquistar a preferência do brasileiro em relação ao débito, o débito tem vida longa. Vamos ver. O débito começou agora para *e-commerce*, não o víamos lá.

Não tenho convicção, mas sei que vão coexistir por um bom tempo. A não ser que o BC baixe uma determinação que a partir de amanhã DOC e TED não existem mais.

Se ele fizer isso, eu, particularmente, vou gostar.

E tem a questão do custo, fora a cultura. As pessoas vão fazer conta e o custo irá acelerar a adesão a uma forma mais tecnológica, por conta de economia.

Agora, para entendermos melhor: eu, Taís, consigo cadastrar uma chave PIX no Sicoob, recebo ali um QR Code; e o Marcos, que está me devendo 100 reais, pode receber meu QR Code pelo WhatsApp e fazer essa transação?

E ela ainda, pelo que pesquisei, carrega dados, o que chamamos de mensageria, para que eu possa fazer meu controle financeiro. Vem com características detalhadas do que foi aquele recebimento. É isso?

É tudo isso sim.

Então, no dia a dia de forma prática. Você vai abrir seu *app*, o Sicoobpay, e lá dentro está o PIX. Você, na condição de recebedora, vai entrar, digitar o valor, produzir o *QR Code* e compartilhar comigo. Isso se eu não estiver perto de você.

Se eu estiver perto, você pode exibir o *QR Code* no seu celular, eu aponto meu celular para ele e te pago.

Sobre as informações, isso é muito legal. O BC acertou a mão. Escolheu um padrão de mensageria mundial para o PIX. Comparando com os cartões de crédito e débito, o padrão de mensageria é o que chamamos de 8583. Padrãozinho que tem uma condição limitada de tráfego de dados. A do PIX é a 20022, padrão de mensageria que permite carregar um monte de dados na transação.

A Sabesp, por exemplo, poderá gerar uma conta com PIX. Quando a pessoa apontar o celular para aquele *QR Code* da conta, a transação que vai ser originada vai viajar com um caminhão de dados, inclusive qual a conta, qual o cliente que pagou, qual o vencimento. Não só dados financeiros, mas os dados que vão permitir à Sabesp fazer uma baixa *on-line* do pagamento.

Vai ter celeridade na prestação de serviço.

Imagine um cliente com alguém na porta de casa, prestes a ter sua água cortada. Na hora ela paga, o pagamento é confirmado no terminal da pessoa que está fazendo o corte.

Esse padrão de mensageria é fantástico, é disruptivo e não tem limitação. Vamos ver muita modelagem de negócio surgindo em cima dessa característica do PIX.

O BC tem falado muito do PIX como inclusão financeira. Como você vê isso?

Tem gente que brinca que, além da inclusão financeira, tem a inclusão fiscal.

Quando a gente olha para a estrutura que o BC criou, como disse no começo, ela vai permitir participar do PIX todas as instituições que ofertam contas. E temos, então, as instituições de pagamento que têm de forma digital. Elas têm feito um trabalho legal e chegado aos rincões do Brasil. Devemos admitir que eles estão melhores que a gente. O nosso "Faça Parte" ainda não viralizou o tanto quanto alguns *apps* de conta de pagamento.

O BC aposta que esses *apps* continuarão se disseminando Brasil a fora. Quando alguém tem uma conta dessa, ele vai passar a usar essa conta como conta de pagamento e recebimento no âmbito do PIX.

Imagina o pipoqueiro. O Banco Central adora usar o exemplo do pipoqueiro. Não tinha conta em lugar nenhum. Ele abre uma conta digital dessas e, a partir dessa conta, no *app*, que não é diferente do nosso, gera um *QR Code* e, se não quiser compartilhar, ele imprime e cola no carrinho de pipoca. Todo mundo que comprar, vai pagar a pipoca com o *QR Code*. E, claro que esse pipoqueiro, a partir desse momento, está inserido no mercado financeiro.

De fato, houve inclusão aí. Acho que o aspecto está pautado nesse aumento de participantes que vão ofertar contas, muito provavelmente, gratuitas para clientes como esse que citei.

Mas o pipoqueiro tem que ter um smartphone com internet para receber?

Imagina que o *QR Code* dele está lá colado. Ele pode ter gerado um *QR Code* para cada valor de pipoca. Aí, dependendo de para onde o cliente aponte, ele já vai receber o pagamento carregado no *smartphone*. O pipoqueiro não estava *on-line*. Só quem estava *on-line* era o pagador.

Existem dois tipos de *QR Code*: o estático e o dinâmico. O dinâmico é quando você gera, manda para alguém com um valor e ele só serve para uma transação. E para baixar determinado título. Já, no caso do pipoqueiro, ele vai usar o estático. Porque permite múltiplas transações. Basta apontar para ele e pagar. Quantas vezes quiser. A diferença é que o estático pode ter ou não valor determinado.

É realmente muito inclusivo. E o governo vai entrar nessa também? Vamos ter pagamento de transporte público e impostos pelo PIX?

Vai. O governo está entrando.

Mas, falando primeiro do transporte, acho que é um grande desafio. Quando olhamos para o interior, sem problemas. Mas não consigo ver o PIX no metrô de São Paulo se o tempo de resposta do PIX for o que o BC está divulgando. Ele divulga que 50% das transações ocorrerão em até seis segundos. Seis segundos no metrô de São Paulo é muito tempo. De novo a gente volta à experiência, ao tamanho da fila que vai crescer e que não vai produzir boa experiência. O BC vai ter que remar muito para isso acontecer em um segundo no máximo, para que seja fluido. A pessoa apontou para a catraca e já está forçando para passar. Tem que ser assim. Pagar e esperar acender a luzinha não vai ser legal.

Mas que vai entrar, vai sim. O segundo aspecto são os impostos. Sim, e é motivo de muito orgulho para nós. O Banco Central nos indicou para o Tesouro Nacional e nós temos ajudado em seus processos de homologação do PIX.

O Sicoob está ali entre as três ou quatro instituições financeiras brasileiras que ficaram na dianteira da homologação PIX. Então, sim, o governo vai entrar, é certo, e nós estamos inclusive colaborando com ele nesse processo.

Qual a relevância para as cooperativas financeiras no incentivo do cadastramento do PIX para que os associados façam as transações conosco?

Vou tentar tornar menos chata uma explicação técnica.

Quando o BC estruturou o PIX, ele definiu três formas de pagamento. Vamos falar da pior: a inserção manual dos dados. Você sabe os dados do recebedor, igualzinho a uma TED, e lá no seu *smartphone* faz o PIX. Isso não mudou nada. Essa transferência não usa chave PIX nem *QR Code*. É igual TED, então nada acontece. Inclusive, essa transação sequer passa pelo DICT.

Agora vamos falar de onde achamos que o bicho vai pegar. Vamos imaginar você cadastrando seu CPF como chave na sua cooperativa. Quando você faz isso, vamos informar ao BC que seu CPF é a chave para sua conta. O que vai acontecer: alguém que vai te pagar vai digitar seu CPF, validar no DICT, trazer seus dados da conta e te mandar o pagamento. Não necessariamente será gerado um *QR Code*, só foi chamada a sua chave, que pode ser CPF, celular, *e-mail* ou uma chave aleatória criada pela cooperativa.

Você apenas digita a chave, o sistema do *app* vai até o BC, traz os dados da sua conta e pronto. A chave é para facilitar, para você não ter que dizer seus dados de conta. E para você gerar um *QR Code*, você precisa ter chave cadastrada. O pipoqueiro quando foi gerar o *QR Code* para pôr no carrinho, já tem a chave cadastrada. E aquele *QR Code* guarda vinculação com a conta dele. Então, toda vez que alguém pagar, vai pagar usando determinada chave e o recurso vai fluir para conta que o pipoqueiro escolheu.

O que vocês estão disputando agora? Estão disputando com outras instituições que o cooperado escolha que a chave dele no BC se vincule a uma conta na sua cooperativa, para que o fluxo financeiro de recebimentos dele continue fluindo por você, não pela concorrência. Isso que aconteceu. O BC inventou um jeito novo de competir.

Uma pessoa física pode ter até quatro chaves. Em teoria, você como recebedora pode cadastrar quatro chaves vinculadas a sua mesma conta. Isso é legal. E uma empresa, uma PJ, pode até vinte chaves.

Agora, vale dizer, se você escolheu como chave PIX na sua cooperativa o seu celular, você não pode usar a chave celular para sua conta em outra instituição. Não pode repetir chave.

Como é a possibilidade de fraude no PIX? É seguro como uma TED? Vejamos, na TED também tem fraude.

Estamos fazendo pré-cadastro. E eu já comecei a ver as primeiras ações dos fraudadores. O fraudador criou uma tela na internet, simulando o *site* de um banco laranja, e lá ele diz: cadastre sua chave PIX. E a primeira pergunta: número do cartão de crédito. Tentando capturar todos os dados do cartão da pessoa.

Essa pergunta é muito interessante para resgatar uma informação: a transação do PIX é irrevogável. Assim como é a TED. Porque debitou uma conta e creditou outra. TED não é diferente disso, só tem um *delay*.

O BC não mudou isso, apenas aceita que pagador e recebedor se entendam e permitirá que o recebedor faça devolução parcial ou total daquela transação para o pagador, se eles combinarem. A transação já era.

Se ocorre fraude com TED, na instituição financeira, dançamos. Vale igualzinho para o PIX. Se formos fraudados, se apresentarmos fragilidades, vamos responder igual respondemos na TED. O Banco Central deixou claríssimo: fraude no PIX é responsabilidade de cada instituição. Ele não tem nada a ver com isso.

Assim como é o cartão também. A diferença do cartão para o PIX é que nele a gente tem a figura do *charge pack*. O cliente contesta a transação. No PIX não tem contestação de transação. O que vale para o TED, vale para o PIX quando o assunto é fraude.

café cooperativo
Selic em queda: onde investir?
com Marcio Nami
apresentação:
Taís Di Giorno

Selic em Queda: Onde Investir?

Entrevista realizada com Marcio Nami, mentor em Finanças Comportamentais, 1 de outubro de 2020

Para contextualizar nossa conversa: temos aqui, no Brasil, uma questão forte de desafios e adversidades na condução da pandemia. Uma crise econômica, sanitária, política e, enfim, uma taxa Selic muito baixa junto a tantas inovações do mercado financeiro.

Então, explique para nós: o que é a taxa Selic e como a variação dela afeta nossa vida financeira?

O sistema financeiro tem que trabalhar com equilíbrio. Se uma instituição empresta mais do que capta, ela tem que buscar esse dinheiro no mercado no fim do dia e vice-versa. Se uma instituição está muito líquida, ela repassa para outras instituições.

E o que regula isso? O título público. A taxa Selic nada mais é do que o valor atribuído a títulos públicos cada vez que o mercado precisa fazer essa regulação. O Banco Central controla o volume desses títulos de forma a fazer com que essa taxa fique mais alta ou mais baixa, de acordo com esse cenário.

Em um cenário de Selic baixa, acontece maior liquidez de mercado. Tem mais dinheiro disponível para as instituições financeiras emprestarem, abrirem suas linhas de financiamento.

Passamos muito tempo com Selic alta. E agora, do início do ano para cá, ela apresenta queda acentuada e traz todas as características e desdobramentos disso.

Uma curiosidade é que o nome é um apelido e veio do sistema que controla os títulos públicos, o Sistema Especial de Liquidação e de Custódia, que é monitorado pelo BC.

Como a gente pode justificar essa queda de Selic? Tem algo a ver com demanda de mercado para crédito ou não?

Toda vez que você precisa expandir, deixar mais dinheiro disponível no mercado, existem instrumentos de política monetária. O principal, utilizado por vários Bancos Centrais pelo mundo, é exatamente esse. Ele diminui a Selic e, com isso, o volume de dinheiro demandado pelas instituições financeiras para atender esse fechamento no fim do dia, fica menor. Então as instituições, em tese, têm mais dinheiro disponível para colocar no mercado, de acordo com a necessidade. O que não significa que vai ter reflexo imediato, muito pelo contrário, às vezes leva um certo tempo.

Quanto mais baixinha a Selic, mais dinheiro disponível no mercado para as pessoas físicas e jurídicas ofertado pelas instituições financeiras.

Quando a gente olha para o que você está falando, a gente consegue entender que aumenta a disponibilidade de recurso no mercado. O que mais é afetado em nossa vida com essa Selic tão baixa?

Falando em termos bem claros: tudo.

Uma Selic baixa, principalmente para o latino, em particular para o brasileiro, tem a característica de mudar o comportamento. Como vivemos muito tempo com Selic muito alta, taxas muito altas, a Selic afeta não só o empréstimo que o banco faz na ponta, como afeta também os valores das aplicações. Quanto mais baixa a Selic, a tendência é que a remuneração das aplicações também seja menor. Afeta a aplicação, também o dinheiro disponível no mercado.

Como somos habituados a ter Selic muito alta há gerações, isso tem influência direta no comportamento. Mudo a maneira de investir e de tomar dinheiro no mercado também. É um vestibular para começar tudo de novo.

Esse é o grande desafio. Ainda não temos cultura de Selic baixa.

Então, se sou um tomador de crédito, tenho vantagem com a Selic baixa e, se sou um investidor de renda fixa, tenho uma desvantagem na minha aplicação financeira. É isso?

Eu prefiro desafiar um pouco mais esse pensamento.

O tomador, em tempos de Selic baixa, vira também um tomador mais consciente. Ele vai tomar dinheiro não para colocar na ciranda financeira sem pensar claramente, pois ele tem que saber exatamente qual a destinação daquele recurso, porque aquilo só vai voltar para ele se tiver um trabalho, uma ideia, um projeto interessante.

Sob a ótica de quem está fazendo aplicação, pode ser renda fixa ou variável, a Selic baixa dá a ele a possibilidade de pensar no futuro de forma mais clara. Quando tínhamos a Selic alta, basicamente tínhamos poupadores, não investidores. O poupador coloca o recurso lá e tudo bem. O dinheiro vai fazendo dinheiro e pronto. Já o investidor tem que saber exatamente qual o projeto dele no futuro, o que ele quer, o que busca. E a Selic baixa proporciona essa lucidez, desde que tenha a consciência e o preparo para fazer isso de forma bem tranquila.

Sabe-se que a Selic afeta três importantes pontos da relação com o dinheiro – a inflação, rendimento de investimentos e taxas de empréstimos. O que acontece com cada uma durante essa queda?

Quando você joga mais dinheiro no mercado, que é o que, potencialmente, o BC faz quando abaixa a Selic, em tese existe mais probabilidade de geração de inflação. Porque você coloca mais recurso no mercado, oferece maior disponibilidade e, geralmente, a custos menores.

Esse dinheiro jogado no mercado de maneira abundante gera certo deslumbramento em quem está pegando, pode ser pessoa física ou jurídica, com perspectiva de geração de inflação. Por isso disse que o BC vai monitorando esse volume do título, justamente para regular essa taxa para cima ou para baixo, sabendo da necessidade de mercado. Isso sob a ótica de inflação.

Nas aplicações, quando a Selic cai, a remuneração de aplicações cai na mesma proporção. Porque os bancos conseguem captar recursos com volumes mais baixos dos títulos públicos. Como consequência, para quem quiser investir nesse mercado, eles vão ofertar uma taxa menor. Existe tendência de queda que, por sua vez, reflete também nos empréstimos.

Toda vez que você vai fazer um empréstimo, a tendência é que essas taxas reflitam, depois de um certo tempo, à queda da Selic.

É mais ou menos assim a cadeia de raciocínio. Claro que existem outros fatores externos de mercado. A Selic não reflete imediatamente, mas, em tese, de acordo com a linha do tempo, é onde vai desaguar.

Então a gente vê que a queda tem fatores positivos, outros mais desafiadores. Mas como você vê essa questão para a gente, cidadãos, e para o país? Sabemos que, em muitos países europeus, os juros são negativos. No Brasil, temos histórico de inflação. Tenho memória de quando eu era muito criança e ia ao mercado com meus pais e achava tão esquisita a dita cuja da maquininha da remarcação de preços. Essa Selic baixa pode sinalizar uma evolução econômica do país ou não tem nada a ver com esse resquício que temos dessa memória inflacionária do Brasil?

Eu sou um otimista praticamente incorrigível. Em tese, essa notícia é muito boa.

Nas décadas de 80 e 90, época da maquininha, você recebia um recurso de manhã e, se fosse usar o dinheiro à tarde, ele já valia 5% menos. A corrosão era muito forte. Você estava andando no mercado e tinha uma pessoa com a maquininha para remarcar até dentro do seu carrinho.

Com isso, a maioria dos brasileiros ganhou uma coisa chamada memória inflacionária. Essa memória é a incapacidade que a pessoa tem de enxergar um futuro financeiro para ela. É o famoso imediatismo.

E tem algo muito curioso nisso. Quem hoje tem seus 15, 18, 20 ou 25 anos não viveu a inflação, mas curiosamente tem os mesmos reflexos das pessoas que viveram. Isso acontece porque a memória inflacionária dura três gerações. Considerando cada geração como 25 anos, durante 75 anos, a contar da década de 80, as pessoas terão essa memória inflacionária.

Como a pessoa que não viveu aquilo traz consigo de alguma forma esse trauma inflacionário? E por que três gerações para tirar a memória?

Os seres humanos trabalham muito pela figura do espelhamento e dos hábitos. Tem até uma música que fala sobre isso, "Como Nossos Pais". Tudo o que as pessoas que nos criaram fazem, nos ajuda a adquirir hábitos, costumes e comportamentos. E como a economia não é uma ciência exata e sim uma ciência social, esse comportamento reflete por gerações.

Óbvio que estou falando de uma ladeira que vai descendo. O comportamento vai reduzindo, mas ele persiste. Justamente pelo princípio de modelagem.

Ninguém pensa em dinheiro de maneira racional, a maioria pensa de forma emocional. Quando temos inflação e taxas muito altas durante muito tempo, acontece uma corrosão da visão de futuro. O que afeta essas gerações futuras é não conseguir enxergar perspectiva financeira.

O dinheiro corroeu durante tanto tempo que não foi visto como valor, como positivo. É visto como obrigação, necessidade. Mas nunca existiu a perspectiva de pensar em cinco, dez, vinte anos. E essa corrosão tem profundo aspecto comportamental. Se não vejo o futuro, não me preocupo em investir. No máximo em poupar. Ou seja, guardar o dinheiro de maneira não pensada e automática, usando a famosa teoria do gado: fazendo o que todo mundo faz, aplicando onde todo mundo aplica e ignorando que as realidades são diferentes.

Quando tem essa redução, você começa a alterar esse comportamento. Passo a ter comportamento individual com relação ao futuro, finanças e cenário. Não sei se fez sentido até aqui, mas são esses os pontos fundamentais da mudança de comportamento.

Qual a sua visão da aplicação em fundos lastreados em ouro, desconhecidos do grande público, mas com rendimento mínimo

acessível e com rentabilidade muito superior a bolsa, CDI e dólar?

Com essa redução de taxas, investimentos como o ouro, fundo lastreado em Bovespa, em bolsa de Nova Iorque, em vários ativos diferentes começam a vir à tona. Bem-vindos ao admirável mundo novo.

As pessoas começam a olhar e questionar se o ouro faz mais sentido para elas, ou ações, renda fixa, renda variável... O mais importante é entender o que faz sentido para você de acordo com a sua realidade e características. Pode ser que você tenha inclinação para ativos ligados a ouro, dólar, renda fixa.

Pense sempre na diversificação. Quanto mais diversifico, menor é a probabilidade de ter algum susto no futuro. O bom do investimento é analisar o que faz sentido para ele.

O ouro é um ativo milenar, mas o importante do ativo é que faça sentido. Porque a oscilação é diretamente proporcional àquele tempo que você se propõe a reter o ativo. Quanto mais longo o tempo, mais preocupação com a característica e menos com a oscilação.

E isso é o que eu penso. Tem uma piada muito legal que fala que o dia em que você quiser cinco opiniões diferentes, é só chamar cinco economistas para conversar. Ninguém concorda com ninguém, porque economia não é uma ciência exata.

Dentro do que você está falando acho que, antes de tudo, temos que nos conhecer, entender nossos planos. Não existe receita mágica que sirva para todas as pessoas. Mas, ainda assim: onde investir nesses tempos de Selic baixa?

Vejo essa pergunta como um desafio bacana para desmistificar coisas que vieram das taxas muito altas.

As pessoas visitam uma instituição e recebem uma análise de perfil financeiro. O que pouca gente percebe é que a maioria das instituições, não digo todas, oferecem a análise de perfil de risco consoante ao que elas têm na carteira. Mas o ser humano é mais diverso que qualquer carteira disponível.

O que é importante lembrar quando falamos em investimentos: conhecimento é poder. Se você quer investir, e isso vale também para outras áreas da vida, busque conhecimento. Dedique quinze minutos do seu dia, não precisa ser mais que isso, para entender como funciona cada investimento, entender o melhor investimento e o que faz sentido para você.

E como eu sei que faz sentido para mim? Quando sei aonde quero chegar.

Muita gente quer investir, mas pouca gente sabe aonde quer chegar. E esse é o desafio. Quando me perguntam qual o melhor investimento, eu devolvo com a pergunta: "Você quer investir para quê?". Se você não sabe, qualquer investimento serve.

O ponto base é o que eu quero com esse recurso. Uma aposentadoria, tranquilidade, pagar faculdade para o meu filho, viver de rendimentos? E todas essas perguntas têm que ser lastreadas em uma data: quando?

Quanto mais cedo for esse período, mais ele aumenta o nível de agressividade que você precisa no investimento. Eu preciso que meu dinheiro se multiplique mais rápido ou devagar de acordo com o horizonte de tempo do que quero atingir. Cada ser humano é um universo. E você tem várias alternativas de investimento hoje.

Digo que é muito legal perceber a ilusão do mercado financeiro. Você, quando vai analisar um portfólio e suas várias possibilidades de investimento, normalmente, tudo se resume a duas situações: ou você vai ser sócio de alguém, ou vai emprestar dinheiro para alguém. Ponto. Não foge dessa linha. Quando você simplifica sua mente para esse horizonte de possibilidade pensando de maneira mais simples, você enxerga cada investimento de maneira mais simples.

Então, para diminuir ansiedade, o foco é: quinze minutos por dia entendendo como funciona cada cenário. E não se iluda: o que faz sentido para mim, pode não fazer para você. Busque o seu sentimento em relação àquilo. Quanto menos eu conheço, mais arriscado eu acho. O risco é uma proporção direta ao quanto eu ignoro aquele cenário. Quanto mais eu for hábil e conseguir entender, menor vai ser minha percepção de risco.

E volto em um ponto muito importante, à palavra que não pode sair de tela: diversificação. Por mais que você estude e se prepare, existe o famoso imponderável, que é o mercado.

Quer um exemplo de imponderável? O ano de 2020. Quem poderia prever? Ninguém. E se alguém conseguiu fazer essa previsão, as consequências eram absolutamente não imagináveis nos anos anteriores.

Como me blindo com relação a algo que não consigo calcular? Simples: diversificando. Para isso, precisamos ter muita humildade e paciência. Quando eu diversifico, me blindo de possíveis situações que não consigo imaginar.

Mesmo porque quando vamos fazer algum tipo de investimento, seu gestor da instituição te traz histórico, te traz o passado. O futuro é incerto. E, Marcio, no seu entender, uma Selic baixa é salutar ou é um agravante para o sistema cooperativo?

Não só para o sistema cooperativo, mas para todos, é uma coisa desafiadora. Mas, contrariando todas as expectativas, faço uma análise bastante pura e baseada em fatos.

Os juros vão sendo reduzidos, as aplicações têm resultados menores e, como consequência, a receita das instituições cai. Isso, para o cooperativismo, pode ser uma vantagem competitiva, desde que seja propagado de forma correta. Porque, se eu sou um investidor e tenho a possibilidade de aplicar na instituição X ganhando 0,5% ou aplicar na cooperativa que eu sou associado ganhando 0,5%, eu aplico na cooperativa. Porque ela vai oferecer impacto positivo na minha região.

As pessoas que são próximas a mim estão ali também. Mas, para isso acontecer, as cooperativas precisam fazer um dever de casa que muitas vezes é negligenciado. É preciso mostrar para as pessoas o impacto de uma cooperativa, porque ela traz tantos benefícios e coisas positivas na região.

Quem duvida, pega uma pesquisa feita com os 5.620 municípios do Brasil. Você vê que os que têm melhor qualidade de vida, têm correlação direta com número de cooperativas que existem em cada município.

Quando você aplica dinheiro, você quer receber saldo positivo. E uma maneira indireta de receber rentabilidade é quando aplica, recebe o recurso e ainda ganha o dinheiro que vai ser distribuído de forma positiva na região. Valendo esse raciocínio também para os empréstimos, financiamentos, capital de giro.

E um exemplo de como isso funcionou é a história financeira da Alemanha. Em um dado momento, os bancos competiam direto com as cooperativas com taxas baixíssimas e as cooperativas começaram a ter supremacia.

Quando eu invisto ou pego dinheiro na cooperativa, estou favorecendo a minha cidade, a minha região. Por isso vejo o fato de taxas mais baixas como potencial vantagem competitiva para as cooperativas, desde que tomem consciência disso.

Se temos a mesma taxa em uma cooperativa e em uma instituição tradicional, escolha a cooperativa. Você é dono, é uma questão lógica. E tem os princípios pautados na comunidade.

Mas temos um desafio, principalmente para as cooperativas menores, que é a questão da escala. Uma coisa é ter Selic baixa em uma cooperativa com um milhão de associados, outra coisa é em um cenário de cooperativa de menor porte.

Essa questão de ter impacto positivo na sociedade soa como algo poético, mas tem muita gente em transição para entender que o cooperativismo não é mais poesia e nunca foi filantropia. É um negócio, administrado como tal, e tem que gerar resultado, o que o mercado chama de lucro.

Queria saber o que você pensa sobre esse cenário, independentemente do impacto na comunidade, mas internamente para singulares do nosso porte?

Profundamente desafiador, não só para as de menor porte, mas para as sociedades maiores. Nas menores, só é mais sensível.

Durante muito tempo, embora a cooperativa seja caracterizada como sociedade de pessoas, o dirigente cooperativista, até em função da inflação alta e dificuldade de perspectiva, acabou se preocupando muito com a maneira de operar, de gerir, e esqueceu essas pessoas. Embora exista desafio, por ser sociedade de pessoas, na minha leitura a saída seria entender o perfil do seu sócio e fornecer produtos, serviços, soluções e engajamento de forma cada vez mais massiva e eficiente para trazer receita indireta para a cooperativa. Aumentar o encantamento para trazer novas pessoas para a cooperativa.

Existe um fenômeno muito curioso no mercado que é assim: quando estou insatisfeito com algo, eu falo muito disso. Quando estou muito satisfeito com algo, eu não falo tanto. E o cooperativismo passa muito por isso. Ele é tão acolhedor e inclusivo que os cooperativistas são acomodados, não falam sobre cooperação.

A grande saída para instituições de pequeno e médio porte, na minha visão, seria, primeiro, diversificar o portfólio e, segundo aumentar o engajamento. Pegar quem já é contaminado pelo vírus da cooperação e transformar em propagação, em convencimento, engajamento para aumentar a escala de forma natural e orgânica. Se esse aumento puder ser artificial por fusões e incorporação, também está valendo.

Inclusive, em todas as sociedades onde as taxas caíram, houve um fenômeno muito forte de fusões e incorporações. Nas cooperativas não foi diferente. Elas se fundiram para ganhar escala.

Em uma sociedade de pessoas, são as pessoas que dão força. Quanto mais, melhor. É preciso mudar a visão dos órgãos dirigentes para ter visão mais ampla.

Quem tem 15 mil sócios tem 15 mil pessoas que consomem. Então é necessário fazer esse *link* entre o que essas pessoas precisam e não sabem que precisam, e oferecer como solução.

Então, em uma frase: aumento da visão de futuro com relação às necessidades do meu sócio e futuro sócio. Não é uma alternativa simples, mas é possível. E já foi replicada na Alemanha, Inglaterra, Canadá e Estados Unidos em um passado não tão distante assim.

Em resumo, estamos falando de engajamento. Quando você fala de aumento de portfólio, o Sicoob Cecres, por exemplo, não tem a autonomia de uma cooperativa independente de criar seus produtos na sua totalidade. Então é importante traduzir como experiência do cliente, mesmo tendo portfolio definido pelo sistema. Temos o que melhorar em cada singular nessa experiência.

E, mudando de assunto, como lidar com a preocupação das pessoas em manter o poder de compra?

O grande ponto é que não perder poder de compra está ligado à sensibilidade do órgão regulador em aumentar ou diminuir essa velocidade de recurso disponível no mercado.

Quando você inunda o mercado de recursos, tem um deslumbramento que ocasiona em precificação errada de produtos e serviços. Essa sintonia fina na economia é feita a cada dia, a cada momento, entendendo as especificidades do mercado.

Em um primeiro momento, o aumento de recursos serve para aumentar a capacidade produtiva, a liquidez do mercado. Isso vai aumentar ou diminuir de acordo com a resposta que o mercado der com o passar dos dias.

A perspectiva para o ano que vem é que a Selic volte a seguir caminho de ser um pouco mais alta que hoje. O que não significa retorno aos patamares anteriores. Mas já é uma tentativa de evitar corrosão inflacionária e perda do poder de compra.

Agora quero falar um pouco sobre comportamento.

Eu fiz muitos atendimentos de educação financeira. O Sicoob Cecres foi pioneiro nisso, temos parceria com a Fundação Getúlio Vargas e seu o selo da FGV nos nossos programas de educação financeira, temos também parceria com a Ponto C Consultoria, onde você é sócio-diretor, e a gente sempre abordou muito esse assunto, mesmo há vinte anos, antes de entrar em voga.

E eu recebia muita gente que dizia que não podia investir, pois não sobrava nada. E eu falava muito que investidor é mais uma questão de padrão mental do que de quanto sobra no fim do mês. Se sobrar dez reais, invista. Aqueles dez vão mudar seu padrão mental e vão virar cem, mil e sua mente vai trabalhar para ser dez mil por mês. Pois, na verdade, se não mudar o padrão mental, por mais que ganhe, nunca vai sobrar. A gente tem a tendência de mudar o padrão de vida e, realmente, muitas vezes acaba não sobrando, mesmo que ganhe cinquenta salários ou mais.

Quando temos esse padrão mental de separar uma parte, a sua mente trabalha na prosperidade, não na escassez. Só que não é tão fácil para todo mundo entender. Você, como especialista de PNL, diga como todos nós podemos nos intitular investidores?

Você citou nossa parceria pela plataforma *SAFE*, que se tornou tão revolucionária justamente pela abordagem comportamental. Todo associado, em particular do Sicoob Cecres, que começava a conhecer a plataforma, imaginava encontrar números, planilhas e equações. Mas vai muito além disso. Vai na mudança de comportamento da pessoa com relação à percepção de perfis monetários, de investimento, de dinheiro.

De onde veio essa crença de que primeiro preciso pagar contas, deixar dinheiro sobrar no fim do mês para investir? Volto na memória inflacionária ou econômica. O que vovô e vovó nos ensinaram? Que dinheiro não traz felicidade, que isso não é para você, que trabalhar não deixa rico. As gerações escutaram isso por tanto tempo, aliadas à inflação historicamente muito alta e corrosão de recursos, que simplesmente foi embutido na cabeça do brasileiro que investimento não é para ele. "Só vou investir quando pagar minhas contas e estiver estabilizado."

Como economista, vou dar um conselho: se você está usando cheque especial, está endividado ou inadimplente, a hora de começar a investir é agora. A resposta é sempre agora.

E aí a pessoa pode se perguntar: como vou pagar até 5% de cheque especial para investir e ganhar menos de 1%? Simples. O que está em tela nesse momento da educação comportamental não é a receita que vai ter, e sim o hábito de começar a perceber o dinheiro trabalhar para você.

A grande sacada do investimento é colocar lá dez reais, no mês seguinte olhar e ter dez reais e dois centavos. Óbvio que dois centavos não vão mudar a vida de ninguém, mas é uma oportunidade de ver o dinheiro trabalhar para você. O dinheiro ganhar para você uma receita passiva. Trabalhou para você e gerou recurso.

O que muda quando você faz isso no primeiro mês e repete no segundo e terceiro, é que cria em você uma coisa maravilhosa, que é o hábito.

Comparo muito com corrida. Se você nunca correu e começa a correr, no primeiro quilômetro parece que vai morrer. Depois, quando vê, está correndo cinco, dez. Investimento funciona da mesma forma.

Nunca pense no seu recurso sob ótica lógica. O dinheiro não é lógico. Por mais difíceis que sejam os momentos, há sempre prosperidade, desde que me prepare para ela e crie hábitos de dedicar parte dos recursos, excedente ou não, para o meu futuro.

E quando faço isso? Quando sei exatamente o que eu quero. Se você vai chegar ou não, não é relevante nesse momento, porque a vida não é uma ciência exata. E o comportamento vai se modificar ao longo do tempo. Se você adquire o hábito de investir, fazer o dinheiro trabalhar para você, você vê uma série de questões na sua vida seguindo a mesma linha. Você passa a ser senhor dos seus recursos e objetivos e isso reflete em outros pontos da sua vida.

Essa é a beleza da mudança comportamental em relação ao dinheiro. É o que defendo e falo muito nos atendimentos.

Sabemos que tem a matemática, claro, mas é muito mais mindset. Volto sempre para o autoconhecimento. Entender onde estou, aonde quero chegar e como saio do ponto A e chego ao ponto B.

Você falou um pouco de crenças limitantes ligadas ao dinheiro e isso traz grande limitação na mente de muita gente que se autossabota inconscientemente. Como se libertar dessas crenças, afinal?

Primeiro ponto: eu só consigo me livrar de algo que me incomoda quando eu olho para aquilo de forma realista.

Mas não podemos nos iludir. Em dinheiro ou não, o ser humano se leva ao autoengano. Por exemplo, se tem um espelho na sua casa, sua tendência é olhar para ele e buscar o ângulo que considera mais favorável, ainda que não reflita a realidade do resto do dia. Com o dinheiro não é diferente.

Passei a vida escutando que dinheiro é sujo, não traz felicidade, que só ganha dinheiro quem rouba. Então, trago essa verdade para mim. A economia tem um princípio que diz: os recursos são limitados e os desejos humanos são ilimitados. Quem estudou isso cedo, provavelmente foram as mesmas pessoas que começaram a embutir crenças limitantes nos outros.

Mas a crença só tem poder na hora que você acredita nela. Quando você não tem objetivo claro. Quando alguém te diz que dinheiro não traz felicidade, você precisa entender que isso pode ser verdade para essa pessoa, mas não vai ser para você. Até porque, se analisarmos friamente, você não acha uma situação em que o dinheiro te traz algo negativo. O que achamos é uma má utilização do recurso por parte de alguém que não planejou exatamente seu futuro, não sabia o que queria e que se levou a conselhos de outros, não lastreado ao que era importante para ele.

O dinheiro é abundante, positivo, e só te traz consequências que podem ser altamente favoráveis, desde que tenha lucidez. Então, como me livro de crenças? Com lucidez. E o que é a lucidez? É saber o que eu quero e o que eu não quero.

Se a maioria dos seres humanos for analisar sua vida na última semana, mês, ano, vai perceber que em 30% ou 40% das situações, as pessoas tomam atitudes em função de outro. Porque não se conhecem, não querem desagradar alguém, querem ficar bem na foto, querem que todos gostem deles.

Então, a maneira mais eficiente de acabar com as crenças é exatamente essa figura da lucidez.

Sei que a Ponto C é uma empresa especializada em coaching e é focada em finanças. Queria que você falasse como funciona o coach financeiro. Como é a primeira sessão? De onde parte e como é conduzido todo o processo? Quão preparada eu devo estar para olhar para minhas finanças e decidir fazer coaching?

Algo muito legal, que é quase uma receita de bolo, é o que percebemos nas centenas de atendimentos ao longo dos últimos dez anos. A gente percebeu que mais de 70% das pessoas que buscam *coaching* financeiro não têm problema financeiro. O financeiro é a cortina, a parte visível que levou até ali.

Eu não defendo o *coaching* financeiro, eu defendo o *coaching*. Porque, muitas vezes, o motivo que levou a pessoa até ali não é o motivo real da situação que está acontecendo. Muita gente tem problema de endividamento, de guardar dinheiro, que podem ser por questões familiares, de autoestima, comportamentais. O universo é tão amplo, que literalmente cada caso é um caso.

Dá para perceber que a pessoa chega no profissional e diz: tenho problemas financeiros. Ela imagina que vai receber planilha, equação mágica e vai dar tudo certo. E o que acontece é o contrário. Ela recebe perguntas provocativas que afetam sua percepção e comportamento e trazem essa pessoa de volta à realidade. O que acontece, nesses casos, é que 20%, 25% das pessoas não querem enxergar essa realidade. E outras começam um processo de evolução, de mudança, de modificação de comportamento.

Vale citar que o tempo todo o comando é do *coachee*, da pessoa que passa pelo processo. Ele pode terminar, discordar, interromper. O papel do *coach* é provocar. Essas provocações que levam ao resultado positivo, à abundância de prosperidade e a conhecer um caminho que faça sentido.

Você enxerga o coaching financeiro como life coach?

Enxergo o *coaching*. A derivação disso vai depender do universo que está na cabeça da pessoa na minha frente naquele momento.

Respeito quem opera com segregação, mas o ser humano é tão vasto, amplo e desafiador que muitas vezes não sabe o que quer. Então, com perguntas e provocações, ela percebe essas sutilezas e tem um universo muito diferente na sua frente.

"Sou pobre porque meu pai foi." A pergunta é: e daí? O que meu pai foi, foi com as condições de temperatura e pressão que, não necessariamente, refletem as minhas. E que não vão refletir do meu filho, do meu neto.

Quando você abre a cabeça das pessoas para essas provocações, a tendência é ir muito além do financeiro e do comportamental para desaguar na palavra fantástica que é autoconhecimento.

café
cooperativo
O modelo de
cooperativas de
capital e empréstimo
com Ivo Lara
apresentação:
Taís Di Giorno

O Modelo de Cooperativas de Capital e Empréstimo

Entrevista realizada com Ivo Lara, diretor presidente da Federação Nacional das Cooperativas de Crédito, em 8 de outubro de 2020

Gostaria que você nos desse um panorama geral sobre as três modalidades de cooperativas financeiras existentes hoje no país: as plenas, as de capital e empréstimo e as clássicas.

O Banco Central fez uma segmentação de cooperativas de crédito há alguns anos. Quando foi feita, o Banco Central procurou construir governanças específicas para cada um dos modelos, estruturas diferenciadas. Ainda que sejam todas cooperativas, têm diferenças.

As de capital e empréstimo são a base, mais simplificadas. É o ramo onde a FNCC mais atua. Elas têm, basicamente, dois produtos: o capital e o empréstimo.

O capital é o produto simples. O associado é o dono, então ele capitaliza um valor, que varia de instituição para instituição – algumas são pagas mensalmente, outras só na entrada – e, por meio dessa capitalização, ele pode realizar operações de crédito. Esse dinheiro do cooperado é o que auxilia outros a tomarem crédito. É onde entra o segundo produto, propriamente o crédito. Então essas cooperativas são as mais simplificadas.

Depois desse modelo temos as clássicas, que possuem algumas restrições em relação ao mercado financeiro, mas já operam com depósitos, aplicações, conta corrente. Elas não operam com, por exemplo, derivativos, moeda estrangeira, algumas operações em relação com o dólar. São um pouco mais complexas que as de capital e empréstimo.

E temos as plenas, que atuam com, praticamente, todos os produtos que existem no mercado financeiro, assim como os bancos.

Existem algumas exceções, mas, via de regra, seriam essas as grandes diferenças entre os três modelos de cooperativas financeiras.

Falando especificamente da FNCC, conte-nos como ela surgiu, qual seu objetivo e qual o papel dela hoje no suporte às cooperativas independentes.

A trajetória da FNCC começou lá atrás, com um grupo de cooperativas que possuíam sua identidade e buscavam fortalecer essa identidade. Elas gostariam de tomar outro rumo, constituir algo com mais da sua característica. Esse grupo se formou ainda dentro da Ocesp, com apoio da OCB, e era um grupo informal. Ele se reunia para trocar questões técnicas, avaliar possibilidades e discutir assuntos de intercooperação. Esse grupo começou a ganhar corpo. Na época, eu ainda não participava.

Foi formada a ANCC, Associação Nacional das Cooperativas de Crédito. No momento em que se tornou uma associação, o grupo saiu da informalidade e ganhou uma característica. Dali em diante, as cooperativas começaram a definir seu futuro, verificar quais as possibilidades de serviços por meio de uma associação, e sentiram a necessidade de evoluir, de trabalhar como Federação e ter representatividade em outo nível. E aí tivemos a mudança de Associação para F'ederação.

De lá para cá, a FNCC vem crescendo e agregando novas cooperativas. Hoje já congregamos 47.

É algo muito importante para nós e que, de certa forma, traz muita responsabilidade. O papel da FNCC é um papel de representatividade, de união entre essas cooperativas, de promover integração entre todas, mas também de oferecer serviços para gerar ganho de escala, fortalecer o segmento e oferecer suporte às necessidades que as cooperativas independentes têm no dia a dia.

Eu participei informalmente da ANCC, na questão estrutural, construtiva. Disponibilizávamos uma salinha na Cecres, que ainda era independente, uma funcionária e toda nossa estrutura.

Fizemos uma incubadora para a ANCC, que funcionou dentro do Cecres por uma década, mais ou menos. Então, alguém viu que a instituição precisava ser representativa e, enquanto associação,

não seria. Aí, contando com o apoio do Dr. Reginaldo Lima Filho, conseguimos transformá-la em Federação, ocasião onde tive o prazer de ser a primeira presidente. Aliás, com orgulho (ou não), fui a primeira mulher brasileira a presidir uma cooperativa de segundo grau.

Nossa preocupação, na época, era o fato de que cada cooperativa independente navegava com suas regras e políticas. Cada uma ia para um lado conforme considerava mais adequado. Quando você une e coloca um guarda-chuva da Federação, passa a existir um alinhamento. Começa a ser possível navegar para lados mais similares, consegue-se debater governança, compartilhar melhores práticas, discutir algo com a OCB, com o BC, com o CECO. O objetivo foi muito agregador e vemos que só vem se fortalecendo.

Sim, sem dúvida. A gente sente, até por esse próprio crescimento, que ele só aconteceu por conta dessa base construída. Tudo que estamos falando hoje, colhendo resultado, podendo gerar escala para as cooperativas, gerar serviços para as federadas, vem por essa base.

Se somar todo esse período, não só oficial de FNCC, mas desde o período de grupo mesmo, chegamos a quase 20 anos. Tivemos muita gente contribuindo com essa jornada.

Falando de serviços, que tipo de serviço a Federação oferece às suas filiadas hoje? Onde entra a FNCC nesse suporte para ganho de escala com contratações mais centralizadas?

São vários. Temos a questão da própria representatividade que já comentamos, que traz mais oportunidades nesse sentido da relação com o BC. É ali que surge oportunidade de serviço. Discute-se não só na necessidade que a cooperativa tem, mas, também, no olhar do órgão regulador, o que pode ser melhorado para todo o segmento. Quando isso acontece, por necessidade de mercado, do órgão regulador ou das próprias federadas, a FNCC busca parceiros que possam agregar nesse ganho de escala.

Temos, por exemplo, a ouvidoria e o canal de denúncias. As cooperativas que participam não têm custo extra. Elas não precisam contratar esses serviços ou desenvolver seus sistemas, pois a Federação já oferece. A cooperativa não precisa ter sistemas para isso ou gerar contratação individual, o que já oferece ganho de escala. Fechamos recentemente uma parceria para trabalho de registro. De certa forma, o crescimento do interesse do BC no cooperativismo de crédito vem sendo evidenciado. Ele quer que as cooperativas tenham mais acesso ao crédito para democratizá-lo. O BC implementou, lá atrás, a portabilidade de crédito. Fechamos essa parceria para ser quem faz esses registros da Federação.

Então, ainda que alguns serviços não sejam feitos ou realizados dentro da FNCC, conseguimos agregar por uma terceirização.

Um outro serviço, por exemplo, é a consultoria jurídica. A federada que está na FNCC consegue fazer consultas por um sistema. E consultoria técnica. Tem acesso à equipe especializada, empresa terceirizada, sem nenhum custo adicional à cooperativa que realiza suas consultas, seja das suas necessidades particulares ou de algo referente a uma própria mudança de legislação.

Então hoje esses são os principais serviços de suporte às filiadas?

Tem também outros mais variados. Um exemplo: de tempos em tempos a Federação organiza fóruns específicos para gerar demandas para mudança de legislação. Quando isso acontece, de repente entramos com determinado serviço focado nessa situação. Oferecer manuais para as cooperativas, suporte na construção desses manuais, pacote agregado para as cooperativas. Existem produtos que são feitos com essa característica também. Depende do momento em que vivemos.

Agora na pandemia, por exemplo, a Federação gerou reuniões chamadas "Conecta". Já vinham acontecendo desde o ano passo. Discutimos temas estratégicos relacionados ao cooperativismo e saímos de lá com soluções. Desses encontros a gente pode construir novos serviços de acordo com a necessidade das filiadas.

Suponhamos que tenha algo que afete diretamente o modelo de cooperativismo de capital e empréstimo. Como a FNCC tem representação em Brasília para lidar com isso? Como a Federação

leva esse pleito à frente? Existe apoio? Vocês têm voz no sistema?

O cooperativismo hoje é bastante unido em relação a esse tipo de ação. A Federação busca, dentro da sua representatividade, ouvir a base, que são as próprias cooperativas federadas.

Tivemos recentemente uma reunião representando as cooperativas para um grupo formado pela Confebras. Nesse exemplo, nós fizemos um levantamento dentro das federadas sobre suas dores e desafios naquele momento, para que pudéssemos discutir incialmente com esse grupo de cooperativas independentes.

A Federação tem representatividade em Brasília e no Banco Central, mas a gente busca alinhamento também com a OCB, principalmente com relação à parte jurídica. É o que você falou: uma pauta sendo encaminhada pela Federação, ainda que seja necessidade das federadas, pode impactar o segmento como um todo. Então a sinergia com esses órgãos é fundamental. Eu acredito que sejam os principais caminhos para que a gente trabalhe nossas demandas.

Acho que o fundamental nesse ponto é o alinhamento entre as cooperativas. Nós já vimos algumas iniciativas feitas individualmente que não surtiram bons efeitos, que mudaram muitas questões legais, de entendimento de Receita Federal, até no que diz respeito ao pagamento de juros ao capital, e isso causa prejuízo para o segmento inteiro. Além de buscar mudanças, também procuramos proteger o cooperativismo de mudanças que possam prejudicar.

Não dá para ficar cada uma olhando para o seu segmento e suas necessidades. Sinto falta de ter mais fóruns, independentemente de qual modalidade cada singular se enquadra. Fóruns mais macros para discutir temas que coloquem o sistema como um todo em um melhor patamar de mercado.

E como a Federação auxilia as cooperativas independentes em momentos de crise como esse que enfrentamos? Teve alguma adaptação ou remodelagem de serviço?

A primeira ação que tivemos foi muito rápida. Promovemos um

workshop de crise, logo no início da pandemia. Era perceptível que todos nós fomos atropelados e era algo que de certa forma precisava estar muito bem desenhado. Era necessário um plano de contingência em cada cooperativa.

Nós percebemos que aquelas que trabalhavam seu plano de contingência de forma mais profunda, tiveram menos problemas. Elas já possuíam recursos tecnológicos mais avançados, uma estrutura física boa para migrar para o ambiente virtual.

Mas muitas cooperativas são relacionadas a empresas. E aí muitas delas estão, inclusive, dentro da empresa dependendo da estrutura da empresa. Essas sentiram mais dificuldade. No início, achamos importante criar esse *workshop*. Saímos dele com algumas ações para serem desenhadas.

A partir daí teve transformação também na Federação. Nossas ações eram muito presenciais. Já era um objetivo nosso ter um serviço mais abrangente. Apesar de ser nacional, nossa base de federadas está só dentro do estado de São Paulo. Nada mais justo do que migrar para um modelo mais virtual que nos permita atender necessidades do Rio Grande do Sul, de Fortaleza, do Centro-Oeste do país.

Começamos a trabalhar a troca de alguns serviços que já existiam, de alguns fornecedores. A gente realizou também reuniões com os principais sistemas utilizados pelas cooperativas para a gestão de negócio.

E aí estou falando muito mais da parte técnica. Mas era necessário voltar um pouco e replanejar. Fizemos reuniões com auditorias, levamos discussões e *workshops* às nossas federadas para fazer essa mudança de *mindset*. Muitos estavam sentindo a pandemia, mas sem enxergar caminhos para seguir.

A partir do momento que a FNCC promoveu esse tipo de encontro, a gente sentiu que a coisa começou a fluir.

Nas cooperativas clássicas temos um desafio grande neste momento, com provisão por conta do endividamento externo. Às vezes, nessa

crise, o cooperado nem ficou inadimplente conosco, mas no cálculo de provisão existe o arrasto de mercado e nossa despesa aumenta. E é uma preocupação não só das cooperativas clássicas, mas do sistema financeiro como um todo.

Isso afetou vocês também? Sentiram algo, já que vocês têm muitas operações mais seguras, com desconto de parcelas direto da folha de pagamento das empresas conveniadas?

Em grande parte, o impacto foi menor do que o que ocorreu para vocês. Por serem cooperativas independentes, elas têm, dentro da legislação, a possibilidade de criação das suas regras, desde que respeitando limites em relação à provisão. Uma das regras que a maior parte das cooperativas possui é toda a estruturação em folha de pagamento. Quando vai para débito bancário, ainda é, de certa forma, atrelado a benefícios que a empresa tem a pagar para o colaborador. É um nível de garantia muito grande. A inadimplência se dá, basicamente, quando há desligamento da companhia.

Nesse sentido, o provisionamento para esse tipo de modelo de cooperativa nem sempre leva em consideração a classificação de risco dentro do mercado.

Já em cooperativas sistêmicas, obrigatoriamente o sistema é único e faz essa consulta devido à característica de operação mais estruturada. No nosso caso, nesse período específico, as cooperativas que fizeram esse adiamento de parcelas, até previsto pelo governo, ou tomaram medidas de refinanciar operações com 90 dias de crédito para iniciar o pagamento, viram até um movimento inverso. A inadimplência caiu drasticamente. Com essas pessoas que poderiam ser desligadas e gerariam atraso, ao postergar a parcela, o atraso não ocorreu.

Estamos observando bem de perto o risco a partir de 2021, quando essas operações postergadas em 2020 começarem a gerar atraso. Acho que esse é o grande risco que corremos.

Mas, especificamente na regra do arrasto, maior parte das cooperativas não faz arrasto pelo mercado, e sim especificamente pelas operações dentro do negócio. Se o cooperado possui operação em atraso na cooperativa, ele arrasta os demais contratos. Mas, se ele possui algo fora do mercado, dependendo do que a cooperativa desenhou em relação ao modelo de crédito, ela não precisa gerar arrasto.

Bom para o segmento de vocês, porque é uma preocupação do mercado de serviços financeiros em geral.

E sobre o Pronampe? As cooperativas de capital e empréstimo puderam fazer a adesão para as linhas emergenciais do governo nesse período de pandemia ou ficaram fora dessas operações?

Não tive muito acesso. O *funding* das cooperativas de capital e empréstimo geralmente vem direto do capital. Então dentro do nosso modelo, basicamente o dinheiro é todo do cooperado, emprestado para todo cooperado.

Não tem repasse do governo, então.

Essas operações mais complexas dificilmente chegam a ter viabilidade dentro de um negócio como o nosso. No nosso modelo ainda vejo isso acontecer pouco, pois geralmente são cooperativas dentro de empresas, com operações de menor risco, não se alavancam muito. Vão até os limites do próprio recurso.

Existem clássicas também na Federação, mas muitas vezes essas clássicas estão mais próximas de capital e empréstimo do que de trabalhar com todos os serviços. Elas são clássicas, mas possuem depósitos. Tem menos apetite ao risco.

E agora, falando de tantas mudanças, não dá para deixar a Selic de fora. A taxa também é outra preocupação nossa. No modelo de capital e empréstimo, como vocês lidam com a Selic baixa? Porque reduz taxa de juros, a gente perde recurso de tesouraria, de aplicação financeira que rendia pelo excesso de liquidez, mas também remunera menos o capital social. Como isso ficou consolidado para as federadas?

Temos dois cenários. Aquelas cooperativas que possuíam volume seguro de capital, talvez por excesso de liquidez, nesse primeiro momento têm até um efeito tesoura.

De certa forma, o resultado aumenta porque a principal despesa cai – a remuneração do capital. Se podiam remunerar, lá atrás, 6% ao ano, hoje podem até 2%, porque trabalhamos com o teto da Selic. Minha principal despesa como cooperativa de capital e empréstimo cai. E na outra ponta, a receita com juros dos empréstimos cai também, mas não necessariamente na mesma proporção. Você tem despesas administrativas e outros custos para manter.

Então o efeito para essas cooperativas agora é resultado maior. É o caminho inverso que preocupa. Na medida em que a Selic volta a subir, e a nossa principal despesa sobe, não necessariamente a receita vai acompanhar. Quando acontecer a inversão, vai ser necessário cuidado.

Outra ponta do risco da queda da Selic é a limitação legal. E se a Selic vai a zero, por exemplo, e nossa remuneração de capital é limitada à Selic? Temos buscado pleitos junto à OCB para que exista uma outra possibilidade de flexibilização de remuneração para as cooperativas de capital e empréstimo.

O risco hoje não está necessariamente na queda, mas na possibilidade de chegar a uma remuneração bastante baixa. Quando você tem um mercado de aplicações conservadoras que também cai junto, o cooperado continua investindo na cooperativa dele porque ali está bastante seguro. Mas precisamos olhar lá na frente e pensar nesses dois movimentos que trazem risco: Selic ainda mais baixa e ela retornando para sua elevação.

E aí, voltando ao início da resposta, a cooperativa com maior liquidez tem bastante segurança nesse momento. Mas, no cenário da que tem menos, ela fica mais suscetível à saída de alguns cooperados e à falta de recurso para ser emprestado.

Essa tem que ser uma avaliação muito individual de cada cooperativa.

Quando o Sicoob Cecres ainda era parte da FNCC, a gente tinha uma preocupação muito grande em nos mantermos atrativos ao

público jovem. Porque sinto que o pessoal mais novo quer resolver tudo através do smartphone e lidar com uma única instituição, para resolver tudo ali com pragmatismo. Como a FNCC olha para esse público? Acredito que seja um grande desafio para vocês. Como analisam a sustentabilidade do modelo de negócio com duas operações?

As cooperativas que estão segmentadas, como é a maior parte das cooperativas da Federação, possuem basicamente, em seu quadro de cooperados, uma amostragem direta da sociedade, que são pessoas economicamente ativas. O quadro de cooperados segue, basicamente, essa atratividade dentro da empresa.

E realmente o que você falou é verdade. As cooperativas precisam se desenvolver tecnologicamente para continuar gerando essa atratividade, porque não significa que seu púbico disponível vai se associar. Tenho *cases* de cooperativas que têm 90% de adesão média na empresa, e tenho cooperativas com adesão menor. Nesse sentido, elas não podem parar de seguir se especializando e evoluindo na questão tecnológica.

Algumas delas possuem limitação orçamentária ou de escala. Elas têm menor quantidade de cooperados, muitas vezes a empresa à qual é associada é pequena e elas enfrentam com mais dificuldade esse desenvolvimento. É onde entra a Federação tentando encontrar saídas para promover uma integração de sistemas, de tecnologias, de fornecedores específicos para produtos e serviços acessíveis.

Além disso, a nossa maior dificuldade no modelo é a capacitação. Ela é muito importante de ser fomentada. E o BC, pelas suas normativas, traz ações não só para burocratizar processos, mas para forçar essa curva para as cooperativas evoluírem em relação à governança, ao planejamento estratégico, ao controle de riscos e a trazer o tema tecnologia para dentro.

Tenho grandes diferenças entre cooperativas. Algumas são altamente antenadas e outras têm quadro muito pequeno, que chegam a depender até mesmo do RH da empresa filiada, o que não é muito saudável.

É o momento de as cooperativas terem seu planejamento. Serem parceiras, terem a empresa como apoiadora, mas buscarem plano individual para trabalhar seu público jovem.

A minha preocupação é que as cooperativas não podem concorrer entre si. A gente tem share de mercado ainda em 5%, é muito baixo. E a gente tem um diferencial de modelo de negócio, somos uma sociedade de pessoas, não de capital. Embora a gente precise gerar resultado, não é lucro, é um resultado que mantém nossa estrutura e consegue remunerar o associado melhor do que o mercado de renda fixa e cobrando taxas menores.

Fico pensando na questão da Federação. Por trabalharem dois produtos, você não acha que as próprias cooperativas clássicas e plenas geram concorrência com cooperativas de capital e empréstimo?

Acho que pode acontecer em determinados segmentos. Além desse espaço disputado, vejo como maior desafio a questão da identidade mesmo. Porque muitas vezes a cooperativa não tem essa identidade ou vocação para evoluir para determinado modelo. Não tem escala, não tem capacitação até mesmo interna de dirigentes, de quadro de colaboradores. E isso não é necessariamente ruim, tem a ver com a vocação e identidade. O que ela quer ser.

A identidade que ela possui é muito específica e exclusiva. Se olhar em termo de resultado, as cooperativas de capital e empréstimo, em sua grande maioria, por terem complexidade menor de produtos, têm volume menor de despesas. Então traz certa segurança nesse sentido. Como é instituição democrática, ela tem que respeitar essa identidade e vocação.

Tivemos cooperativas que tiveram sucesso nessa transformação, como foi com o Sicoob Cecres, mas também já vimos cooperativas que decidiram migrar de repente e não estavam tão preparadas.

Mas nada impede a FNCC de fomentar esse olhar para as federadas. Temos um plano de ação de oferecer projeto estruturado para avaliação da mudança de modelo para cooperativas clássicas. As cooperativas vão receber um plano para estudar quais as variáveis e o que levar em consideração para se movimentar para cooperativa clássica. Vem ao encontro de sua pergunta. Não significa que a identidade não pode evoluir e mudar também.

Desafio grande, mas passamos pelo planejamento estratégico, imposição recente do BC e muito bem-vinda. É importante ter metas claras.

Vejo que a FNCC tem o desafio de conseguir gerar spread para as singulares, para que continuem crescendo e mantenham-se competitivas. E como gerar spread? Melhorando a questão de preço de contratação de serviços unificados, melhorando a escala.

Não sei o principal diferencial das suas federadas, mas ainda acredito que seja a questão das taxas de juros, estou certa?

Sim. Financeiramente, sim.

Temos também o cunho social muito forte. Todos os produtos que não são financeiros e que não necessariamente trazem *spread*, mas trazem fidelização do cooperado. O FATES atrai muito o público também.

Mas, basicamente, em relação à operação de crédito, esse é o desafio. Gerar realmente um ganho *versus* captação, o valor que tem de remuneração de capital ou de depósito, para emprestar valor competitivo no mercado.

As constantes imposições operacionais do BC ao modelo de capital e empréstimo vão demandar movimento de fusão e incorporação entre cooperativas independentes?

Sou suspeito para falar porque vejo as medidas do BC como maior segurança ao nosso sistema. Dei o exemplo das cooperativas que trabalharam bem seu plano de contingência nesses últimos anos e que, ao passar por uma pandemia, conseguiram superar com menos dificuldade. Acredito que essas medidas tomadas pelo BC têm olhar mais macro.

A gente sempre tem a oportunidade de aproveitar para gerar ganhos. Vou dar o exemplo da portabilidade. Agora os créditos vão poder ser portados de linhas de crédito diferentes. De uma forma muito simples, um crédito de limite, de rotativo, pode ser portado para o consignado. Até antes disso, só podia ser feito para operações de mesma característica. Não impactava tanto lá atrás.

Com essa obrigação, as cooperativas têm um custo para gerar portabilidade. Têm que demandar um serviço. E esse custo não pode ser visto só como custo, mas sim como oportunidade de trazer *spread*, de fazer com que consigamos trazer operações do mercado.

Se tem lá a concorrência com banco e, de repente, o seu cooperado que tem operação com custo maior, vai ter como trazer para dentro da carteira na cooperativa. É o olhar das despesas, da busca de centralização, de redução do custo, mas também no olhar das oportunidades.

Acredito que o BC tem sido muito assertivo e vem trazendo oportunidade de melhorias.

Ivo, você falou bastante de portabilidade. E tem outra novidade chegando, que é o Open Finance. As cooperativas de capital e empréstimo podem se cadastrar e participar?

Na verdade, o BC sempre lança resoluções com bastante detalhes para estratificar como cada instituição vai poder participar. Mas entendo que é uma oportunidade que o BC nos traz. Parece ser risco, mas avalio muito mais como forma de democratizar o crédito.

Temos grande concentração do crédito, hoje, dentro dos principais bancos. Se pegarmos os quatro principais, o grosso do crédito está todo lá. A partir do momento que a gente traz a cooperativa para dentro do *Open Finance*, o que parece ser risco ou aumento da despesa, se transforma em oportunidade. É a velha questão do limão e da limonada.

Olho muito mais para o lado das oportunidades e sinto que as cooperativas também precisam investir nesse tipo de ação. E aí a

Federação também pode se mover nesse sentido. A gente está trabalhando no planejamento estratégico do próximo ano e esse tema vem sendo discutido como pauta para ter ações especificas, não só para o *Open Finance*, mas para a própria portabilidade, para o PIX, tudo isso para integrar o sistema financeiro nacional, desburocratizar e, talvez, derrubar essa concentração de operações que temos no Brasil. Vai ser saudável para todo mundo e, principalmente, para o cooperado na ponta.

A gente entende que, enquanto cliente, associado e consumidor, é uma evolução tamanha. A pessoa é dona dos seus dados. Mas os grandes bancos têm bastante lenha para queimar. Como administradora, parto do cenário pessimista por prudência, buscando entender que temos um desafio grande de concorrência.

Acredito que a FNCC e as cooperativas independentes não vão participar diretamente do Open Finance, por não disponibilizarem todo portfólio financeiro, mas fica o desafio maior ainda de se manter competitivo fora da plataforma.

Talvez não diretamente. Mesmo as cooperativas não tendo esse número dos bancos, elas têm essa responsabilidade. A ideia é, usando parcerias, estruturar e discutir isso com órgão regulador para ter determinado acesso a todas as plataformas.

Não tenho dúvidas de que o BC é favorável que esse tipo de iniciativa chegue a todos. Tenho certeza de que as cooperativas de capital e empréstimo terão sua oportunidade de trabalhar algo nesse sentido. Hoje, a FNCC representa um total de volume de ativos de mais de 1bilhão de reais. É um número muito interessante a se comemorar. Em total de cooperados, já passamos de 130 mil. Esse é o público que precisa ter acesso a todo esse serviço democrático.

Queria saber o share da FNCC. Qual o objetivo do planejamento estratégico de vocês e o que você diria para as cooperativas independentes que têm todo o perfil de ser parte da FNCC e não fazem parte ainda?

Antes de responder, gostaria de dizer que você nos inspira no cooperativismo. Traz novas ideias, perguntas importantes de serem realizadas no dia a dia e nos provoca positivamente. Parabéns pelo seu trabalho como grande liderança do cooperativismo.

Sobre a FNCC, hoje estamos, como disse, em pouco mais de um bilhão de reais de ativos, 47 cooperativas. Esse número representa cerca de 40% desse *share* de cooperativas independentes.

Acho que não existe outro caminho para a FNCC senão a intercooperação. Convido as cooperativas a conhecerem mais pelo site da Federação. Todas as cooperativas que participam da FNCC ajudam na construção do planejamento estratégico. Existe um futuro enorme para a FNCC, houve uma grande evolução durante esses anos.

A felicidade é muito grande, mas a responsabilidade também. Precisamos planejar e decidir em conjunto com as federadas. Enquanto diretores, nunca tomamos decisões sem antes vir para a base. É o princípio do modelo do cooperativismo e a gente respeita e trabalha de forma muito transparente e sincera.

A ideia é continuar oferecendo esses serviços, evoluindo e desenvolvendo. O BC vê a Federação como importante *player* no nosso segmento e já nos perguntou algumas vezes sobre nosso futuro, porque é de interesse dele que tenhamos mais representatividade. O Bacen está bastante satisfeito em relação à performance.

Para o futuro, queremos ser uma instituição ainda mais robusta, com mais acesso, podendo oferecer todos os produtos que uma central tem hoje. Acho que nosso futuro é muito bacana e cheio de trabalho pela frente. Temos cooperativas maravilhosas no quadro, que trazem seu dia a dia, sua verdade, identidade, e é isso que enriquece muito nosso trabalho.

Vejo o cooperativismo como um propósito de vida, não como uma profissão. Agregar ações humanas com o lado financeiro traz um propósito sem igual.

café
cooperativo
O cooperativismo
de crédito na
construção da
comunidade global
com Márcio Lopes de Freitas
apresentação:
Taís Di Giorno

O Cooperativismo de Crédito na Construção da Comunidade Global

Entrevista realizada com Márcio Lopes de Freitas, presidente da Organização das Cooperativas do Brasil, OCB, em 15 de outubro de 2020

Queria que você nos contasse qual a atuação da OCB e o quanto ela é fundamental para o cooperativismo de todos os ramos no país.

Nem todos conhecem. A OCB é uma instituição privada, das cooperativas. É a casa do cooperativismo em Brasília. É uma organização privada, criada pelas cooperativas, mantida e sustentada pelo sistema cooperativo brasileiro, criada em 1969.

Uma coisa interessante: muita gente acha que foi a Lei 5.764 que criou a OCB, mas não foi bem assim. Na verdade, foi a OCB que ajudou a criar a lei, pois nasceu antes. Foi no Congresso Brasileiro do Cooperativismo que unificaram e criaram a unidade nacional de representação do cooperativismo.

Nesse momento, em um regime de ditadura militar, onde você tinha uma confusão entre o cooperativismo e comunismo, o cooperativismo não era muito bem aceito. O pouco cooperativismo de crédito que tínhamos durante o regime foi praticamente extinto. Você tinha uma resistência muito grande do Executivo Federal. Então, liderados pelo Dr. Antônio Rodrigues Filho, pai do Roberto Rodrigues, com uma habilidade política tremenda, costuraram o processo de unificar o discurso cooperativista e criar uma entidade única. Tínhamos cooperativas agrícolas, de consumo, de crédito, os outros ramos muito pequenos e, aí, criou-se uma grande representação única.

Essa representação foi desdobrada para cada estado da Federação. Como Dr. Antônio era vice-governador de São Paulo, a OCB funcionou no primeiro ano junto à Ocesp. Depois, veio para Brasília.

Então a OCB nasceu assim, de uma necessidade de as cooperativas terem voz única. E, com a habilidade dos nossos governantes e dirigentes na época, logo tivemos uma melhor interlocução. Assim surgiu a 5.764, que é do final de 1970, um ano depois do nascimento da OCB. Hoje essa legislação que se mantém atualizada, apesar de ser necessária uma reforma, é considerada uma das melhores leis cooperativistas do mundo.

Desde então, a OCB vem tentando fazer seus processos de desenvolvimento e representação de todo o cooperativismo brasileiro. A OCB tem a missão de ser a guardiã dos princípios e valores do cooperativismo, de ser a registradora e, com isso, assessora governos nas informações sobre o sistema. Cria movimentos de desenvolvimento, de fomento, de levar o cooperativismo a todas as instâncias.

Com o tempo, foram criando-se necessidades específicas e surgiu o Sescoop, o nosso "S". Conseguimos apartar o Sescoop do dono do sistema "S" e criar o "S" das cooperativas. E é uma ferramenta importante. Não aumentou despesa para as cooperativas, porque elas já pagavam. Apenas separou os 2,5% sobre a folha de pagamento, que iam para o sistema "S", e fez com que eles viessem especificamente para o Sescoop. Hoje temos essa ferramenta de treinamento, capacitação e promoção social, que muito tem nos ajudado.

O surgimento do Sescoop nos traz ferramenta operacional estratégica de melhoria da gestão, da profissionalização. Esse salto de qualidade do movimento cooperativista se deve muito, nesses últimos 20 anos, à ação que o Sescoop vem fazendo, com profissionalização da gestão e foco em resultados e objetividade. Esse cooperativismo vem galgando patamares superiores.

Por último, surgiu a necessidade, principalmente no governo anterior que prestigiava muito o movimento sindical, de criar nossa estrutura sindical patronal. Porque temos hoje uma empregabilidade muito grande. Só dentro de cooperativas, temos mais de 350 mil empregos diretos. Era necessária essa negociação sindical com nossos funcionários e, com isso, criamos nossa estrutura patronal de representação sindical, a CNCoop.

O que chamamos hoje de OCB é um conjunto, mantido pelo Sistema OCB, com um braço de formação, capacitação e promoção que é o Sescoop e o braço sindical que é a CNCoop. Estão todos aqui funcionando para as cooperativas. E só existem para isso.

E, na minha visão, são fundamentais para que as coisas se apanhem nos caminhos políticos e institucionais para o desenvolvimento do cooperativismo.

As Organizações Estaduais (OCEs) têm trabalho fundamental junto ao sistema "S" com esse engajamento e interlocução. Vemos cada vez mais o quanto o BC tem exigências para que o cooperativismo financeiro se mantenha no jogo.

Nos anos em que presidi a FNCC, ia muito a Brasília participar das reuniões de segundo grau na OCB. Nessa época eu entendi ainda mais a importância da Organização no sentido de evitar, junto ao Congresso, que se aprovem projetos que inviabilizem alguns dos ramos do cooperativismo. É um trabalho incrível. Lembro de ter visto uma apresentação que mostrava números muito expressivos de quantos projetos prejudiciais não foram aprovados por conta dessa interlocução que a OCB tem junto ao Congresso Nacional.

Queria que você falasse um pouco sobre como funciona esse trânsito entre nosso segmento, pela OCB, com os parlamentares em Brasília.

É importantíssimo esse jogo. E é um jogo que as pessoas têm cuidado para falar dele, porque quando fala em representação política, as pessoas têm zelo. O que a OCB tem que fazer é representar os interesses do cooperativismo, sim. E politicamente.

Nós somos hoje um movimento no Brasil que movimenta mais de 15 milhões de cooperados. Se considerarmos as famílias, estamos falando de 60 milhões de brasileiros. Algo próximo de 30% da população brasileira hoje tem ligação com o cooperativismo. Se eu somar todo o movimento das mais de sete mil cooperativas do sistema, ligadas à OCB, vamos movimentar em 2020 mais de 400 bilhões de reais. Somos um movimento socialmente forte, economicamente muito parrudo e que está estabelecido, distribuído no Brasil todo.

Esse movimento precisa ter representação e espaço político, porque vivemos em uma democracia e, em uma democracia, quem não se representa, está fora do jogo. "Ah, mas isso você faz pelo seu voto!". Não, não é assim. Você faz pelo seu voto, mas tem que manter sua voz. Manter o processo de diálogo e discussão.

Para isso, nós tivemos experiências no passado, com Roberto Rodrigues na constituinte, depois outros momentos em São Paulo, quando presidi a Ocesp e exerci um pouco o aspecto político, e mudamos nosso projeto. Resolvemos criar nossa frente parlamentar cooperativista. E eleger pessoas que têm compromisso com a ideia do cooperativismo. Não estou olhando para partido, para ideologia político-partidária. Mas apoiamos pessoas, homens ou mulheres, que se identifiquem com o nosso projeto. Com isso, a gente forma uma frente parlamentar muito ativa. Na realidade, uma frente muito grande, com mais de 300 parlamentares. Mas são 300 simpáticos. Temos um grupo de 35 a 40 que são comprometidos com o cooperativismo. Que são eleitos porque as cooperativas na base acreditam que são pessoas boas e fazem um trabalho de base para eleger esses candidatos.

Essa ação política de levar a um parlamentar o reconhecimento do cooperativismo, dos votos que temos, e ele vir aqui com um compromisso com a cooperativa, faz as coisas mudarem. E aqui em Brasília, Taís, meu pai me ensinou que é o único lugar do mundo onde o jabuti sobe em árvore. Jabuti não sobe em árvore à toa. Só quando tem enchente ou quando alguém o coloca lá. E aqui você vê isso todos os dias, principalmente na política. Então temos que saber jogar o jogo, na maioria das vezes na defesa.

Hoje temos em torno de três mil projetos em tramitação no Congresso Nacional que tratam de alguma forma do cooperativismo. Então tem que ter vigilância permanente. A metade deles são até a favor, a outra não. Então tem que estar permanentemente negociando, vigiando para não vir bola nas nossas costas. E tratando disso com muita transparência. Não entramos no mundo da corrupção, jogamos com transparência. Fazemos política com "P" maiúsculo aqui.

Tenho um grupo de assessores parlamentares com formação em Ciência Política, que estudaram para ser cientistas políticos, e atuamos fazendo defesa técnica, com argumentos técnicos, pesquisas, números e dados.

Com isso, a OCB tem feito frente a grandes correntes de interesse econômico e ideológico que têm na Esplanada. E tem conseguido prevalecer o processo de ajuda interessante.

Para você ter um número: esse ano nós elencamos em nossa agenda institucional 86 prioridades que tínhamos que atingir. E, quando veio a pandemia, nós achamos que seria difícil progredir muito na nossa agenda. Fiz o balanço essa semana e 56% dos projetos que tínhamos na agenda foram cumpridos. Já estão aprovados, já são legislações. Então conseguimos mais do que nos defender bem, conseguimos marcar alguns gols.

Já estamos no lucro, mas ainda vamos progredir mais, principalmente na questão tributária e reforma administrativa que está em tramitação no Congresso. Vamos manter o cooperativismo com comportamento adequado ao ato cooperativo.

Na sua opinião, quais as maiores conquistas do cooperativismo financeiro nesses seus 29 anos de atuação no segmento cooperativista?

Eu acho que o cooperativismo de crédito é a primeira grande conquista do cooperativismo. Ela não tem nem muito a ver com legislação. Foi o progresso, a evolução das cooperativas. O quanto amadurecemos, nos desenvolvemos, nos profissionalizamos.

Eu fico vendo quando surgimos, eu lá em Franca, no Sicoob Credicocapec. Se eu tivesse o conhecimento que tenho hoje e noção do perigo, não sei se teria coragem de ser fundador da cooperativa, que hoje é tão importante como é. Tínhamos pouco juízo e muita coragem. Deu certo. As coisas foram progredindo e evoluíram muito.

O primeiro grande marco foi a evolução técnica e profissional do cooperativismo financeiro. Isso é uma evolução palpável, visível e reconhecida no mundo inteiro. Em uma assembleia da WOCCU, Conselho Mundial das Cooperativas de Crédito, em 2019, a OCB foi homenageada pela evolução das cooperativas de crédito no Brasil durante os últimos 20 anos. Isso é muito bacana perceber.

Mas tivemos diversos marcos regulatórios interessantes. Pelo diálogo com o BC, tivemos evolução das referências. Cada diretor que passou por aqui entendeu melhor o cooperativismo. A evolução dessas pessoas que foram transitando e levando o conhecimento do cooperativismo para dentro do BC, foi ajustando e, assim, conseguimos evoluir na legislação e reconhecimento das cooperativas, com a Lei Complementar 130, em 2009, que trouxe a regulamentação das cooperativas de crédito. Dias atrás elas não eram reconhecidas pelo governo, eram tidas como *"persona non grata"*.

Aí vem o FGCOOP. Teve muito obstáculo na criação dele. Os bancos não nos aceitavam no Fundo Garantidor deles, tivemos que criar o nosso. Hoje está aí estabelecido, funcionando e ajudando a botar ordem no sistema, a praticar autogestão. Acho que tem diversos marcos legais regulatórios que foram evoluindo à medida que as cooperativas foram respondendo com esse progresso e seus resultados positivos.

Acho que a coisa vem num conjunto. Mas quem começou isso foram vocês, que passaram por processo de evolução e provocaram a legislação. Não foram os marcos legais que deram a evolução do cooperativismo, e sim a evolução do cooperativismo que criou os marcos legais.

Outra notícia para ficarmos muitos felizes é a confiança do novo presidente do BC. Ele vem na OCB para lançar programa de trabalho dentro da OCB, dentro do ninho do cooperativismo. É um reconhecimento claro do cooperativismo como grande aliado da política econômica e financeira do governo. Isso nos deixa muito contentes.

Falando desse momento de pandemia que vivemos, acho que as cooperativas financeiras assumiram certo protagonismo no auxílio às pessoas físicas e jurídicas na travessia desse cenário. Como você vê as ações que as cooperativas financeiras vêm executando nesse período tão desafiador para o brasileiro PF e PJ?

Olha, Taís, acho que o cooperativismo de crédito cumpriu sua missão de responsabilidade com seu cooperado e com a comunidade em que estão inseridas. Isso para nós é o princípio, o valor.

O sétimo princípio do cooperativismo é preocupação e responsabilidade com a comunidade em que estamos instalados. Não é só a questão da responsabilidade com o cooperado. Temos que ir além. E o cooperativismo naturalmente assumiu isso. E não houve um comando único. Naturalmente as cooperativas acolheram seus cooperados, as comunidades e as coisas aconteceram. Estão ajudando a mitigar os efeitos da pandemia.

Quando todos os bancos recuaram porque a coisa ficou instável, as cooperativas avançaram. E mais, as cooperativas tiveram a confiança das pessoas. E aumentou número de associados, aumentou depósito de maneira geral. Observo isso aqui todos os dias.

As cooperativas vieram dando respostas que, na realidade, toda a sociedade humana está buscando. A sociedade humana está buscando, no mundo todo, uma relação diferente com o mercado. Quer participar mais, saber o que acontece e ser tratada como gente. E o cooperativismo faz isso. O cooperativismo quando está em sua plenitude, consegue atender à necessidade das pessoas. Porque somos sociedades de pessoas. Com isso, a resposta é muito positiva. As pessoas agregam mais ao cooperativismo.

Enquanto você percebe que os números dos outros sistemas financeiros diminuem, o das cooperativas cresce. Crescemos quase 24% na média brasileira em 2019. E mesmo agora, com a pandemia, o CECO alega que, se não superarmos os 20%, chegaremos muito perto.

Isso é um trabalho fantástico que estão fazendo e cultivando o que é mais essencial na humanidade: a confiança. Quando se tem confiança, as pessoas retomam a esperança. A esperança é a gasolina da vida, então as pessoas vão buscar isso.

Nos cofres das cooperativas de crédito, nos armazéns das cooperativas agrícolas, não estão com dinheiro ou produtos agrícolas. Nosso maior produto é a confiança, que é um produto interessante, que quanto mais se usa, mais aumenta.

Nós fazemos isso com um diferencial muito grande, por isso

temos marcada essa diferença de crescimento com juízo, com responsabilidade, cuidando dos nossos problemas. E problemas existem. Autogestão é para isso. Temos que nos capacitar, evoluir e dar a resposta que a humanidade está buscando.

Você observa no mundo todo, nas instituições, nos governos, no sistema capitalista que está aí, no socialista que está passando, que falta alguma coisa. E essa coisa, para as novas gerações, quem está mais próximo de atender somos nós do cooperativismo.

Sua fala me traz inúmeras perguntas. Porque a gente que está no segmento, você há três décadas, eu, há duas, sabe das vantagens, da questão. O cooperativismo é antigo, mas já faz parte do linguajar de novo capitalismo mais democrático e inclusivo. Ainda temos quase um terço da população brasileira não bancarizada.

E, falando especificamente do crédito, sempre me pergunto o que mais podemos fazer para um sistema tão bom como o nosso ter penetração maior dentro do sistema financeiro. Uma vez que somos tão mais vantajosos, não só pelos nossos preços, mas pelo modelo de negócio não focado no capital e sim em pessoas. O que falta, na sua visão, para que o cooperativismo financeiro avance no Sistema Financeiro Nacional?

Taís, a gente vai aprendendo. A gente vai vendo as coisas, o tempo vai passando e você vai vendo que as coisas não têm jeito de evoluir em velocidades muito diferentes. Tem que cumprir etapas.

Nosso cooperativismo está avançando pelo Brasil em uma velocidade um pouco aquém do que gostaríamos, mas acho que ainda em uma boa velocidade. Temos que continuar fazendo bem feito o que fazemos.

O cooperativismo tem que primeiro garantir sua integridade para depois se expor. O cooperativismo de crédito que nós tínhamos há duas décadas, não era um cooperativismo que podíamos expor, ele tinha vulnerabilidades. E não era por maldade, por desvio, por mau caráter, e sim por desconhecimento. Não podíamos tentar alcançar degraus muito altos porque não estávamos preparados para isso.

O cooperativismo vem evoluindo profissionalmente, dando saltos de qualidade profissional, se globalizando, se atualizando com gente mais profissional, competente e preparada. Com isso, consegue estar mais íntegro, mais exposto para esse desenvolvimento e crescimento.

Na minha opinião, é fundamental manter a integridade. É a pilastra que sustenta muita coisa no cooperativismo. E não basta ser honesto, tem que provar permanentemente essa honestidade. Continuar a evoluir.

E fazer uma comunicação melhor também. Está na hora de mostrar mais a cara para a sociedade. Consideramos que o momento é agora. E unificar um pouco. Cada um tem seu mercado, às vezes até existem disputas entre cooperativas, mas podemos unificar algumas coisas.

Já conseguimos evoluir muito com as marcas de sistemas únicos. O Sicoob hoje é uma identidade mundial. Agora estamos identificando também a campanha **#somoscoop**. Virou realidade do cooperativismo brasileiro. Vamos começar uma campanha e mostrar quem somos.

É obvio que não estou com pretensão de disputar com grandes propagandistas do Brasil, mas vamos mostrar devagarinho nossa cara, a nossa diferença. A OCB vai encabeçar isso, mas o resultado vai depender muito de como cada cooperativa vai incorporar esse trabalho.

Tem que ter engajamento. O Feltrim sabiamente diz que parece que trabalhamos na C.I.A., que somos agentes secretos, pois quando falamos que trabalhamos no cooperativismo, temos que explicar, as pessoas não conhecem.

O Sicoob Cecres tem esse olhar para a comunicação. Se mais cooperativas singulares fizessem alguma mídia, teríamos um alcance maior para que mais brasileiros pudessem usufruir desse sistema.

Essa integridade toda que você falou, foram anos de aquecimento para chegar hoje na mídia e falar que damos conta. Temos robustez,

fundo garantidor, compliance, pessoas competentes, podemos patrocinar um campeonato Brasileirão, mostrar a nossa cara. Se tivermos uma celeridade maior, conseguimos um share de mercado mais interessante.

É verdade. Precisamos unir forças e energias para isso. Temos que ter a noção dos nossos valores. Juntos somos fortaleza. Individualmente, temos fragilidades. Temos que usar essa força para um trabalho cada vez mais unido do movimento cooperativista.

Estamos caminhando bem para isso, para a profissionalização. Percebo isso no CECO. As coisas estão rodando, há alinhamento entre grandes sistemas, e as coisas vão evoluindo nesse sentido de buscar alguma somatória desses esforços.

Se cada um colocar um pouco do recurso que tem para campanha, para uma propaganda em contexto global, vira um gigante. Se eu usar todo meu orçamento do ano da OCB para fazer uma campanha de TV intensiva, meu recurso se extingue em 45 dias. Quando a gente divide para todo mundo, todo mundo se sente parte, se identifica, vai facilitando e as coisas vão se multiplicando. Acredito que estamos no caminho.

Em uma reunião do segundo grau que participei na OCB falei sobre isso. Cada cooperativa com seu FATES faz ações tão pequenininhas em suas regiões. Se tivéssemos um FATES unificado administrado pela OCB ou pela Confebras, poderíamos ter mais recursos, porque as grandes mídias são muito caras. E seria só para falar "conheçam o cooperativismo". Mais nada. Só para instigar as pessoas e abrir espaço para falarmos sobre o segmento.

Entendemos que temos "N" sistemas e todos tem nuances muito interessantes, mas a unificação da marca beneficiaria a todos, afinal estamos caminhando para um momento mais desafiador, com spread mais reduzido e Selic baixa. Alguns serviços dos sistemas poderiam ser compartilhados, como ATM, por exemplo, e não iam interferir na característica singular de cada um. Seria um passo.

Teríamos escalabilidade mais bem aproveitada se olhássemos para a lente do cooperativismo como um todo, não cada sistema na sua particularidade.

É verdade. Temos que rever um pouco os conceitos. Nosso grande diferencial, nossa grande beleza que é ser sociedade de gente, é o que nos deixa vulneráveis do outro lado.

O ciúme e a vaidade individual ainda pesam, mas temos que superar com profissionalismo. O antídoto para isso é o profissionalismo. E temos que entender as diversidades do Brasil.

Quando eu saí da minha cooperativa lá em Franca, eu achava que conhecia um pouco do cooperativismo. Fui para a Ocesp e já vi a diversidade que é isso, várias atividades econômicas, conheci um pouco de crédito e agrícola. Mas quando você vê todo o mundo cooperativo, a diversidade de interesses econômicos, quando vem para o Brasil como um todo, quase enlouquece.

Lembro de quando vi uma cooperativa pedindo para mim um curso de capacitação e formação em mercado internacional e a outra cooperativa ao lado, pedindo curso de alfabetização porque 80% dos cooperados eram analfabetos.

São vários mundos distintos.

Muitos mundos diferentes, dispersos. Todos cooperativistas, com significado muito importante, mas tem que trazer nivelamento e patamar. Sem dúvida, o cooperativismo financeiro hoje é o que alcançou melhor equalização disso.

Tivemos o regulador oficial que é o BC, que compreendeu esse processo, ajudou a trazer o nivelamento. Tivemos uma evolução desse processo. Ainda resta muito o que fazer, mas é o que está mais próximo dessa equivalência. Os outros também vieram acompanhando. É toda uma evolução que vamos ter que trabalhar.

Nós temos que pensar nisso porque é o segundo pilar que sustenta o cooperativismo contemporâneo: inovação. O que está por aí, o PIX, a criptomoeda, os bancos virtuais, já estão aí. E vai vir muito mais coisas em uma velocidade muito grande. As novidades vão ocorrer com velocidades cada vez maiores e as concorrências estão aí. Se não tivermos capacidade inovadora de aproveitar as ideias e gerar ideias, fomentar, criar ambientes que as ideias floresçam e encontrem ambientes cooperativistas para que brotem, vamos ficar para trás.

Precisamos saber navegar nesse mundo com muita competência e perceber que intercooperação não é questão ideológica, e sim de economia. De ganha-ganha. Temos que aprender a fazer sem perder a identidade. Porque o bonito é criar unidade sem perder a diversidade que tem em cada um. É o que nos dá força. Se fosse fácil, qualquer um fazia.

Mas temos que trabalhar nessa linha. Nossas lideranças brasileiras estão se preparando para isso. Precisamos dar esse grande salto de inovação. No Congresso Brasileiro que fizemos ano passado, isso ficou muito claro para mim. Mas também ficou muito claro que esse espaço só vai acontecer no cooperativismo se tiver mais espaço para mulheres e jovens.

Nós ainda temos muitas ações para mulheres e jovens dentro do cooperativismo. O Roberto Rodrigues fala isso há 40 anos. Eu acho que temos que entrar na prática. Nós já criamos aqui o conceito especializado de jovens e mulheres. As mulheres são naturalmente mais criadoras, mais mantenedoras, e os jovens que têm contato com esse mundo contemporâneo que está sofrendo muito mais os desafios do mundo contemporâneo, são quem têm mais a contribuir nesse mundo da inovação.

Acho que temos que dar esse espaço. Como diz o pessoal na roça: arredado o caminho que deixa a meninada vir assumindo e tocando as novidades, porque vamos precisar de todas elas.

Fico muito feliz com a sua fala e com o programa. Precisamos de equidade.

Falando sobre o que você citou de intercooperação, o Sicoob Cecres faz um trabalho incrível com cooperativas habitacionais e de

reciclagem em São Paulo. Entendemos que dá para crescer primeiro dentro de casa. Trabalhar a intercooperação. As cooperativas dos demais ramos, que não são o crédito, têm seu agente financeiro. Então, por que não operar com o cooperativismo financeiro, que tem a mesma essência?

Queria saber se a OCB tem algum programa robusto ligado a esse tema.

Não temos programa nacional, não. Até pela diferença que se tem nos diversos estados. Na maioria, ainda estamos na fase de fomento. Ainda tem muito mais fomento a fazer do que propriamente o trabalho com a intercooperação. Mas temos algumas experiências que são muito elogiáveis e que são referências para indicar e trabalhar.

O Rio Grande do Sul tem um trabalho muito bem feito, inclusive com a assessoria da DGRV, que é alemã, de intercooperação. É muito bacana e atua nos diversos setores do cooperativismo. Lá eles têm uma rede de cooperativas de eletrificação rural, se transformaram em cooperativas de infraestrutura completas. Levam internet e meios de comunicação para o meio rural. Têm uma relação, um intercâmbio com cooperativas de crédito fantástica.

Em Santa Catarina também. E lá é muito interessante o modelo, até partindo do próprio modelo da Aurora no oeste de SC, o cooperativismo de crédito, o agrícola e até o educacional. Tem modelos muito interessantes.

No Paraná, isso está acontecendo muito forte na área agrícola. Coisas interessantes, como as cooperativas de origem holandesa que se uniram e hoje têm produtos e indústrias unificadas entrando nos grandes mercados, e assim por diante.

Então temos experiências pontuais, mas ainda não consigo trazer isso para um programa nacional. É nosso objetivo. Deixa isso amadurecendo. Temos todo interesse em suportar e ajudar no desenvolvimento disso nas regiões.

Em São Paulo, se quiserem fazer algum trabalho e pudermos ser úteis, a OCB pode ajudar e calçar vocês para andarem nesse caminho. Contem com o sistema OCB, terão todo apoio do Sescoop, das nossas instituições e do nosso pessoal para desenvolver isso.

Sim, e essa intercooperação é muito positiva. Dá para dividir o associado, temos vários ramos e cada hora o indivíduo tem uma demanda diferente. Tem um ganha-ganha que não tem por que um cooperativista não operar com outras cooperativas. A Ocesp ajuda muito a gente nesse projeto, mas poder contar com a OCB para mais essa pauta seria de grande valia.

A gente vai entrar em um ano de 2021 bem desafiador e acho que essas ações vão ajudar a fortalecer mais o cooperativismo, uma vez que é diferente falar de cooperativismo para cooperativista.

É verdade. Talvez seja um dos problemas que temos. Somos muito bons no nós com nós mesmos. Nós com o mundo ficamos mais inibidos. Isso é do nosso meio de origem, o agro rural. Ficamos muito valentes em nosso terreno, mas temos inibição quando vamos para fora.

Temos que começar a mostrar mais a cara, a ter esses pilares bem consolidados para enfrentarmos o que vem pela frente. Não acho que o que vem vai ser moleza. Serão desafios. Mas tenho certeza que o cooperativismo brasileiro, o que vocês fazem aí, está mais do que preparado para enfrentar e sair muito bem dessa situação.

Acho que é essencial que o cooperativista tenha essa preocupação clara com a integridade, nesse aspecto transparente, que não tem obscuridade, não tem cartinha virada, não tem portinha fechada dentro de cooperativa. Tem que ter inovação como meta, como valor essencial.

Por último, ter sustentabilidade como pilar de desenvolvimento. E quando falo de sustentabilidade, não falo só do ambiental, não. Temos responsabilidade ambiental, sim. Mas temos que pensar na sustentabilidade como um todo, nas gerações futuras, em como a cooperativa se perenizará e terá condição de levar felicidade para as pessoas. Esses três pilares são fundamentais. Acho que vamos surfar essa onda já nesse ano de 2020 com sucesso. E o ano que vem, já no processo de superação, vamos mostrar mais trabalho ainda, mais inovação e o cooperativismo vai se desenvolver e ocupar grandes espaços. Só fazer bem feito.

Lembrando que temos espaço para todo mundo. O negócio é a gente atuar com mais união e agressividade de mercado, mostrar o cooperativismo pra sociedade.

Márcio, para finalizar: se você pudesse condensar em uma única frase para inspirar outras pessoas, levando em conta toda sua experiência de quase 30 anos, mais as suas expectativas, o que você diria para os cooperativistas hoje?

Diria: cultivem confiança. Cultivem a confiança e segurança das nossas cooperativas e vamos enfrentar essa pandemia que é triste, mas é pela confiança entre nós que vamos superar todo e qualquer desafio. Força.

café
cooperativo
O impacto social
do terceiro setor no
Brasil
com Luiz Edson Feltrim
apresentação:
Taís Di Giorno

O Impacto Social do Terceiro Setor no Brasil

Entrevista realizada com Luiz Edson Feltrim, superintendente do Instituto Sicoob, em 22 de outubro de 2020

Antes de entrar no nosso tema principal, não posso deixar de perguntar sobre a sua trajetória dentro do nosso regulador, o Banco Central, que se mostra cada vez mais próximo do nosso setor.

Eu fico feliz ao ver esse cenário hoje. Quando assumi a chefia do Departamento de Organização do Sistema Financeiro, o Deorf, que é um departamento onde todas as cooperativas batem à porta para pegar processo de aprovação de nomes, fusão, incorporação e criação de cooperativas, em março de 1999, o cenário era muito diferente.

Tenho uma grata satisfação de ver o crescimento e continuidade do processo dentro do BC. Naquela época, estávamos num processo de PROER – Programa de Estímulo à Reestruturação e ao Fortalecimento do Sistema Financeiro Nacional, com uma crise bancária e outras crises internacionais. E o cooperativismo de crédito não era muito olhado.

As forças de regulação da política monetária são voltadas para sanear nosso sistema. Estávamos em pleno Plano Real e caiu no meu colo essa agenda. A fiscalização muitas vezes não podia dar atenção às cooperativas, porque elas eram muitas e representavam pouco. Era menos de 1% de *market share* em qualquer relatório. Tínhamos 1.200 cooperativas, tudo muito pulverizado, sem força de trabalho.

Assim que assumi, teve reestruturação no BC. Tínhamos delegacias que tinham autonomia e, de repente, caiu no meu colo a responsabilidade de vários setores no Brasil. E qual o problema? Nós tínhamos, naquela época, 2.600 instituições, sendo 1.200 cooperativas. As demais instituições só viam o BC a cada três anos ou nos processos de eleição. As cooperativas tinham que estar no BC, toda a Assembleia, e tinham renovação do Conselho Fiscal. Existia um tratamento heterogêneo.

Comecei a trabalhar e chamar as cooperativas para conversar. E aí fui chamado para começar a trabalhar a agenda do microcrédito. A ideia era levar o trabalho para fora das quatro paredes. Então, criamos a agenda de microfinanças, que tinha três pilares para capilarizar o sistema financeiro. Um eram as empresas de microcrédito, outro eram os correspondentes bancários e, o terceiro, as cooperativas de crédito.

Comecei a me aproximar do cooperativismo de crédito pelo CECO e começou a discussão do marco regulatório. Veio, então, a Resolução 3.106, e nós criamos uma agenda dos nossos seminários anuais. Transformamos o seminário para que a indústria se encontrasse.

Eu comecei a incentivar os sistemas organizados do cooperativismo de crédito a otimizarem o nosso ambiente. Nós fazíamos agendas com eles. E isso foi dando certo.

Dentro do BC, chegou o momento de criar o Desuc, departamento voltado para a fiscalização do cooperativismo de crédito, o que era uma carência no BC.

Eu tive a felicidade de estar nesses momentos dentro do BC contribuindo, buscando olhar a cooperativa como um instrumento relevante de capilaridade. Como falei no início, estávamos saindo do período de PROER, em que os bancos públicos estaduais estavam sendo privatizados, sua rede encolhida e tínhamos uma lacuna muito grande. O primeiro estudo que a gente fez apontou para cerca de cinco milhões de pessoas não atendidas e para a periferia dez vezes maior próximas às grandes cidades.

Foi um conjunto de fatores que contribuíram para que a gente pudesse se debruçar na questão do cooperativismo de crédito. E as coisas foram acontecendo. As cooperativas de crédito contribuem para a capilaridade do sistema financeiro. Como o sistema financeiro é o canal por excelência de transmissão de política monetária, se nós tivermos o país todo capilarizado com instituição financeira regulada, toda poupança e todo crédito transitarão por esse segmento. E essa informação chega para decisão de política monetária.

Se tivermos uma agenda de educação financeira, isso potencializa muito mais. E aí o cenário foi sendo favorável.

No passado, realmente havia uma restrição. Não havia movimento de interesse do BC e das autoridades econômicas sobre o cooperativismo. E, quando começamos a chamar lideranças cooperativistas que respondiam com profissionalismo, com processo bastante qualificado, o BC entendeu que poderia investir e aperfeiçoar o marco regulatório.

Acabou gerando segurança, certo?

Sem dúvida. E entendo o seguinte: o mais importante que aconteceu nesse terreno, foi a Lei Complementar 130. É a primeira e única lei, por enquanto, do artigo 192 da Constituição que regulamenta o sistema financeiro. Tem a Lei 4.595, a Lei bancária, mas ela precisaria ser atualizada, ser aperfeiçoada.

Então o cooperativismo de crédito alcançou um estágio que levou o BC a se envolver. Tanto que no final dos anos 2000, a cooperativa ainda estava com percentual baixo de *share*. Mas o BC tinha mais de 20% da sua força de trabalho voltada para o cooperativismo. Hoje temos várias equipes que se envolvem dentro do BC, temos a área econômica. Conforme vai sendo regulamentado e se cobrando mais do mercado cooperativista, a curva é ascendente.

Quando assumi, em 1999, eram 1.200 cooperativas. Depois chegamos a 1.462. Hoje temos menos de mil. Naquela época, tínhamos um milhão de associados e em ativo total devíamos ter, no máximo, dez bilhões de reais. Hoje temos 300 bilhões de reais em ativos. Há um crescimento da curva.

Vemos um amadurecimento tanto das cooperativas financeiras como do segmento como um todo.

Foi nos anos 90 que ingressei no cooperativismo. Você acompanhou ativamente lá de dentro do BC e eu acompanhei de cadeirinha o que vinha de demandas para a cooperativa, em uma linha de marco regulatório e fiscalização. A gente sente a diferença do que é hoje, o relacionamento amadurecido entre BC e as cooperativas. Uma parceria imprescindível ao crescimento sólido.

Em conversa com uma grande associada do Sicoob Cecres, segunda maior cooperativa habitacional desse país, os dirigentes desabafaram sobre a falta que faz uma autarquia. Para nós, a autarquia é tudo. É quem traz credibilidade para o associado, traz confiança, governança, compliance. Antes, quando o BC falava que ia fazer alguma visita, ficamos receosos. Hoje não. A gente dialoga com o BC sob forma de total parceria, em prol dos associados.

Uma coisa puxa a outra. Dentro do BC não era diferente do que você sentia de fora. O BC tinha uma resistência a conversar com o regulado. Eu já fui de uma escola dentro do Banco que, pelo contrário, incentivava o diálogo com o supervisionado. Somos parceiros de uma agenda. Se o sistema financeiro é sólido e eficiente, ele tem que ter as duas faces da moeda, a regulação e o regulado. Quando você se senta em uma mesa franca e aberta, você constrói uma agenda positiva. E sem perder a atribuição legal e constitucional. Cada um tem seu papel.

Sempre primei por isso, por chamar o segmento. Era interessante que, no meu começo, o cooperativismo só chegava de braço dado com o parlamentar. A gente conseguiu reverter esse processo. E o parlamentar continua importante. Foi importantíssimo na Lei Complementar 130, como continua sendo agora.

Como o Márcio compartilhou com você, o BC foi à casa do cooperativismo, na OCB, para levar ações da agenda. Algo que era impensável anos atrás.

E o cooperativismo, por sua vez, se profissionalizou. A implantação do fundo garantidor, da governança, a separação da Diretoria Executiva e do Conselho. Essa determinação de papeis também fez com que o BC olhasse de outra forma para o setor.

A gente começou com muita boa vontade, mas ainda não tínhamos o que temos hoje. Era muito diferente. A gente fala que era o cooperativismo poético.

Puxei muito a orelha do cooperativismo. Falavam muito na necessidade de profissionalizar, mas entendiam que profissionalizar era buscar profissional no mercado. E não. Era capacitar quem conhece o negócio. Era isso que a gente queria.

Em 2007, fui à Alemanha com Alexandre Tombini, antigo presidente do BC e figura essencial para o FGCOOP. Fomos conhecer o movimento cooperativista de lá. Trouxemos três coisas importantes: o fundo garantidor único, a entidade de auditoria cooperativa e a governança. E isso é realidade aqui hoje.

E o modelo alemão agrega demais. É muito mais avançado.

Muito! Então houve profissionalismo do cooperativismo. Hoje é completamente diferente do que era há 15 anos.

E é bonito ver a evolução, não é?

Muito.

Feltrim, vamos falar um pouco sobre a agenda do BC, da cidadania financeira, da qual você participou ativamente da construção. Queria que explicasse o que é a agenda e quais seus impactos na sociedade.

Foi um processo interessante de crescimento. Começamos com microcrédito, fomos para microfinanças. A gente começou a fazer algumas loucuras.

Fizemos, dentro de um evento nacional, no dia anterior, um momento internacional onde trouxemos autores dos mais relevantes nomes. Isso deu uma visibilidade enorme para o Brasil. Lembro que veio a delegação do Banco Mundial em Brasília querendo conversar comigo, porque na Rússia e no Vietnã foram questionados sobre a agenda de microfinanças que existia no BC do Brasil. Então as coisas foram acontecendo.

Não tinha um plano pré-definido. Tinha o seguinte: uma necessidade de levar serviços financeiros para a população. Não tínhamos muitos estudos, tinha um movimento de educação financeira. Fomos juntando as peças e a gente saiu de microfinanças para a agenda de inclusão financeira.

Fizemos um fórum em Salvador. Veio na época uma mulher da *Alliance Finance Inclusion*, movimento que estava nascendo naquele ano e criando uma movimentação de inclusão financeira mundial. Vieram me convidar para ir a Nairóbi falar um pouco da nossa agenda. Quando ela mostrou o desenho do seminário em Nairóbi com as melhores técnicas, era exatamente o que tínhamos falado internamente. Exatamente igual.

Em 2012, fui chamado para ser secretário executivo e, depois, fui chamado para assumir a diretoria de uma agenda para ter mais inclusão, educação, relacionamento com o consumidor financeiro e comunicação. Isso virou o que chamamos de cidadania financeira. Foi lançada em nosso seminário de 2013, em Fortaleza.

Essa questão de cidadania financeira pegou muito. Ela é uma agenda com três pilares: inclusão financeira, educação financeira e proteção ao consumidor. Isso virou o que convencionamos chamar de cidadania financeira. Agora vem o presidente Roberto Campos Neto, reformula a Agenda BC#, mas mantém os princípios: inclusão financeira, transparência, competitividade, educação financeira e sustentabilidade.

Grande feito. Uma agenda que veio para ficar e inspirou outros países.

Em sua visão, qual a relação entre o cooperativismo financeiro e o terceiro setor?

Podia até dizer que o cooperativismo de crédito está dentro do terceiro setor. Os dois setores têm uma causa a defender, têm processo de humanização das relações. A cooperativa é uma sociedade de pessoas. Como sociedade de pessoas, se preocupa com gente, humaniza o relacionamento. Ela traz todo mundo no mesmo nível.

Vejo quase que uma amálgama entre o cooperativismo de crédito e o terceiro setor. Às vezes fico até meio triste quando as pessoas comparam o cooperativismo com outro segmento financeiro.

Cooperativa é cooperativa. Não tem que comparar. São sociedades de pessoas, que se preocupam com gente, que fazem coisas para gente, que se preocupam com seu entorno e não só com seu umbigo.

Essa é uma mensagem que temos que insistir sempre. Com profissionalismo, buscando tecnologia e inovação, mas nunca perdendo a essência.

O que é um grande desafio. Entendemos que o modelo de negócios é uma sociedade de pessoas, não de capital. É incomparável. Mas o portfólio se compara e compete com o mercado. Então temos essa quase dicotomia, que é ter agressividade de mercado, mantendo a essência que bem falou.

E o Sicoob Cecres acredita no caminho de vendas consultivas. Poder levar aquilo na medida exata do que o associado precisa, diferente do mercado que, para bater metas, faz qualquer coisa.

Pode ser o mesmo produto, mas para cada cooperado é diferente. Você tem que conhecer a necessidade do seu cooperado. Às vezes você leva um consórcio de imóveis, mas, na verdade, ele quer um crédito imobiliário.

Feltrim, queria que você falasse o que é o Instituto Sicoob e qual o seu papel na nossa sociedade.

O Instituto Sicoob é a agência de investimentos sociais estratégicos do Sicoob. É o terceiro setor dentro do Sicoob.

O Instituto é uma OSCIP - Organização da Sociedade Civil de Interesse Público -, um modelo de Organização Não Governamental (ONG). Tem papel relevante de potencializar essa agenda que as cooperativas já fazem, tendo como pilar o sétimo princípio do cooperativismo que é o interesse pela comunidade. Mas não deixando de lado os outros princípios, principalmente o quinto, que é educação, formação e informação, e o sexto que é a intercooperação.

Temos uma equipe técnica capacitada que conhece Ciências Sociais. O objetivo do Instituto é desenhado em três eixos. Um deles fala muito com o negócio cooperativista, que é o cooperativismo e o empreendedorismo. Outro eixo olha para os ODS (Objetivos de Desenvolvimento Sustentável) da agenda 2030 da ONU.

E o terceiro eixo está aderente à agenda dos reguladores. Não só à Agenda BC#, mas também as dos demais reguladores que estão confirmadas na nova Estratégia Nacional de Educação Financeira (ENEF). Essa estratégia tem quatro dimensões: educação financeira, fiscal, previdenciária e securitária.

Dentro desses eixos, a gente cria uma série de programas que disponibilizamos para as cooperativas.

Você é Instituto Sicoob. Todos somos. É uma agenda sistêmica. Guardadas as proporções, é como uma franquia. Somos os franqueadores, a equipe especializada pensando em programa e metodologia, e deixamos à disposição das cooperativas. E aí elas, conforme seu apetite, disposição e recurso, buscam e implementam. Nós capacitamos e certificamos essas pessoas para levarem essa agenda adiante.

Então o Instituto trabalha pelas singulares. Não é diretamente com a comunidade, passa pela singular e ela aplica na região onde atua?

Para nós, temos uma premissa: o protagonismo da agenda é da cooperativa. Ela que está na comunidade. Ela que conhece as necessidades e dores da comunidade.

O Instituto não chega com seus programas para ser concorrente aos programas da cooperativa. Pelo contrário, cria grande complementariedade. A ideia é potencializar aquilo que as cooperativas já fazem. Ao invés da cooperativa pensar no que vai fazer, temos um núcleo pensando.

A cooperativa pega todo esse portfólio que temos aqui e pode customizar, ver o que pode trazer de inovativo para melhorar o programa. É uma relação que vai e volta, que tem uma troca e um crescimento constante.

Existe uma forma de construir juntos, então. Eu, enquanto diretora de uma singular, falo que tenho a necessidade de trabalhar a inclusão no mercado de trabalho através da educação, por exemplo. Posso levar a demanda para o Instituto Sicoob e, a partir daí, construímos juntos uma demanda específica para atendimento da singular em determinada região?

Nós estamos dentro do sistema. Ainda sendo uma OSCIP, estamos dentro do Sicoob. Somos parte integrante. Na governança, sendo estruturada no terceiro grau, integramos o que chama Centro Corporativo Sicoob, o CCS. Todos os dez CNPJs estão em governança única. Eu sigo e aprovo a metodologia.

A gente se relaciona com a central, e a central com a singular. Temos, em cada central, uma pessoa que é nosso ponto focal, chamada de Pessoa de Desenvolvimento Estratégico, PDE. E em cada singular, tem uma Pessoa de Apoio Estratégico, PAE. Criamos uma grande rede. O ideal seria ter em cada PA uma pessoa ou com dedicação exclusiva ou que tenha menos atribuições para olhar para o Instituto.

Criamos aí um grande *blockchain*. Dentro da sua cooperativa, cada pessoa que representa o Instituto conhece tudo sobre ele. Nosso papel é capacitar essas pessoas para que vocês não tenham que vir ao Instituto. Sua PAE está capacitada para todas as demandas.

Em cada um desses, nós também temos um executivo designado. Os executivos da central, hoje formam o que chamamos de Comitê de Investimento Social Estratégico do Sicoob, que deve pensar nessa agenda, auxiliar o Conselho de Administração e definir para onde vai a agenda. É um colegiado que se reúne para ver as necessidades e dificuldades de cada central.

Criamos essa agenda sistêmica, única, que fala desde o presidente do Conselho até a pessoa mais simples que esteja dentro de um PA.

São muitas demandas diferentes dentro desse país continental.

Como você sabe, o Sicoob Cecres tem o Instituto Cecres, recém-criado. Temos aprendido muito com o Instituto Sicoob. Mas ainda

temos preocupação com métricas. Como um Instituto mede a efetividade das suas ações? Essa medição de eficácia do impacto na comunidade fica a critério da singular ou fica no Instituto Sicoob?

Esse é o nosso grande desafio. Hoje já temos alguns mecanismos de medição. Um é quantitativo, no sentido de quantas pessoas foram atingidas e o perfil das que participam dos programas.

Por exemplo, nas clínicas financeiras, perguntamos perfil, se conhece o cooperativismo, para onde vai, o que quer. E mais de 90% das pessoas que se aproximam dessa pauta ficam encantadas. Elas se propõem a participar de uma cooperativa de crédito. Mais do que isso, se propõem a iniciar a cultura da poupança.

No caso das cooperativas mirins, usamos até uma metodologia que é internacional, onde você analisa as competências sócio emocionais em três áreas: cognitiva, interpessoal e intrapessoal. O nível de assertividade é altíssimo.

Agora precisamos e estamos em busca de ferramentas. Tem uma entidade no Brasil que trouxe a metodologia de monetizar o impacto social. Estamos aplicando isso nas cooperativas mirins.

Tive a grata satisfação de receber o diretor no Brasil de uma entidade chamada *ChildFund*, que olha para crianças vulneráveis. Ele tem uma metodologia de avaliação de impacto social. Faz prospecção, monitoração e avaliação de impacto. Ele procurou o Instituto e nos ofereceu, porque está com essa agenda parecida com a nossa. O *Child* está no Brasil há 54 anos e eles perceberam, agora, que tem tudo a ver com o cooperativismo. O propósito é o mesmo. Eles não precisam de recurso, precisam do cooperativismo.

O investimento social privado fala disso mesmo. Você tem que medir, ter planejamento.

Tem uma retroalimentação. Tem o Instituto Sicoob fortalecendo a associação de novas pessoas ao cooperativismo e o cooperativismo fortalecendo o Instituto.

Sabemos que Institutos têm que trabalhar com transparência, governança e balanço social. E é um grande desafio para quem está à frente de institutos. Como medir para fazer uma publicação elencando os números, quanto impactamos, de forma transparente?

Não só balanço social. Hoje não é mais balanço social, é relatório de sustentabilidade. Já evoluiu. Tem indicadores que você constrói a partir da sua realidade. E nisso o Sicoob avançou.

Temos que criar o plano de ação de sustentabilidade. Quando você abraça essa causa, ela começa a mostrar os pontos fortes, mas mostra os fracos também.

É importante o envolvimento da sociedade com as causas sociais, econômicas e ambientais. Para você, como podemos ser assertivos nas ações que promovam sustentabilidade no terceiro setor?

A agenda da sustentabilidade tem que estar presente no dia a dia. Isso é o envolvimento do negócio com essa agenda do investimento social privado. Tem que haver alinhamento entre o que é o negócio e o investimento social estratégico.

São coisas distintas. São importantes, mas não podem se confundir. Estamos fazendo isso. Temos que eleger públicos de interesse. E o público de interesse do Instituto Sicoob coincide com o público de interesse do Sicoob, que é a juventude. O investimento só tem que ter o tema e tem que estar alinhado com o negócio.

E onde a gente encontra esse alinhamento? Fácil. Cooperativismo e cidadania financeira. Cooperativismo, que é nosso negócio, mais a cidadania financeira, que é a agenda na qual o regulador está chamando os regulados para abraçar a causa.

Estamos no terceiro grau, em uma governança única. O CEO do Sicoob é o mesmo do Instituto. Para caminhar, tem que caminhar o negócio e o investimento social, a agenda dos dois. É o que o regulador está pedindo: um programa de educação financeira integrada ao negócio.

É o que você falou da venda consultiva. E o BC ainda diz que o cidadão que tenha se qualificado financeiramente tem que ter tratamento diferente. Em preço e em tipo de serviço.

Então é um assunto construído a quatro mãos. O BC já avançou muito no sistema bancário. E nós já nos sentamos com o BC e mostramos o que o Sicoob faz nesse campo de educação financeira integrada ao negócio e como isso se junta à agenda do Instituto.

E o BC tem uma preocupação cada vez maior com o associado, está completamente pautado na jornada do "cliente". A gente entende que, quanto mais fortalecido o Sicoob, mais fortalecido o Instituto também.

O que você diria para os cooperativistas para que possamos aumentar nosso share no mercado e, como consequência, retroalimentar o impacto nas comunidades?

Entendo em três pontos. O primeiro é a necessidade de fortalecer o alinhamento da agenda do Sicoob e do impacto social, do Instituto Sicoob. Tem que gerar valor compartilhado. As corporações entenderam que você tem que se preocupar com seu entorno. Há uma ressignificação do capitalismo. Quem não olhar seu entorno, não sobrevive. Está tudo na nossa mão, é só potencializar.

Outro ponto: maior integração intra e intersistêmica. Chamar cooperativas de outros sistemas também. É importante a competição, o que não pode ter é competição intra e intersistêmica. Se temos em torno de 10% de *market share*, quantos milhões de brasileiros não têm acesso ao sistema financeiro? O segundo pilar é esse.

E o terceiro é a sua menina dos olhos, Taís: a comunicação. Não é marketing. Uma coisa é fazer propaganda, outra coisa é comunicação. Temos que fazer muito mais. Ter pessoas de gabarito para serem interlocutores, formadores de opinião. Temos que mudar, sair do amadorismo. Tem que ser profissional.

O mundo está em um momento de mudança geracional. Essa mudança mostra as pessoas nas casas dos 30 aos 40 anos assumindo o comando das grandes corporações. São os filhos das grandes fortunas que estão assumindo o comando e vendo que precisam olhar para os "invisíveis".

Essa pandemia mostrou que não estamos no mesmo barco. Todos entramos em um mesmo mar revolto. Alguns com iate, outros com lancha, outros com bote, canoa. E outros se lançaram ao mar. E aí a pessoa do iate viu que precisava do que se lançou ao mar.

E é o que o cooperativismo faz: humaniza as relações. Temos que aproveitar esse momento.

Internamente somos brilhantes na comunicação, nossos eventos são um *show*. Mas para falar externamente temos dificuldades.

Temos o melhor produto do mundo. Temos propósito, intercooperação, conhecemos a necessidade da comunidade. Falamos a língua da nova geração. Mas somos agentes secretos, nos escondemos.

É por isso que precisamos comunicar. "O maior adversário do cooperativismo é o desconhecimento", parafraseando Marcio Port. Ninguém precisa necessariamente de um banco, e sim de serviços financeiros.

O cooperativismo está aí há tantos anos, mas tem essência muito contemporânea. Se fôssemos mais assertivos na comunicação, estaríamos muito à frente.

Todo mundo que se aproxima do cooperativismo fica encantado. Quando você começa a mostrar que não é só produto financeiro, que tem uma causa, um proposito, aí a pessoa entende que é isso que ela quer.

As pessoas precisam do cooperativismo.

café
cooperativo
O terceiro setor e a
tecnologia para
transformação social
com Aureo Giunco
apresentação:
Taís Di Giorno

O Terceiro Setor e a Tecnologia Para Transformação Social

Entrevista realizada com Aureo Giunco, cofundador da Bússola Social, em 29 de outubro de 2020

Aureo, antes de entrarmos em nosso tema, queria entender como você concilia tantas funções, já que é velejador, jornalista, empresário, pai e responsável pela Bússola Social?

Pois é, é um desafio! E é o desafio do nosso tema da conversa, pois as organizações têm que lidar com várias funções.

Acho que é característica de quem vem do terceiro setor ter que saber lidar com várias coisas ao mesmo tempo, sem deixar de cuidar de todas elas. E priorizando a vida e as pessoas.

Conta para a gente o que é o "Bussola Social" e como você, que veio da comunicação, chegou até o terceiro setor.

Eu cheguei ao terceiro setor com um jornal no segundo período da faculdade de Jornalismo. A ideia era criar um jornal que desse voz e vez à juventude, chamava "Fala, guri!". A partir disso, virou uma organização com as pessoas envolvidas, depois virou um projeto maior, um programa de rádio e depois uma instituição. E estamos aí há mais de 20 anos trabalhando na área dos direitos, principalmente da criança e do adolescente.

Há sete anos começamos um projeto de tecnologia para a área social, uma plataforma para gestão da política de assistência. Ajudamos alguns municípios do Brasil a gerenciar políticas, ajudar a gerar autonomia, apoio e contribuir com desenvolvimento das famílias atendidas pela Prefeitura.

E o Bússola surgiu há três anos com a ideia de ajudar organizações sociais e investidores sociais a gerenciarem seus projetos e investimentos, a se conectarem, fazer justamente algo pouco reconhecido no terceiro setor: identificar dados, informações e impacto social do que é feito.

Nosso compromisso foi, justamente, com algo ligado ao nome "Bússola": ajudar a dar uma direção para as informações e para a dinâmica do terceiro setor. Você não tem um senso hoje que diga qual o papel do terceiro setor no Brasil, o que as instituições estão fazendo. A gente sabe de várias instituições, mas não existe um indicador como o que temos da indústria, por exemplo, que representa o PIB, ou o que temos do serviço. Não temos característica do setor social. Porque as informações são muito ramificadas, em papel, espalhadas. A gente quer ajudar a mudar essa realidade. A profissionalizar não só o terceiro setor, mas a gestão e a operação daquilo que se faz pelo bem comum da sociedade.

E a abrangência da Bússola? Essa ideia que nasceu, então, no segundo ano de faculdade de Jornalismo, está presente em quais estados do país? E quais são os seus números?

Na verdade, surgiu no Jornalismo a minha paixão pelo social. A Bússola vai completar três anos. É extremamente nova, está começando a se desenvolver.

Mas assim, você olha que em três anos de atuação já estamos nos 27 estados de todo o território nacional, mais de 690 municípios. Já atendemos mais de 10% dos municípios brasileiros. Isso representa mais de seis mil organizações. O que é muito! Se pensarmos que são seis mil organizações que fazem trabalho social, que desenvolvem uma política, que têm proposta.

E o que elas fazem na Bússola? Basicamente, hoje a maioria dessas contas tem o objetivo de participar, gerenciar, mas, principalmente, acessar recursos por meio dos editais publicados na Bússola. Hoje temos algumas empresas parceiras, fundações, institutos e órgãos públicos, que selecionam projetos e apoiam organizações pela nossa plataforma.

A gente faz com que o recurso privado-público chegue de forma eficiente em algumas comunidades que nunca chegariam, como o interior da Bahia. A gente chega com divulgação e material onde realmente precisa de apoio, onde ninguém chega.

Esse é um grande objetivo da Bússola. Queremos ajudar os recursos a saírem do eixo Rio-São Paulo. Temos, sim, necessidades importantes nessa região. Mas o Brasil como um todo tem diversidades, necessidades e, mais do que isso, potencialidades. Tem muita coisa boa acontecendo em vários lugares do Brasil que poderiam ser financiadas, apoiadas e investidas. E a gente ajuda a identificar e potencializar esse trabalho.

Muita gente ainda tem a impressão de terceiro setor como algo filantrópico, até doméstico. E a gente sabe que não, que o setor se profissionalizou muito.

Queria que falasse um pouco dessa questão de profissionalização, de sistemas tecnológicos e de soluções inovadoras com olhar para o terceiro setor.

A gente tem diversos terceiros setores, na verdade. Aqueles que dão conta, que já conseguiram evoluir administrativamente, operacionalmente, e conseguem ter gestão profissionalizada. Normalmente essas são aquelas instituições que tiveram mentorias, que foram criadas por pessoas que vêm do setor empresarial, institutos que já têm característica tradicional de uma empresa e, com base nisso, trazem junto toda a profissionalização, fluxo de trabalho e ecossistema padrão do que tinha na empresa.

Porém, temos outro terceiro setor, que é o terceiro setor das pessoas que acreditam que podem mudar o mundo e vão fazer. Independentemente de não serem capacitadas em gestão ou operação, elas têm uma paixão, um amor. E são maioria. Elas botam a cara e fazem. Atendem crianças que precisam, dão assistência a quem precisa, oferecem saúde. Elas se dispõem a mais do que pensar em uma instituição, mas a fazer a coisa acontecer. E aí as coisas começam a acontecer.

Essas pessoas encontram alguém que se junta a elas e decidem criar uma associação. Essa associação é criada, consegue recursos públicos com a Prefeitura, começa a ter um pouco mais de gestão e operação, recurso de patrocínio e uma equipe de seis pessoas, por exemplo. Aí tem organização com faturamento e receita de doação anual.

Mas aí você olha para a pessoa que é liderança da instituição e vê que ela ainda é a mesma que tem paixão e quer estar no meio das crianças. Não tem visão de construção de fluxo, elaboração de projeto, gerenciamento de informação, de evolução no processo de trabalho. Ela consegue ver essa necessidade, mas não operacionalizar. Porque não veio de uma área administrativa ou de uma formação de conhecimento que permita a ela amadurecer o processo dentro da instituição.

E aí o que acontece? A grande maioria das Organizações da Sociedade Civil (OSC) e ONGs ainda mantêm formulário de papel para inscrição. No máximo uma planilha Excel. Não têm histórico de atendimento. Aí surge uma dificuldade muito grande de conseguir entender aquilo que se faz.

Não é possível falar de impacto social sem medição. É fundamental medir impacto, mas antes tem que entender o processo, para entender se esse processo foi, realmente, o que contribuiu para a mudança. Preciso saber quem eu atendi, como atendi e de que forma, para medir o resultado e entender como posso olhar para processo para reaplicar no próximo ano.

A tecnologia vem para isso. Para facilitar a vida de um educador que poderia fazer presença no celular, por exemplo, ou mesmo em um sistema que rapidamente dê presença aos alunos, dê relatório, taxa de ocupação, envie alerta para a instituição de quem está faltando, diz se alguém faltou três vezes para que a assistente social verifique o que está acontecendo com a família.

Temos que automatizar o cadastro de um jovem, por exemplo, que passa seis anos acompanhado pela instituição e nesses seis anos faz seis cadastros. Não existe isso. É importante ter um cadastro só e alimentá-lo sempre com tudo que for feito.

A tecnologia hoje atende uma demanda muito básica no social, que é conseguir gerir aquilo que a gente faz.

E então, em uma segunda etapa, e a Bússola vem se preparando para isso, conseguimos planejar mais atuação, desenhar, medir os impactos, resultados e qualificações.

É importante dizer que temos vários tipos de organização. Algumas já têm sistema próprio que criaram uma planilha mais informatizada. Mas a maioria dos projetos hoje no Brasil tem essa dificuldade.

Com a chegada da pandemia, a maioria das organizações tiveram muita dificuldade para dialogar com seu público de forma dinâmica, porque não fazia parte da prática da instituição usar a tecnologia.

Mas aí entra uma coisa fantástica: o terceiro setor se reinventa de forma muito rápida. Essas pessoas são apaixonadas pelo que fazem, estão dispostas a fazer em qualquer dia ou horário. Elas se reinventam, se organizam e, hoje, cerca de 90% das organizações estão atendendo à distância, da maneira que podem, fazendo processos educativos a distância, assessorando famílias. Isso porque aprenderam rapidamente, se adaptaram.

Uma ONG é quase uma *startup*, aprende com o erro dela e vai se corrigindo, se refazendo para ser cada vez melhor.

Nosso objetivo é facilitar aquilo que o ser humano não precisa mais fazer. Não precisamos mais ficar juntando 30 relatórios para montar um gráfico, a tecnologia dispõe disso. A gente consegue acompanhar, monitorar e avaliar sem a necessidade de um instrumento manual, que fica gastando tempo de equipe.

Precisamos falar de economia, de eficiência, de tudo que a tecnologia pode trazer para as organizações.

O motor é muito nobre. É o amor, a compaixão, e isso faz com que a resiliência venha também. Mas a gente entende que para ter mais eficiência, não adianta só ter esse sentimento de ajudar. Ele tem que vir, não só poesia, mas também com profissionalismo e não dá para falar disso sem passar por instrumentos de sistemas tecnológicos. Quem vai a campo tem uma evidência, mas é importante lembrar que tem toda uma retaguarda sustentando isso atrás e que precisa ser cada vez mais profissional.

Justamente isso. Acho que são as estratégias que se criam para mobilizar e atender as pessoas.

A dinâmica é tão corrida, porque é tanto "fazer", tanto "agir", que falta esse tempo para gestão e análise. Mas é preciso ter olhar de gestor, entender o que pode melhorar, identificar os números, fazer correções. Como o terceiro setor sempre entende que tem demanda faltando, que tem mais alguém que poderia ser atendido, mais uma sala poderia ser ocupada, não dá tempo de sair desse papel tradicional de ocupar todo mundo em atender para dar esse passo para trás e olhar para a gestão, entender o que está acontecendo. Não o número de pessoas que atende, mas a efetividade desse atendimento.

Afinal, não é a quantidade de clientes que você tem que vai dizer se gera resultado ou não, mas o tipo de serviço que oferece, o acompanhamento. Entre atender mil e gerar resultado para dez, é melhor atender dez e gerar resultado para dez.

Por aí começamos a conversar sobre tecnologia, pois ela te dá a possibilidade de percepção. Hoje, com um sistema, você consegue coisas básicas como saber de onde vêm as pessoase a quais bairros eu atendo. E é algo super relevante para as organizações. Elas colocam a idade, geram perfil socioeconômico e renda per capta da família. E é algo que não conseguiam ter. Elas tinham isso em planilha, depois tinham que tratar os dados, saber lidar com fórmula da planilha. Automatizar tudo isso gera ganhos e economia para um recurso que já é escasso.

E não existe nenhum órgão no Brasil que consiga, tirando o IBGE, concentrar e consolidar todos esses dados do terceiro setor?

Hoje o mais próximo disso que a gente tem é o Instituto de Pesquisa Econômica Aplicada (IPEA), que fez um mapa do terceiro setor. São mais de 800 mil organizações no Brasil. Mas ele pegou os dados oficiais de registro em cartório civil de CNPJs sem fins lucrativos, listou e colocou isso em um mapa. Então não sabemos o que fazem em detalhe, quem são, se estão na prática. Existe muita coisa para segregar ali. Hospitais que hoje são OSC. As faculdades, hospitais e outras organizações que também entram no terceiro setor. Fundações empresariais que têm muito mais dinheiro que uma empresa, mas são OSC. O terceiro setor é muito diverso. E mapear isso, identificar e construir é um desafio.

A Bússola convida quem vem para cá a começar a pensar nisso. A gente oferece treinamento, capacitação e apoio nesse trabalho de uso da tecnologia, estimulando o desafio de um novo.

No início da pandemia, fizemos um trabalho de diagnóstico familiar. No começo, muitas organizações vieram falar que não tinham mais como contatar as famílias assistidas e precisavam saber o que estava acontecendo. Na rotina comum, essas pessoas iam até a instituição para serem atendidas, os pais iam buscar as crianças. Com a pandemia, isso foi dificultado. Algumas ligavam e anotavam o que dava, mas não tinha concentração de dados.

Então, começamos a pensar em uma solução para isso. A gente lançou gratuitamente na plataforma um sistema chamado Diagnóstico Familiar em Tempos de Isolamento Social. A instituição pode ir até lá, pegar um *link* com formulário que criamos e mandar para a família. Pelo próprio celular, eles respondem em cinco minutos. Esses dados chegam em formato de gráfico para a instituição.

Cada instituição tem seu *link*, sua conta e os dados não são compartilhados com outras organizações. Tenho um diagnóstico de cada família que respondeu e sei o que está acontecendo. E lá constam perguntas como: tem alguém em risco de vulnerabilidade em relação a Covid-19? Alguém da família perdeu o emprego? Conseguem acessar alimentos?

Isso foi base para muita organização planejar sua atuação na pandemia.

Vira demanda. É um sistema que se retroalimenta.

Perfeito. O sistema permite que a gente tire um extrato. As instituições podem segmentar de acordo com a necessidade delas: famílias que estão com dificuldade de alimentação, ou que perderam sua renda, ou que possuem familiares doentes.

Para se ter uma noção, esse diagnóstico foi usado por mais de mil organizações. Mais de 22 mil famílias responderam. No total, dessas 22 mil famílias, oito mil declaram que um membro da família perdeu o emprego.

Com base nisso, as instituições começam a tomar decisões, a planejar retomada, a tomar decisão sobre o que fazer. Note que não precisa ser uma grande ferramenta. A Bússola tem muitos recursos disponíveis para ajudar a instituição.

Hoje digo que o diagnóstico foi nosso maior orgulho de 2020, pois ele conseguiu ajudar as instituições a priorizar, mapear e planejar atuação em cima de necessidade. E isso é a base pra qualquer trabalho social. Não dá para ir no "achismo".

E isso seria impossível para uma organização fazer manualmente. Criar formulário do zero, mandar esse formulário, depois ver como organizar os dados. A gente já deixa tudo pronto. Ela manda o *link*, saem os gráficos, a lista de famílias e os filtros.

Aumenta a eficiência da organização. Porque quem funda uma organização de terceiro setor quer que ela seja o mais abrangente possível. E falta braço. Quando vem um sistema que consegue resolver essa falta de pessoas e liberar a equipe para outras atividades que precisam mesmo do ser humano, agrega demais e aumenta muito a eficiência.

E como funciona na prática a tão necessária governança no terceiro setor?

É uma grande dificuldade no terceiro setor. Vamos fazer um recorte: o terceiro setor que você está falando é um grande volume de OSC que veio da origem de uma liderança que quis empreender socialmente. Pessoas que têm noção do que é governança e vão levar para dentro da organização. Essa diferenciação é bem importante.

Quando falamos do terceiro setor aberto, com uma liderança muito forte e o projeto centralizado nele, é muito difícil discutir governança e envolver outras pessoas. Pensando que uma OSC se compõe, no mínimo, de um quadro de diretoria e um conselho fiscal, ela tem seu papel institucional que é gerir a instituição e cuidar para que ela seja eficiente e cumpra com suas obrigações. Mas isso é muito básico, todo mundo deveria fazer. O que tem que mudar? É algo que a gente fala muito na Bússola com nossos clientes e parceiros. A ideia de que o terceiro setor vive dos outros. Vive do apoio das pessoas, da criatividade delas. As instituições vivem daquelas pessoas que acreditam na causa. Elas doam, fazem parcerias, as fundações fazem investimento. Se não é transparente, não tem demonstração de resultado e não acontece. As pessoas passam a desconfiar dela.

Fazer a governança aqui no terceiro setor é, primeiro, conseguir criar um processo de comunicação interna, onde você respeita todos os atores envolvidos e não só um quadro diretivo, mas seus colaboradores também. Aquelas pessoas estão ali pela causa, porque o terceiro setor não tem os melhores salários. Eles também têm que se envolver, serem consultados, receberem prestação de contas. É preciso prestar contas também à sua diretoria, que é esse grupo que nem sempre está na prática.

E os atendidos? Sabem o que está acontecendo? Eles precisam ser envolvidos na gestão. Porque se você quer achar a base de qualquer projeto e não envolve seu público, você não tem essa companhia, eles são só beneficiários. Só vão assistir. Cadê o processo de acompanhamento?

E isso parte de coisas simples. Entender se precisa montar uma oficina melhor, se aquilo atende o que precisam, se é o melhor formato para aquela necessidade. Isso é dialogar, fazer governança participativa com todos os envolvidos.

O público precisa estar em constante sintonia com o projeto. Independentemente de doar um real ou ser um investidor de milhões, tem que ser respeitado e consultado no processo.

Muitas vezes a instituição nem consegue enviar relatório, quem dirá consultar. Mas é importante. Acompanho muitos investidores e eles falam que querem saber o que está acontecendo, querem opinar. Eles querem ajudar com mais do que o dinheiro, mas também com seu conhecimento.

E o que é o investidor social?

São pessoas físicas ou jurídicas, em grande parte jurídicas, que se comprometem e têm um recurso que querem investir em algo que gere resultado social, contribuição para a sociedade. O retorno que o investidor social quer não é mais dinheiro, mas sim mudança, transformação, impacto e melhoria. Por isso usamos o termo investidor. A lógica é a mesma, mas o retorno não é financeiro.

Um exemplo: temos um parceiro que investe anualmente quase seis milhões de reais e ele quer de volta jovens empregados ou com maior renda. Esse é o resultado dele. O foco dele é saber quantos jovens ele consegue empregar e capacitar a cada real que coloca.

É um pouco diferente, na nossa percepção, do doador. O doador está mais comprometido em contribuir com aquela causa, transferir a algo, mas não está tão preocupado se aquele valor doado gerou impacto seriamente. Claro que ele adoraria saber e é importante que saiba. Mas o ato de doar é mais um ato de confiança, de apoio. Muitas doações são institucionais, vinculadas a projetos.

Existe uma hierarquia entre doador e investidor? O investidor tem uma capacidade financeira maior do que a do doador?

Não posso dizer especificamente, porque alguns entendem que seu projeto é de doação, por mais que não mensurem.

Você pega um grupo de investidores sociais no Brasil que representa três bilhões de reais investidos. Só um grupo de cento e poucas instituições têm três vezes o orçamento do Ministério de Esporte. Mas cada um investe de um jeito. Alguns doam, outros investem.

Esse conceito de doação e investimento ainda é muito do perfil de quem está fazendo. Assim como, para mim, o patrocínio tem outra característica também, está vinculado à marca, visa retorno de marca. Aqui, na Bússola, a gente separa perguntando o que quer.

Temos muitos modelos de gestão, de formas de investimento. Mas a característica principal do investimento hoje é justamente conseguir medir o retorno que isso traz para quem fez a aplicação.

O que passa sobre a questão de governança. Para medir, você precisa de ferramenta para prestar contas ao investidor social.

Perfeito. Algumas instituições conseguem trabalhar isso muito bem porque dialogam com seu público.

Como a Bússola e sua tecnologia ajudam nisso? Tudo que a gente faz, a gente foca em como isso pode gerar um relatório que seja compartilhado. Quando você gera uma presença ou gerencia uma turma, uma oficina ou um curso, o sistema gera vários tipos de relatórios em PDF prontos, que você só aperta um botão, puxa os dados e manda para o parceiro. A gente gera uma página pública de transparência que consegue acompanhar em tempo real o resultado do projeto.

Essas pessoas não podem perder tempo elaborando uma apresentação em *PowerPoint*. Não vão criar um *site* onde têm que, todos os dias, copiar e colar os números.

Quando falamos de melhorar a governança para as instituições, não está na linha do trabalho dela, mas sim de criar recursos que antecipem para que, quem quer enviar, consiga prestar contas para o instituto simplesmente apertando um botão.

A Bússola começou a trabalhar com uma instituição que dizia que doava dois milhões por ano, mas não sabia o que dizer para a diretoria quando questionada sobre o destino daquele valor. Os relatórios não tinham padrão. Então a gente criou um sistema para isso. Isso resolve os dois lados, tanto da instituição quanto do investidor. Então, ele que investia dois, pode investir quatro ou até mais.

O exemplo que dei anteriormente, do investidor que aplica seis milhões por ano, foi assim. Ele investia dois. Mas agora pode mostrar para a diretoria que aquele valor gera resultado e que eles têm capacidade de operacionalizar seis milhões sem aumentar equipe.

O terceiro setor tem que trabalhar a motivação também para ter cada vez mais engajamento. Para manter os investidores sociais, doadores e patrocinadores e conseguir reverberar para multiplicar ainda mais. Uma boa prestação de contas é o que mais motiva.

Na sua opinião, quais os maiores desafios pra medir o impacto social gerado na sociedade?

O primeiro é saber o que quer. Ter clareza do que quer medir, do que quer alcançar.

Se fala muito em impacto social, mas não se estabelece antes qual impacto quer gerar. A gente chega no final do ano e fala que foi tudo maravilhoso na instituição, se surpreende com tudo que fez. Mas a listinha do que tínhamos planejado não está junto para comparar. Se olharmos para o que foi feito, sempre teremos muitas coisas. Mas e de tudo o que tínhamos que fazer de fato, o que foi feito? Se fez tudo aquilo, é o primeiro passo.

Todas as causas têm que estabelecer metas. A gente muda a gente e o espaço que estamos, não o mundo todo. Não adianta medir assim: "Ah, vi no IBGE da cidade que o índice de desemprego é tal e a gente vai reduzir". Não. Você pouco consegue causar uma transformação dessas, a não ser que você esteja com o prefeito da cidade, com todas as organizações juntas e todas as pessoas da cidade comprometidas. O máximo que você vai conseguir é medir o impacto dentro do que se comprometeu. Por exemplo, nessa comunidade, com trinta famílias, eu quero fazer isso. Eu passo a ter uma unidade de medida.

Então, para medir impacto, primeiro preciso diminuir o escopo de trabalho, identificar o que quero mudar. Preciso saber que consigo, não controlar, mas influenciar aquela realidade a ponto de fazê-la mudar. Se não fico sempre sonhando que vou fazer alguma mudança e ela nunca acontece.

A gente diz muito isso na hora de prestar assistência às famílias. Temos uma instituição que usa o Bússola, que faz planejamento familiar. Fantástico o trabalho. O que eles fazem: querem ajudar famílias a mudarem sua realidade.

Ele entende a necessidade dessa família e elabora um plano mesmo, com uma meta para cada problema. No final, a família sai com planejamento do que ela precisa fazer nos próximos doze meses para mudar a realidade dela. A instituição acompanha, orienta, estimula, lembra e vai acompanhando a evolução. Consegue mudar a realidade dessa família? Consegue! Pois construíram com ela, planejaram e identificaram a realidade.

Se eu olhar para uma cidade e falar que quero diminuir a pobreza e aumentar a renda das famílias empobrecidas, vou conseguir? Da cidade, não. Mas dessas famílias que estou acompanhando, com certeza, com trabalho, vou.

E aí entra isso, medir processo e ter planejamento para depois saber como ser mais eficiente no seu impacto. Como no segundo ano seremos ainda mais eficientes, o que deu certo e o que não deu.

A tecnologia ajuda nisso. A construir junto informações e dados para não partirmos do zero.

Esse é o desafio. Definir claramente qual o tamanho daquilo que consigo gerar e, aí sim, partir para a meta de gerar impacto na sociedade.

Importante manter a mente nas nuvens e os pés bem presos no chão. Não dá para ficar só no sonho, temos que estar bem calçados em questões sistêmicas para garantir.

E como medir a sustentabilidade de um projeto? Não é porque você levou água e saneamento, por exemplo, que é um dos objetivos do Instituto Cecres, que aquilo vai continuar ali daqui dez, quinze ou vinte anos. Como mensuramos a permanência e manutenção de um projeto mais subjetivo?

O sistema vai resolver o problema da gestão das informações, mas alguém tem que alimentar. Dizer se mudou, se permaneceu.

Pensar na sustentabilidade de um projeto como este, parte justamente de engajamento. O quanto você envolve as pessoas naquilo que é delas, no quanto as pessoas beneficiadas se entendem parte daquilo. Se você faz as pessoas se sentirem parte, elas preservam.

As pessoas têm que se sentir pertencentes, entender que é delas. Quando pensar em qualquer projeto social que queira resultado perene, a longo prazo, você precisa envolver as pessoas desde a criação. "Quero levar esgoto." Mas essa comunidade quer? Ela está envolvida nisso? Tem educação? Entende que mudança isso vai gerar? Qual o impacto disso para ela?

Precisamos entender que o que pensamos que é positivo pode não ser para a comunidade. Não estou dizendo que o esgoto mal tratado é positivo para alguém, mas o que aquilo representa para a comunidade faz toda diferença em como vamos construir aquilo.

E, depois de implantado, vem o acompanhamento. Você colocou a rede de esgoto, mas a pessoa da casa puxou essa rede? Ou ela continua não usando? Como envolver a comunidade para que ela entenda a importância daquilo?

Traçar um projeto de sustentabilidade é basicamente envolver pessoas, engajar e entender que o investimento não pode ser por um ano. Pode levar um ou dois anos para fazer acontecer, mas precisa investir por mais tempo para sustentar esse projeto, para ter tração sozinho. Talvez você invista um milhão no primeiro ano e, depois, continue investindo mais cem mil para continuar vivo, por dois ou três anos. Até que aquilo esteja incorporado e, mesmo que você saia, continue acontecendo.

Importante planejar espaço, entrada, tempo de permanência e a saída.

O mundo está caminhando para termos cada vez mais empresas com propósito. Muitas poderiam fazer mais, mas não fazem por falta de conhecimento. O que os empresários podem fazer para se engajar e construir um mundo melhor?

Muitas empresas dizem que não sabem como ajudar a mudar o mundo, não sabem por onde começar. Mas, quando dizemos como, elas começam e não param mais.

Você que não sabe como começar, procura um representante da sua comunidade, pergunta para os seus funcionários. Com certeza eles têm alguma instituição da qual são parceiros e confiam. Começa a dialogar, a participar.

Existe hoje o capitalismo solidário que diz, justamente, que o capital não pode ser exploração da mão de obra, e sim algo solidário. A dica que dou é: olha para fora, sim, ajuda a sociedade, mas começa olhando para dentro. Para o seu colaborador, para a família dele. Eles precisam ter não só condições dignas, mas uma vida melhor com seu apoio, orientação e cuidado.

Uma empresa saudável e solidária cuida dos seus e ajuda os dos outros.

café
cooperativo
Os benefícios da
nova governança
única do Sicoob
com Miguel Oliveira
apresentação:
Taís Di Giorno

Os Benefícios da Nova Governança Única do Sicoob

Entrevista realizada com Miguel Oliveira, presidente do Conselho de Administração do Bancoob e Sicoob Confederação, em 5 de novembro de 2020

Antes de entrar no nosso tema, queria que você falasse um pouco da sua trajetória no cooperativismo.

É uma trajetória de quase 30 anos.

Sou servidor do Poder Judiciário desde 1988 e tive a oportunidade de trabalhar em alguns gabinetes de ministros no Superior Tribunal de Justiça. Em 1991, estive entre os servidores que impulsionaram a criação de uma cooperativa dos servidores do Poder Judiciário e do Ministério Público no Distrito Federal. Na ocasião, minha posição era de ser apenas um dos cooperados. Esse foi meu primeiro contato com o cooperativismo.

Com o passar do tempo, fui me envolvendo com o tema até ser convidado a participar do Conselho Fiscal da cooperativa, em seguida do Conselho de Administração, Vice-Presidência e Presidência.

Em 2000, tive a oportunidade de atuar como suplente no Conselho de Administração da Central das Cooperativas de Crédito do Distrito Federal - Sicoob Planalto Central. Em seguida, assumi como Conselheiro titular. Em 2006, passei a fazer parte da Diretoria Executiva do Sicoob Planalto Central, atuando como diretor administrativo, estendendo minhas atividades também para o Conselho de Administração do Bancoob, onde permaneci por seis anos. Também tive a oportunidade de participar da Comissão de Ética do Bancoob por quatro anos, enriquecendo ainda mais meus conhecimentos.

Em julho de 2019, assumi a Presidência do Sicoob Planalto Central para um mandato de três anos.

Durante toda essa trajetória adquiri uma experiência fantástica, principalmente conhecendo as particularidades do sistema em todos os níveis. Vivenciá-lo em perspectivas diferentes foi fundamental para compreender as peculiaridades e necessidades de cada peça dessa imensa organização que hoje faz parte da vida de milhares de pessoas.

Como participante do Conselho de Administração do Bancoob, sempre mantive um contato estreito com todos os conselheiros. Juntos, pensávamos na implantação do modelo de governança única para uma gestão diferente, com mais sintonia entre todos os níveis sistêmicos.

A partir dessa modificação na governança, fui escolhido pelos Conselheiros de Administração do Bancoob para atuar como seu presidente e, consequentemente, também como Presidente do Conselho da Confederação.

Aceitei o convite ciente dos grandes desafios, mas muito otimista. Entendo que estamos no caminho certo e espero que, pela minha experiência no segmento, possa contribuir para o crescimento do Sicoob como um todo.

É uma história de se orgulhar. Entrando um pouco no nosso tema, queria que você explicasse como era a estrutura antes, com a segregação Sicoob Confederação e Bancoob, e como ficou hoje depois da governança unificada.

O modelo de governança era bem diferente do que temos hoje.

Tínhamos uma governança no Bancoob e outra na Confederação, gerando, muitas vezes, conflitos de interesses, tendo em vista a duplicidade de comandos e o entendimento divergente.

Esse modelo funcionou muito bem durante alguns anos, mas, com o passar do tempo e o crescimento do sistema, percebemos que o Bancoob e a Confederação acabavam canalizando suas energias mais na gestão dos conflitos do que dos negócios.

Para um melhor entendimento, observe que o Bancoob atua mais na oferta de produtos e serviços de natureza financeira, enquanto a Confederação atua com foco nas diretrizes sistêmicas, soluções tecnológicas e gestão de risco.

O sistema vinha apresentando um crescimento médio de 25% ao ano, sendo que, nos últimos dois anos, esse crescimento caiu significativamente para 18%. Ou seja, começamos a perder tração, pois tínhamos duas governanças, dois comandos, mas que as ações não convergiam para soluções conjuntas.

Com a governança única, temos apenas um núcleo de decisão, facilitando o entendimento e dando maior celeridade às demandas apresentadas ao Bancoob e à Confederação.

Quando falamos do Bancoob, a gente tem a DTVM - Distribuidora de Títulos e Valores Mobiliários, seguradora, temos Previ e vários outros CNPJs que a compõem. E, hierarquicamente, o Bancoob e a Confederação estão equiparados. Realmente a gente fica com essa questão não só de conflito, mas também de delay no andamento de projetos. Porque são dois comandos e você acaba burocratizando algumas coisas.

Ficamos esperançosos no aumento do nosso share com essa governança única. São dois órgãos com muito peso.

Muitas vezes acontecia, por exemplo, de a Confederação encaminhar uma solução de TI e o Bancoob criar a mesma solução. Existia, literalmente, uma disputa que não contribuía em nada para o sistema.

Agora, teremos a celeridade dos processos, além da redução significativa de conflitos internos.

Escala também, Miguel? Teve redução de custo para o sistema?

Sim. Os ganhos são significativos, em especial pela sinergia entre o Bancoob e a Confederação, que acaba propiciando ganhos em todos os sentidos.

Com a governança única, reduzimos os custos, uma vez que havia uma sobreposição de estruturas, ou seja, um departamento de RH, jurídico, marketing em cada uma das casas. Hoje essas estruturas foram unificadas gerando uma redução significativa nos custos e ganho na eficiência na prestação do serviço.

Estamos prevendo, ainda, a criação de um Centro de Serviços Centralizados, inicialmente centralizando alguns serviços na Confederação, tais como contabilidade, folha de pagamento, contas a pagar, conciliação financeira e tributária. Com isso, as Centrais que prestam esses serviços serão desincumbidas desse ônus, podendo se dedicar a apoiar as cooperativas singulares com foco maior na comercialização dos produtos e serviços do Bancoob, melhorando seu desempenho comercial e a eficiência operacional.

Todo o sistema ganhará em escala, atingindo todos os três níveis: singulares, centrais e Confederação/Bancoob.

Vamos citar aqui para todo mundo entender. O Sicoob Cecres, por exemplo, tem, hoje, seu serviço de contabilidade centralizado no Sicoob-SP. Então, a partir de agora, é a Confederação que vai fazer esse serviço? E a central vai ficar liberada para outro escopo?

Exatamente isso. Estamos com o projeto piloto em andamento na Confederação, atendendo apenas algumas cooperativas. A previsão é que, em 2021, possamos oferecer esses serviços para todo o sistema.

É importante deixar claro que a adesão não será obrigatória. A cooperativa continua com sua independência, mas ela terá a opção de migrar esses serviços para a Confederação.

A adesão é, primeiro, da central para a Confederação e, depois, da singular para a central?

Nesse primeiro momento, estamos escolhendo apenas as cooperativas singulares que participarão do Projeto Piloto, observando critérios de porte e complexidade.

Miguel, tem perspectiva de centralização de cobrança também pela Confederação?

Tem sim. Temos estudo da gestão passada, mas não é prioridade no momento.

Isso é muito bom, pois libera a central para ser parceria de negócio, gera ganho de eficiência. E libera a singular para deixar a equipe mais focada em vendas, fomento e marketing. Até pouco tempo, tínhamos cobrança na singular, controle interno, marketing, departamento pessoal, contabilidade.

E tínhamos na central também, tudo em duplicidade.

Sim. E quando tivemos a central abrindo o escopo para a singular na ponta, facilitou. O Sicoob Cecres adere a tudo que é centralizado. Porque libera nosso pessoal para fazer negócios. É uma evolução.

Facilita para as cooperativas buscarem a eficiência tão desejada.

E, Miguel, quais foram os principais entraves para essa mudança tão grandiosa na governança?

Diria que foi conscientização dos acionistas e dos dirigentes do nosso sistema de que era necessário pensar no coletivo, garantindo a sustentabilidade do nosso negócio.

Trouxemos um pouco da essência do cooperativismo, tirando da individualidade e focando na coletividade. O maior desafio foi fazer com que os presidentes que compunham o conjunto de majoritários aceitassem o novo acordo.

A construção desse novo acordo também foi um grande desafio. Exigiu uma profunda reforma estatutária do Bancoob e da Confederação.

Com essa reforma, as 16 Centrais passaram a ter a participação direta nas decisões do Bancoob e da Confederação. A questão de maior complexidade é a de considerar a participação acionária de cada uma, pois há um desnivelamento (central com participação acionária grande e produtividade baixa, central com participação acionária pequena e com produtividade alta).

Você já participava desse debate nessa transição?

Já, sim. Fiquei 15 anos como Diretor Administrativo do Sicoob Planalto Central e isso era afeto à minha área. Eu participava do planejamento estratégico do sistema, e todos os anos era o mesmo assunto: governança única. E, dentre outras questões, sempre esbarrava no acordo de acionistas majoritários.

Quando assumi o Sicoob Planalto Central, em julho de 2019, tinha como prioridade levantar essa discussão sobre a possibilidade da implementação de um novo modelo de governança no sistema. E foi surpreendente porque, após muita conversa e negociação, tudo pareceu fluir muito bem, com a aceitação final de todos.

Essa oxigenação vai trazer um olhar mais contemporâneo para o segmento, dar mais celeridade e aumentar o share.

E, fazendo uma observação, não era minha pretensão. Quando eu propus essa discussão, eu tive apoio de alguns majoritários e minoritários. Se ficássemos em um só grupo, não chegaríamos num consenso.

Eu tenho um perfil muito conciliador, tomei a frente e comecei a fazer isso: trazer pessoas de grupos diferentes para a discussão. Com isso, fomos construindo um ambiente bem favorável. De repente, das 16 centrais, vi que estávamos com 11 aceitando a proposta. Estava praticamente resolvido. O ideal era que todos aceitassem. E, ao final, conseguimos!

Esse meu perfil conciliador, além do fato de residir em Brasília com a facilidade logística, fez com que meu nome fosse indicado para a presidência do Conselho de Administração do Bancoob e da Confederação. E aqui estou, me sentindo honrado em enfrentar esse desafio.

Mas tenho certeza de que tem competência para o cargo. E você tem mesmo a característica do diálogo, que é muito importante principalmente agora, que ainda é um projeto embrionário.

E qual o efeito da governança única na nossa representatividade perante o sistema cooperativista?

Temos muitos ganhos. Com essa confusão toda, em alguns momentos com o Banco Central, por exemplo, éramos representados pela Confederação e, em outros momentos, pelo Bancoob. A mesma coisa ocorria com os órgãos de representação, como a OCB. Havia dificuldades em identificar quem exatamente representaria o sistema num debate, por exemplo.

Existia uma certa duplicidade de representação, e agora temos apenas um núcleo: um só presidente do Conselho de Administração, mesmo sendo dois Conselhos. São os mesmos conselheiros que ocupam os assentos do Bancoob e da Confederação. E o executivo, o CEO que responde hoje pelas duas casas é uma pessoa só, o nosso presidente executivo, Sr. Marco Aurélio Almada.

Passamos a falar a mesma língua, pois uma só pessoa representa o sistema como um todo.

E veio no momento certo. Vamos atravessar um momento de maior competitividade de mercado, com todas as ferramentas digitais que vem aí. Isso vai trazer necessidade de mais aceleração nos projetos, mais assertividade.

Essa unificação veio ao encontro da nossa necessidade de nos mantermos no jogo. Se fica muito burocrático, com forte ruído de comunicação frente a um mercado tão desafiador, é preocupante.

E agora mais do que nunca. Estamos diante de um desafio em que o modelo tradicional não vai surtir o mesmo efeito daqui para a frente. Precisamos pensar diferente, ter mais celeridade na solução tecnológica, por exemplo. Nossos concorrentes estão cada vez mais tecnológicos. Isso vai exigir do Sicoob uma atuação mais proativa.

E, a partir do momento que minimizamos os conflitos, temos condições de ser mais proativos. Essa crise vai exigir novo posicionamento nos negócios. E isso vem ao encontro desse novo modelo.

Exatamente. Miguel, sua experiência na vivência de intercâmbios por diversos países contribuiu para formação e sedimentação deste modelo de governança?

Muito! Aprendi muitas coisas nessas experiências nacionais e internacionais.

Mas com os intercâmbios aprendi muito. Sou muito favorável. Tive experiências fantásticas. E conheci, exatamente, modelos de governança sem esse duplo comando. A gente percebe que os sistemas são muito verticalizados lá fora e, aqui, estávamos muito horizontalizados.

Foram experiências que vivenciei que fizeram com que eu me sentisse mais encorajado a encarar esses desafios e dar minha contribuição para o crescimento e consolidação do Sicoob.

Dentro dos intercâmbios, você compartilha da ideia de que o sistema alemão é inspiração para o Brasil?

Eu acredito que sim, mas guardadas as características sociais, econômicas e até mesmo culturais. Respeitando isso, acredito que podemos nos espelhar no modelo alemão, que possui uma atuação mais unificada, com estruturas mais enxutas, reduzidas.

Mas acredito que, visualizando o que temos pela frente, aos poucos vamos nos adaptando e nos aproximando cada dia mais da excelência dos sistemas cooperativos internacionais.

Neste ano, frente a tantos desafios que passamos, tivemos também o desafio grande de uma Selic historicamente mais baixa. Foram sete reduções seguidas. E quando vamos para o modelo alemão, temos a taxa de juros negativa. Temos que nos profissionalizar e estudar muito para entender os impactos desse cenário aqui para nós, que não é um movimento impossível a médio e longo prazo.

É uma tendência, Taís. Quem imaginaria, há cinco anos, que chegaríamos nessa Selic? Não acredito que continue nesse patamar, mas é uma tendência. O Brasil é país muito novo, em pleno desenvolvimento, com tendência a se fortalecer, a melhorar a economia. Temos algumas coisas bem diferentes de outros países, como a nossa força no agronegócio.

Essa coisa de que a taxa de juros é uma oportunidade para ganhar dinheiro não vai durar muito tempo.

Vemos pelo boletim do BC que a tendência é a Selic chegar a 5% em 2022. Mas acho que nós, cooperativas financeiras, que vivemos ainda de spread, precisamos repensar. Precisamos focar no relacionamento, na fidelidade do associado e entender que o negócio é focado em sociedade de pessoas, não de capital, para que as pessoas prefiram transacionar com o cooperativismo.

Esse mercado que vamos entrar vem derrubando um arcabouço de receitas que o sistema financeiro tinha. É uma série de ações que precisaremos implementar para equilibrar a receita, onde já temos um spread tão justinho. Volto sempre para o discurso do relacionamento para o atendimento humanizado. O momento é muito propício para um exercício de empatia.

No fim, quem vai levar a melhor fatia é quem focar nisso.

Aí a importância de uma atuação consistente do Bancoob e da Confederação, que convirja exatamente para soluções. A responsabilidade é muito grande. O Bancoob precisa atuar na disponibilização e criação de produtos e serviços competitivos para que a gente ganhe dinheiro com a comercialização deles e não mais na intermediação financeira que, hoje, é o forte.

Temos que focar em comercialização de produtos. E aí está a importância de uma convergência entre essas duas casas, de ações que deem condições para as cooperativas. A Confederação, no campo da tecnologia e na gestão de risco.

É um desafio grande. Porque a gente sabe que precisamos fazer negócios e olhar pra competitividade através de vendas consultivas. Não é qualquer venda para bater metas "burras", é a venda com todo respeito à expectativa e necessidade do associado. O desafio

é fazer isso mantendo a essência cooperativista.

E, Miguel, após a migração, quem irá monitorar os serviços realizados pela Confederação?

Hoje, quem monitora a Confederação é a CNAC, e, principalmente, o Banco Central. Possuímos um canal de ligação direta com o Banco Central, não só para questões exclusivas com a Confederação, mas também naquilo que se refere às questões afetas às singulares.

Teremos novidades sistêmicas em termos operacionais para atendimentos a distância?

Essa é uma tendência. Melhoramos bem, mas ainda tem muito o que melhorar no *app* Faça Parte, por exemplo, que é a possibilidade de o cooperado se filiar a uma cooperativa sem a necessidade de ir pessoalmente a uma agência.

Já tivemos algumas evoluções. Antes, grande parte dos cooperados não tinham o hábito de usar nossos *apps*. Costumavam ir à agência. Acredito que o nosso atendimento personalizado é um grande atrativo. Com a pandemia, estão usando mais os canais de atendimento Sicoob.

Uma das coisas que vamos defender para o orçamento de 2021 é o incremento maior no orçamento de investimento em soluções tecnológicas. Exatamente pensando nessa possibilidade de que, daqui para a frente, tudo vai ser muito mais digital. Não dá para esperar os bancos saírem na frente. Teremos atenção especial com relação a investimento para continuarmos competitivos.

Temos preocupação também com o jovem. A gente folga em saber que sob sua gestão, o CCS está olhando muito forte para a tecnologia. Vemos que a pandemia acelerou muito o relacionamento digital. Tivemos cinco anos de avanço por causa das necessidades atuais. Pessoas de faixa etária mais alta fazendo reuniões objetivas em plataformas digitais e percebendo o ganho de produtividade. Esse movimento proporciona grande expectativa para inserção do público jovem no segmento. O Sicoob pode ficar mais interessante

para esse público?

Essa pressão começa dentro de casa. Tenho três filhos jovens, de 28, 26 e 24 anos. Todos são associados do Sicoob. Eles me cobravam muito isso.

Um dia, minha filha precisou validar uma senha e tinha que ir à agência. Ela achou estranho ter que se deslocar para ir fisicamente, não dava para fazer pelo *app*.

Não podemos de jeito nenhum perder o foco no jovem. Hoje, se você analisar os nossos concorrentes, eles estão investindo muito no público jovem. Os jovens estão de olho nesse tipo de comportamento das empresas. E aí eu acho que a gente precisa desenvolver algumas campanhas focadas nesse público.

Para isso, precisamos de tecnologia. Eles não aceitam mais esse conceito antigo de ter que ir presencialmente à agência. Entretanto, ainda precisamos continuar com as agências porque temos um público que gosta desse contato, mas numa estrutura mais enxuta. Precisamos de soluções para atender todas as pessoas.

As agências vão precisar se reinventar. Para alguns serviços, ainda precisamos olhar nos olhos de alguém, mas ninguém mais precisa de fila para pagar contas. Não precisa ter o sofrimento de agência para fazer serviços básicos. Mas elas precisam se reinventar para serviços mais complexos e vendas cada vez mais consultivas.

Como você vê isso?

Pegando o PIX como exemplo, já é um grande avanço nesse sentido. Não preciso mais ir ao caixa fazer pagamentos. Hoje, se você tiver uma agência com oito caixas, você já pode repensar.

Não vamos deixar de atender nas agências, até porque o cooperativismo, na minha opinião, tem esse diferencial, esse atendimento personalizado. Você vai até a agência e a pessoa te chama pelo nome, te conhece, porque essa relação, de certa forma, intimista, está na nossa essência.

Temos que atender o público mais conservador que vai continuar frequentando a agência.

Precisamos fazer um *mix* para atender os anseios dos jovens sem deixar de considerar o público mais conservador, que faz parte do histórico de construção da cooperativa e que está acostumado com o atendimento presencial.

Ter consciência de que é necessário estar de olho na evolução tecnológica, mas sem perder nossa essência e DNA.

Falando na estrutura nova do CCS, existe uma diretoria de comunicação e, se não existe, existem planos para isso?

Nós tínhamos uma área de comunicação e marketing para cada uma das casas. A partir de agora, vamos falar a mesma língua em uma estrutura única que atenderá o Bancoob e a Confederação, mas apenas como um departamento e não uma diretoria específica.

Nós do Sicoob Cecres, com nossas ações enquanto singular, já sentimos um crescimento significativo com nossa inserção nas mídias. As pessoas se interessam, porque o nosso negócio é, de fato, interessante, fácil de se vender. Só precisa ser comunicado, as pessoas precisam saber que o sistema existe.

Precisamos pegar carona com fintechs e meios de pagamento para desmistificar que as pessoas precisam dos bancos. Hoje temos outros players de mercado que oferecem soluções mais vantajosas também, justas, democráticas e inclusivas. O sistema cooperativista tem que comunicar mais.

Temos um país em desenvolvimento, com 30% da população não bancarizada ainda. Tem um terreno muito fértil para o cooperativismo, mas precisamos falar em grande escala.

Meu entendimento é o mesmo. Precisamos enxergar além do nosso relacionamento diário com nosso associado, pois temos um espaço enorme para crescimento.

Alcançamos agora cerca de cinco milhões de cooperados no Sicoob e precisamos fazer alguma coisa para o país entender que temos cinco milhões de pessoas vinculadas ao cooperativismo. É preciso maior divulgação, temos que consolidar nossa marca.

A Confederação e o Bancoob, a partir de agora, vão estruturar essas duas casas, tentando enxergar novas oportunidades que, certamente, vão surgir. Nossos concorrentes estão cada vez mais agressivos e tecnológicos, e não podemos vacilar ou perder tempo, temos que sair na frente.

Temos tudo pronto, só falta realmente ir para a vitrine.

Exatamente.

Os desafios são grandes no CCS, mas estou muito otimista e disposto a me dedicar. O legado que quero deixar é um Sicoob mais moderno, atuante, comunicativo e eficiente na entrega de soluções para as centrais e suas cooperativas.

café
cooperativo
Cooperativismo
financeiro na
reestruturação da
economia brasileira
com Lúcio César de Faria
apresentação:
Taís Di Giorno

Cooperativismo Financeiro na Reestruturação da Economia Brasileira

Entrevista realizada com Lúcio César de Faria, especialista em cooperativismo financeiro, em 12 de novembro de 2020

Antes de entrar na nossa pauta, queria que você nos contasse um pouco sobre a sua trajetória. Como foi sua trilha no nosso segmento?

Eu entrei no Banco Central em 1977 e logo fui trabalhar na área de autorização de cooperativas e instituições financeiras. Foi meu primeiro contato, já de imediato, com o cooperativismo de crédito. Passei depois por outras áreas do BC, vi muitos bancos de Minas quebrarem. Depois passei para a área de Dívida Pública, que autorizava operações de crédito de estados e municípios e voltei para o Departamento de Organização do Sistema Financeiro (Deorf).

A maior parte da minha vida profissional foi no Deorf. Fui gerente técnico aqui em Belo Horizonte. Metade das cooperativas estavam sob minha gerência. Então nos tornamos centro de especialidade de cooperativismo de crédito.

Mais para o final da minha trajetória no BC, tornei-me assessor dedicado exclusivamente ao cooperativismo de crédito. Fazendo articulação das demandas do cooperativismo com o BC, era responsável pelo contato técnico do BC com o CECO. E aí, minha última ação dentro do BC foi justamente a construção do Marco Regulatório do FGCOOP. Os técnicos do BC, junto aos técnicos do CECO e da OCB, construíram a regulamentação que dava base ao Fundo.

Como eu já estava com a aposentadoria anunciada, fui convidado a ser diretor executivo do FGCOOP e aceitei. Nem falo que foi um desafio, porque já sabia do tanto de apoio que teria. A OCB deu todo o apoio logístico de início e isso catapultou o FGCOOP. Os próprios sistemas e os bancos cooperativos compreenderam o FGCOOP e nos auxiliaram. O BC também deu apoio muito grande. Aceitei, sabia que teria muito apoio do nosso Conselho de Administração, das lideranças cooperativistas, e foi muito bom.

Vi nascer o FGCOOP. Desde a base, a criação de logo, *e-mail*. Vi nascer do zero. Foi muito bacana. Até chegar, então, na estruturação de todas as suas atividades, gestão financeira, cobertura de depósito, monitoramento e, mais recentemente, a assistência financeira.

Por fim, já tinha me proposto a ficar dois mandatos. Conduzimos junto ao nosso Conselho, junto ao presidente, um processo bem bacana de sucessão. Anunciei previamente, fiz um tempo de transição conjunta por quatro meses e, com isso, meu sucessor pôde assumir com pleno conhecimento do FGCOOP.

Hoje o Fundo está muito bem entregue nas mãos do Adriano Ricci. É um excelente profissional, muito capacitado, e fico feliz que ele esteja me sucedendo no FGCOOP.

Essa é minha trajetória no BC e no FGCOOP. Vi de dentro do BC como o cooperativismo foi crescendo.

Estou no segmento há 22 anos e sinto que o FGCOOP foi um divisor de águas. Era o que faltava para trazer mais segurança para o associado e para o nosso segmento dentro do sistema financeiro. Trouxe para nós um poder de argumentação que realmente acompanha o mercado.

É, de fato faltava isso, Taís.

Os bancos usavam isso. O pessoal do cooperativismo conta que os bancos assediavam os associados, falando que a cooperativa não era segura, que não tinha garantia.

O FGCOOP igualou as condições de competitividade nesse sentido. O que o cooperativismo já tinha de igualdade em produtos e serviços, faltava nessa garantia. O FGCOOP veio dar essa igualdade, segurança para trazer mais associados e tirar esse argumento dos bancos.

E tem uma questão de desconhecimento das pessoas. A mídia, por falta de conhecimento sobre o segmento, sempre coloca como matéria de jornal uma cooperativa que liquidou. E as pessoas confundem muito o cooperativismo de transporte, habitacional,

com o financeiro. Sempre é matéria de capa quando algo saiu errado.

O FGCOOP é mais uma questão de difundir a comunicação. É importante investir para que a gente não fique à mercê do desconhecimento tanto do poder judiciário, quanto da mídia.

Raramente se vê uma reportagem completa sobre cooperativismo sem nenhum equívoco.

Lá no FGCOOP, quando tinha alguma matéria assim, a gente fazia uma carta esclarecendo o jornalista sobre o Fundo, encaminhando nosso relatório e ainda dava de presente um livro sobre cooperativismo do Ênio Meinen. Infelizmente, o desconhecimento do cooperativismo ainda é muito grande no meio acadêmico, judiciário, na imprensa e na população brasileira.

Lúcio, você teve o privilégio de acompanhar do outro lado do balcão, de dentro do BC, esse crescimento do cooperativismo no país, junto ao desenvolvimento de um olhar de governança do BC. Lembro que há décadas, quando o BC vinha visitar a cooperativa, todo mundo tremia. Era uma fiscalização muito dura. Hoje temos um trânsito com o BC em uma linha muito madura, onde o vimos como um órgão altamente agregador.

Mas você presenciou tudo isso estando lá dentro. Queria saber o que você pode compartilhar com a gente sobre essa mudança de chave do posicionamento da autarquia, de acordo com o desenvolvimento das cooperativas financeiras.

É interessante. Às vezes a gente olha para trás e pensa: "Como pode ter sido assim?". Tudo é um processo evolutivo, de maturação para chegar no que temos hoje.

Quando entrei em 1977 no BC, realmente era um cartório. O pessoal falava que era um cartório que ficava identificando documento. E tenho que reconhecer que era mesmo. Naquela época, tínhamos 300 cooperativas no Brasil; e, entre 1998 e 1999, já eram 1.200. Era um fervor de autorização de cooperativas.

Aqui em Minas, tinha um contador que ia pelo interior prestando serviço de constituição de cooperativa. Juntava 20 pessoas interessadas, fazia assembleia de constituição, eleição, encaminhava, a gente verificava requisitos mínimos e autorizava a cooperativa. Nós carimbávamos e esses heróis iam implantar uma cooperativa e trazer crescimento. Várias não deram certo, mas muitas deram. Tenho que reconhecer o mérito dessas pessoas.

Mas essas cooperativas representavam menos de 1% de participação no sistema financeiro nacional. Mas imagina no nosso setor, no Deorf, 1.200 processos de eleição por ano. E mesmo se não tivesse Conselho de Administração, era um trabalho grande e desproporcional à representatividade das cooperativas.

Mas, naquela época, era uma quantidade enorme que merecia atenção e estímulo. Tínhamos que olhar diferenciadamente, começando a fazer alguns eventos com centrais, com as cooperativas, acelerar processos.

E a gente tem que dar mérito a três pessoas: Edson Feltrim, Marden Soares e Sérgio Darcy. Essas três pessoas foram pilares que sustentaram a abertura da visão do BC em relação ao cooperativismo de crédito. Depois, os gerentes técnicos também se envolveram nisso.

E o Feltrim teve mérito maior ainda. O Feltrim botou o BC na rua. Ele que iniciou o movimento de articulação do BC com o sistema, participando de eventos, ouvindo. Veio o acordo de cooperação entre o BC e o CECO, que também foi muito produtivo. Passou-se a articulação de pontos de comum interesse.

A regulação do cooperativismo de crédito é reconhecida hoje como uma das melhores do mundo. Foram criados fóruns de microcrédito, microfinanças, depois mudou para inclusão financeira. Como eu disse, os próprios gerentes técnicos se envolveram com o cooperativismo, entendendo seu potencial pela capilaridade e princípios de ser uma forma de intermediação financeira mais justa e beneficiando a população.

Ou se apostava no cooperativismo ou ficaríamos trabalhando no

BC para ver os bancos ganhando cada vez mais dinheiro. Sabe-se, justamente e licitamente, que eles têm visão de lucro.

É um modelo de negócios diferente.

Exato.

A criação do Desuc também foi um fator muito importante, ter um departamento voltado para instituições não bancárias. Hoje o Desuc assumiu protagonismo na interação com o cooperativismo.

O fato é que se criou dentro do BC uma cultura cooperativista. A partir de pessoas que tiveram essa visão, criou-se no BC uma cultura que hoje é irreversível. Tanto que o BC foi lá na OCB anunciar a Agenda BC# no que diz respeito ao cooperativismo.

Hoje o diretor Paulo Souza reconhece que tem evidência de inclusão financeira, mas podia estar incluso nos outros pilares também, como a competitividade, transparência e sustentabilidade, que têm a cara do cooperativismo.

O que foi fundamental para esse crescimento não foi só a visão do BC, mas também a resposta do segmento. A cada avanço normativo que se dava, o cooperativismo respondia positivamente, com crescimento. Até chegar à livre admissão, outra grande resposta do segmento.

Então, era o BC, a partir dessa visão, estimulando a articulação do cooperativismo, com marco regulatório avançando, o sistema respondendo positivamente e, com isso, novos avanços.

Só faltou uma coisa, na minha visão: a auditoria cooperativa. Essa eu acho que se tivesse havido a união do cooperativismo em resposta a uma auditoria cooperativa única, teria sido um grande trunfo para todos. Mas acho que é a única exceção. Todas as respostas do cooperativismo foram muito bem dadas, o que permitiu cada vez mais a evolução do segmento.

O cooperativismo tinha sede de ter a autarquia como um parceiro

do negócio para que a gente tivesse mais solidez, por isso essa aderência de resposta positiva.

Recebemos aqui o comentário de uma pessoa lembrando a fala de um coach financeiro em Brasília que disse que o cooperativismo não tinha segurança.

Sim, é verdade. Na época mantive contato com esse *coach*. Ele recebeu nosso relatório, recebeu livro e ficou de fazer retificação nas publicações dele.

E isso aconteceu com o FGCOOP já há quatro anos de atividade. E ele, que é uma pessoa da área financeira, disse que as cooperativas não eram seguras porque não tinham cobertura do FGC, sendo que elas têm seu próprio fundo.

É o desconhecimento que tanto falamos. Fico feliz de trabalhar em uma singular que tem um Conselho que olha para a comunicação. Cada programa que fazemos, conseguimos levar para a população esclarecimentos sobre o nosso segmento. Ele existe, é interessante e está aí para todos.

Sempre provoco para que mais cooperativas comuniquem também. Somos uma singular só, mas se tivermos uma comunicação ainda mais forte, uma publicidade mais unificada, no sentido institucional, teremos grande ganho.

Agora queria falar sobre a reestruturação da economia brasileira, porque estamos enfrentando uma crise sanitária, junto a uma crise política e econômica. Como você vê o papel das cooperativas financeiras para essa retomada? Nós sabemos que podemos fazer muita coisa.

Não era de se esperar outra coisa das cooperativas. Na crise de 2008, as cooperativas cresceram. De 2015 para 2016, tivemos outro baque e o cooperativismo respondeu bem.

Se você me pedisse para dizer em duas palavras como as cooperativas podem contribuir com a reestruturação da economia do país, eu te responderia: sendo cooperativas. Basta isso. Porque elas já têm tudo que precisam. Os princípios, a reciclagem da poupança local, a capilaridade, o relacionamento. Então, sendo cooperativas, com seu propósito e princípios, com isso, e só isso, já bastaria para elas contribuírem.

Claro que dentro de ambiente negativo, em termos de macroeconomia, são necessárias algumas ações específicas. Tive a oportunidade de escrever um artigo recentemente sobre isso em que destaquei que a contribuição pode se abortar em três vertentes: as características intrínsecas das cooperativas, o perfil operacional que assumiram ao longo do tempo e o desempenho e oportunidades decorrentes da pandemia.

Falar de características intrínsecas é chover no molhado, mas é sempre bom destacar. Presença em todo território, aumento de cooperados, aumento de participação no sistema, crescimento do depósito e operações de crédito, ao longo dos anos, proporcionalmente maior que o dos bancos, a opção pela livre admissão e incremento de pessoas jurídicas. No "novo normal", isso tudo tem uma conexão muito forte com as cooperativas. Tudo isso é um somatório positivo na atuação das cooperativas para a recuperação econômica.

Como já destaquei, o aumento de depósitos no meio da pandemia decorre da confiança no segmento cooperativista.

E outra coisa muito importante: a interação do cooperativismo de crédito com o agronegócio. O agronegócio tem sustentando a economia do país e não é de hoje. E essa inter-relação que tem com o cooperativismo também é um ponto muito positivo pra recuperação econômica.

A predominância das cooperativas de livre admissão, como eu disse. Hoje elas representam 66% das cooperativas captadoras e são as que têm maior participação de PJ no quadro. E nos três segmentos de cooperativas, plenas, clássicas e de capital e empréstimo, as pessoas jurídicas têm predominância de micro e pequenas empresas. A carteira de crédito predomina em capital de giro, investimento.

E o conhecimento e relacionamento das cooperativas com o associado. Antes usava-se conhecimento e proximidade com o associado. A proximidade hoje está deixando de existir, então é muito acertado falarmos em relacionamento. E a proximidade física não tem sido afetada só pela pandemia, mas pelo uso da tecnologia. O cooperativismo pode não estar muito presente pessoalmente dentro da cooperativa, mas o relacionamento se mantém com o associado.

Todos esses fatores fazem com que a cooperativa contribua para a recuperação da economia. Sua ação regional, recuperando a economia da região, vai somar na recuperação econômica do país.

E concluo dizendo que um casamento perfeito para essa recuperação é entre o cooperativismo e o empreendedorismo local, que é muito valorizado agora em função da pandemia. Esse casamento que está surgindo vai levar a recuperação econômica local.

Eu só acrescentaria também a intercooperação. Ainda conseguimos pescar muito no balde, se falarmos dos vários ramos do cooperativismo. E falar de cooperativismo para quem já conhece é muito fácil.

Lúcio, você acredita que a pandemia vai mudar os hábitos de consumo das pessoas? Como as cooperativas financeiras se inserem nesse novo cenário?

Com certeza. É evidente que haverá mudança de hábito de consumo. Já há um apelo muito grande para que se prestigie o comércio e o empreendedorismo local. Vê-se a importância disso para as comunidades.

E o que é a cooperativa? É um empreendedorismo financeiro local. Então, se as pessoas falam que só vão comprar coisas da sua cidade, não podemos esquecer que a cooperativa é a instituição financeira da localidade. Temos que usar também esse mote para chamar todos os associados da cooperativa a operarem com ela. Eles precisam ter a informação de que ela tem todos os produtos e serviços financeiros que outros bancos têm e que pode dedicar todos os seus negócios à cooperativa de crédito.

Acho que isso é muito importante, não podemos esquecer. Vamos prestigiar o comércio local, então temos que lembrar que a cooperativa é o empreendedorismo financeiro local. Tem que despertar nas pessoas esse sentimento.

Lúcio, o papel do BC no fomento do cooperativismo financeiro é realmente um case mundial. Quais seriam os próximos desafios do marco regulatório nessa trajetória?

Um deles já está em curso, que é a alteração da Lei Complementar 130. A alteração vai ser um avanço em termos de governança. Vai resolver um problema sério que existe hoje que é a impossibilidade de conduzir uma incorporação necessária se houver resistência da direção da cooperativa. A alteração não é um ato de autoritarismo, jamais, mas vai dar a possibilidade de que se traga solução para essas cooperativas em dificuldades, que tendem a ficar pedalando a situação até se tornar irreversível. E aí a incorporação tem que ser feita às pressas, de maneira ruim, às custas de assistência financeira do FGCOOP. Essa alteração será muito positiva, dará mais poder às centrais.

A governança dos sistemas vai melhorar também.

E acho que uma coisa que virá, com certeza, é a exigência de certificação e capacitação para conselheiros de administração.

Primeiro, tenho que mencionar o enorme mérito que os conselheiros têm, de trazer as cooperativas nesse conceito que contei, de irem com a cara e coragem e trazer a cooperativa até aqui. Souberam dar espaços executivos na gestão da cooperativa, se mantiveram estrategicamente no Conselho, mas agora são novos tempos.

A concorrência está acirrando, o cenário econômico é outro. Precisamos de ingressantes bem preparados para o novo cenário.

Isso é muito bem-vindo. Sabemos que administrar uma cooperativa requer pré-requisitos. Tivemos evolução na governança com o curso de certificação de dirigentes, mas é para quem já foi eleito. Agora em termos de premissa para candidatura é mais um passo para a

profissionalização do sistema. São cargos muito complexos para não termos nenhuma premissa básica.

Sem dúvidas. Estamos falando de um novo contexto, novo cenário, cada vez mais acirrado. Temos que preparar pessoas para assumir nessas condições.

É a questão da democracia com responsabilidade. Ficamos por muitos anos só na linha da democracia. Então, toda e qualquer pessoa podia se candidatar, ser eleita. Mas agora passamos também pela linha do tamanho dessa responsabilidade frente ao portfólio das cooperativas hoje.

É, com certeza. O fato de o BC também ter exigido capacitação, fazendo análise de riscos, também foi muito positivo para o crescimento.

Lúcio, tenho batido um pouco na tecla de termos um discurso mais legítimo enquanto cooperativistas. Sabemos que um dos nossos pilares é a inclusão. E temos preocupação com a adesão dos jovens ao cooperativismo. Como você vê a questão tanto de jovens quanto de mulheres? Como as cooperativas financeiras poderiam protagonizar essa equidade?

Primeiro, precisamos dizer que não é só modismo esse tema hoje.

O BC, quando começou os estudos de governança, soltou uma cartilha, depois um livro sobre diretrizes de governança, que já falava que o Conselho de Administração deve ter representantes de todos os segmentos que compõem os associados da cooperativa.

Da mesma forma, hoje, inegavelmente, as mulheres já assumiram há muitos anos a cogestão da economia doméstica e dos negócios. As mulheres hoje estão ali par a par com os homens na gestão da economia doméstica, da casa e dos negócios. E, muitas vezes, à frente dos negócios próprios.

E os jovens estão ingressando hoje com uma nova visão do sistema financeiro. Tem uma pesquisa que mostrou que o jovem prefere ir ao dentista ao invés de ir a uma agência bancária.

Tecnologicamente, o cooperativismo já está bem aparatado, sem dúvidas, para receber esse público. Mas eles precisam estar dentro do Conselho. Diversidade é você ter representantes diferenciados lá dentro. Mulheres, jovens, homens, identidade de gênero distintas para representar a diversidade que você tem no seu quadro. A inclusão é dar voz a essas pessoas.

Já tivemos, uma vez, conselhos de seis membros em que dois deles tinham apenas a função de rodiziar. Quatro estavam eternamente, dois ficavam rodiziando. Era o único papel deles. Qual o sentido de falar de inclusão dessas pessoas?

Então, não é trazer mulheres e jovens para dizer que está moderno e aderente. Essas pessoas vão trazer para dentro do Conselho a visão do público que eles representam. São visões diferenciadas. O que a mulher vai trazer para o Conselho que vai atrair mais ainda o público feminino como associado? O que os jovens vão trazer para o Conselho que vai trazer também o público jovem para a cooperativa?

Eles que estão vivendo o público lá fora. Por mais que os conselheiros sejam antenados, procurem informações, eles não vivenciam o público.

Fiz recentemente um curso de formação de conselheiros de administração e esse tema é muito dominante. E achei interessante que algumas empresas estão fazendo projetos de colocar metas da inclusão de mulheres e jovens, em números e porcentagens.

E há um planejamento para que mulheres possam se preparar. É uma moeda de dois lados. Tem o lado dos conselheiros atuais darem oportunidade e tem o tempo de preparação das pessoas que querem. Hoje o conselheiro tem que entrar preparado para esse contexto operacional.

Precisamos dar oportunidade, fazer a divisão dos atuais conselheiros e ter planejamento.

E, mais uma vez, enfatizo: não é modismo, não é pra fazer bonito, é porque eles têm o papel de trazer para dentro do CAD a demanda do público que eles entendem.

São mini representações de sociedade. Quanto mais diversificado, mais rico o Conselho. Teremos que começar com políticas de recursos humanos para que se defina metas e planejamento estratégico até que isso flua de forma mais orgânica.

Agora queria falar um pouco sobre tecnologia, assunto que tem nos preocupado. Ações como o PIX e o Open Finance, por exemplo, intensificam a concorrência. São tecnologias muito bem-vindas sob o olhar do consumidor, mas para as instituições financeiras são um grande desafio.

Qual a sua visão sobre essa onda tecnológica e o que você sugeriria de ações para as cooperativas não ficarem para trás nessa competição?

Bom, com relação ao aspecto tecnológico do cooperativismo, eu, como associado, fico muito tranquilo. O cooperativismo não deve nada tecnologicamente às demais instituições financeiras. Está totalmente aparatado para esse cenário.

Mas a questão não é tecnológica. É de eficiência. Assim que eu vejo. Porque o PIX, com certeza, vai diminuir tarifas nas cooperativas, é um dos objetivos dele. Então surge mais impacto em termo de receita, além da taxa de juros.

Tecnologicamente, o cooperativismo está bem estruturado, porém, por força dessa conjuntura de mercado, ele vai ter que apresentar cada vez mais eficiência operacional.

E aí dou um exemplo. Sou natural de Pará de Minas, cidade com 90 mil habitantes. Lá tem três cooperativas Sicoob diferentes. Estão indo bem? Sim, mas se fosse uma cooperativa só, um só Sicoob, teríamos um custo administrativo reduzido, o patrimônio líquido seria encorpado e, com isso, o que poderiam direcionar de operação de crédito individualmente, cresceria. A pessoa não ia precisar completar no banco, porque teria um limite maior na cooperativa.

O número de cooperativas singulares tem caído bastante e isso é importante para o crescimento. O número de sedes tem diminuído, mas isso precisa ser revisto com mais antecedência. Não esperar chegar a uma situação drástica. Isso que mais me preocupa.

Dentro desse contexto, você acha que as cooperativas financeiras seguem a exemplo do que aconteceu com os bancos? Tínhamos inúmeros e hoje temos cinco grandes bancos. Dentro da questão de escalabilidade por sobrevivência, acha que as cooperativas vão seguir esse modelo de incorporações em um curto prazo?

A curto prazo eu não diria, Taís, mas elas precisam perder o medo de crescer e, consequentemente, deixarem de ser cooperativas.

Para mim, isso não está no tamanho. A cooperativa não pode ser tão pequena que não tenha escala, nem tão grande que perca os princípios cooperativistas.

Se a gente for ver, precisamos de três cooperativas para formar uma central e de três centrais para formar uma confederação. Três no Brasil inteiro pode ser pouco, mas precisaríamos ter essa quantidade que temos?

Na minha região, por exemplo, poderíamos ter uma cooperativa forte juntando todas do município vizinho sem perder a identidade. A identidade está no relacionamento com o associado. E os outros princípios permanecem. As sobras, a reciclagem da poupança local. Não se perde isso com crescimento.

Acho que o processo já está acontecendo. Já tivemos mais de 1.400 cooperativas no Brasil e, hoje, estamos em torno de 800 captadoras. Acho que a tendência é que reduza ainda mais. E espero que com maior velocidade, para o bem do cooperativismo.

Além disso, nós sempre discutimos a questão de dar ao associado a sensação de rede. O Sicoob já vem discutindo essa questão de trabalhar com a marca pura "Sicoob" nos PAs. Isso daria aos associados a sensação de rede.

E isso é um avanço muito pequeno ainda. Sempre falo que poderíamos compartilhar algumas coisas, não só entre o Sicoob, mas entre os sistemas. Até os bancos se unem no caixa 24 horas. Isso nos ajudaria a ter mais escalabilidade.

Lúcio, você considera que o FGCOOP agiu como um indutor para a verticalização das cooperativas?

O FGCOOP foi o primeiro fórum que teve participação e representantes de todo o segmento cooperativista. Esse ponto foi muito importante, pois congregou a liderança de todos os sistemas.

Hoje, felizmente, temos a Cresol também dentro da OCB, dentro do CECO. Hoje o CECO é também um fórum que congrega a representação de todo cooperativismo. Aí a gente tem que medir em questão política e técnica.

Tecnicamente, acho que sim, que o FGCOOP tem seu monitoramento, passa para todos os sistemas, mostra cooperativas com necessidade de olhar mais atento. Claro que os sistemas têm isso, seu monitoramento. Mas o FGCOOP foi um olhar a mais em cima da necessidade de que algumas cooperativas precisariam de solução. A solução dentro do cooperativismo é incorporação.

Mas a solução mesmo está nos sistemas. Acho que o grande motor da verticalização é o mercado. Esse que manda.

E a gente fala muito de incorporações preventivas. Uma questão de fazer uma transição consciente, de não esperar o barco afundar para, assim, fazer uma incorporação mais traumática e difícil não só para os dirigentes, mas para os associados e para a imagem do sistema também.

Sem dúvidas. Quando você tem que fazer uma incorporação que vai carregar perdas enormes para a outra cooperativa, é uma solução sistêmica, mas como você vai convencer o associado a aprovar em assembleia a incorporação? Tem que ter grandes ganhos com isso.

Felizmente, hoje temos o FGCOOP. Mas digo que vamos ter uma

medida boa e efetiva com a aplicação da nova LC 130, quando os sistemas conseguirão resolver antes e por si, sem necessidade de assistência financeira do FGCOOP.

O Tostão, jogador que é ídolo aqui em Minas, define craque como aquele que tem a antevisão da jogada. A bola ainda não chegou e ele já sabe o que vai fazer.

Nós precisamos ter esse espírito de craque nos dirigentes cooperativistas para antecipar esse cenário e não chegar a deteriorar muito as cooperativas, para que elas se incorporem em boa condição.

Dentro disso tudo que conversamos, com a evolução do sistema, a maturidade das cooperativas e da autarquia, a que você atribui que tenhamos participação no Sistema Financeiro Nacional ainda tão tímida?

Esse é um assunto que me incomoda demais, Taís. Fico aflito.

O Márcio Port diz uma frase que exemplifica muito bem: o maior concorrente do cooperativismo é o desconhecimento.

Claro que temos que ressaltar algumas regiões no Sul, no Mato Grosso e em Rondônia em que o cooperativismo tem participação acentuada. Mas, em um geral, são 12 milhões de associados em uma população de 212 milhões. São só 5,6% da população brasileira. Em outros países, esse número representa mais de um terço da população.

O cooperativismo é tão bom, tem tantos benefícios, acreditamos tanto nele, e por que só isso? Claro que tem crescido exponencialmente ao longo dos anos, mas em relação à população é pouco. Tem forte divulgação de marcas, propaganda em aeroporto, nos estádios, patrocínio de clubes. Mas o mundo não cooperativo não entende.

O cooperativismo se divulga muito bem para dentro, mas para fora é um ilustre desconhecido, infelizmente. São Paulo, o estado mais rico do país, tem só um milhão de cooperados. É desproporcional.

É preciso que se divulgue o cooperativismo para fora. Temos que ter clareza do que vamos divulgar. O pessoal precisa saber do cooperativismo, saber que é uma instituição financeira com todos os produtos e serviços que as pessoas precisam, igual aos bancos, que conta com a mesma garantia do FGCOOP, que é regulada pelo BC.

Não há como o cooperativismo crescer hoje, em número de cooperados, sem ser trazendo quem está no banco. Quando as pessoas me perguntam o que é cooperativa, por mais que a comparação horrorize os cooperativistas, eu falo que cooperativa é igual a banco, porém melhor. As pessoas precisam saber que lá vão achar os mesmos produtos e serviços. Saber dos benefícios que só o cooperativismo tem.

É importante divulgar a marca, sim. Mas precisamos divulgar mais o que é a cooperativa, a completude de produtos e serviços, sua segurança, e trazer esse mundo de gente para aproveitar os benefícios.

Uma vez conhecendo, a pessoa vem. O cooperativismo se vende muito fácil. Voltamos para a comunicação. Precisamos comunicar o modelo do nosso negócio, torná-lo conhecido.

Sem dúvidas.

Fico até me perguntando se os associados sabem tudo que a cooperativa pode oferecer a eles. O BC estabeleceu metas de crescimento para o cooperativismo e afirma que o cooperativismo pode atender simplesmente com o público já associado.

Isso porque muitas operações são realizadas fora das cooperativas, pois o associado não conhece tudo que tem lá ou a cooperativa não pode oferecer a ele o quanto ele precisa.

E aí volta naquele tema que te falei, que se incorporar você vai poder destinar valor maior de crédito.

Outra questão que me aflige muito é a necessidade do aumento de presença no Nordeste e Norte do país. É onde mais precisamos ter o cooperativismo. Vai fazer muita diferença na vida das pessoas.

Precisamos levar as cooperativas bem instaladas aqui para essas regiões. Mas é uma meta que, pelo que vi recentemente, está distante de ser alcançada.

café
cooperativo
A Frencoop no
fortalecimento do
cooperativismo
financeiro
com Arnaldo Jardim
apresentação:
Taís Di Giorno

A Frencoop no Fortalecimento do Cooperativismo Financeiro

Entrevista realizada com Arnaldo Jardim, deputado federal, em 19 de novembro de 2020

Deputado, o senhor tem uma jornada muito pautada no agronegócio. Como começou essa paixão pelo cooperativismo?

Vou mencionar aqui algumas cooperativas que, nessa minha origem, do ponto de vista pessoal, tiveram muita presença. A Coonai, que reúne produtores de leite da região de Franca. A Credicocapec, importante cooperativa de cafeicultores. A Cooplacana, a Coopercana, a Coopana. São cooperativas que tiveram muito a ver com a minha história, do meu pai, da minha família.

Quando vim para São Paulo, vim com a marca do cooperativismo, que é muito presente no interior. Logo depois que me formei, eu fui trabalhar na secretaria do interior do estado de São Paulo. Fazíamos programas de participação da comunidade para fortalecer o cooperativismo.

Fui eleito muito jovem deputado estadual. Assumi com 30 anos de idade, em 1987. Presidi durante muito tempo a Frencoop, frente parlamentar que reúne todos os deputados ligados ao cooperativismo. Tive o privilégio de ser o autor da Lei de Apoio ao Cooperativismo do estado de São Paulo. Lei que, proposta por mim, em nome do conjunto de cooperados e cooperativas, foi aprovada. O que possibilitou que o cooperativismo tivesse um assento na JUCESP, a Junta Comercial do Estado de São Paulo. Lá se registram as cooperativas. Lá a presença do nosso representante separa o joio do trigo, faz com que o cooperativismo, muitas vezes de oportunidade, que se intitula, mas não pratica os princípios do cooperativismo, seja selecionado.

A nossa lei do cooperativismo de crédito estabelece, também, que deve-se orientar políticas públicas no estado de São Paulo por toda busca do cooperativismo. Isso vale para a área da educação, de contratação, de aquisição, de habitação. Você tem que dar espaço para o papel das cooperativas na implantação dessas políticas públicas.

Eu fui autor, conseguimos aprovar essa lei. Ela foi sancionada pelo então governador Geraldo Alckmin no seu segundo mandato, e essa lei existe até hoje.

A Frencoop continuou a existir na Assembleia Legislativa de São Paulo. Isso foi me dando com o cooperativismo agropecuário, mas estendo também aos outros ramos do cooperativismo, uma vinculação muito positiva.

Você poderia explicar o que é a Frencoop e qual sua atuação junto ao Congresso Nacional?

Frentes parlamentares são frentes que reúnem parlamentares de todos os partidos. Muitas vezes você tem partidos que tem posicionamentos ideológicos distintos. Uns mais conservadores, outros progressistas e outros de centro. Diferenciam-se também porque alguns apoiam governos, outros são contrários. Quando constituímos uma Frente, juntamos todos os parlamentares independentemente da ideologia, focados apenas em um interesse comum.

Na nossa frente, se o parlamentar gosta e acredita no cooperativismo, convidamos a vir conosco. Buscamos aglutinar e temos conseguido de todos os partidos, de diferentes opiniões, que se congreguem no apoio ao cooperativismo.

Isso vale para a Assembleia, onde eu presidi a Frente, vale pra a Câmara Federal, para onde fui e estou no meu quarto mandato como deputado federal. Desde o primeiro, sempre participei da Frencoop Nacional.

Tem uma Frencoop na Assembleia e outra em Brasília. São ações distintas. Algumas funcionam em municípios também.

E como funciona na prática? As municipais levantam as pautas, passam por um filtro e são encaminhadas a Brasília?

Algumas questões se encaminham a Brasília porque têm legislação federal. Outras são decididas no próprio município.

Se você vai fazer um orçamento e nele tem políticas públicas, você pode determinar que essas políticas se apoiem em cooperativismo.

Quando diz respeito à legislação do país como um todo, é a Frencoop Nacional. À legislação para o estado de São Paulo, a Frencoop da Assembleia. E à cidade, a dos municípios.

Tivemos uma Frente muito ativa em Jundiaí, por exemplo, que incrementou muito a participação do cooperativismo em vários eventos da cidade.

Então tem autonomia local?

Sim, é exatamente isso.

Eu fui a Brasília e lá começamos a discutir os desafios. Todos me conheciam, porque eu tinha estado lá anteriormente, antes de ser deputado. Fui para a Frencoop. Quando cheguei lá, tivemos logo uma questão para tratar.

O cooperativismo de crédito estava iniciando. E naquela época estava sendo discutida uma grande questão. Tínhamos regras muito duras da Polícia Federal sobre segurança de bancos. Era um momento com muitos assaltos a agências bancárias. Existiam regras que funcionavam para os bancos e queriam que as cooperativas tivessem a mesma regra. A gente explicava que era diferente, que tinha um volume diferente, que as pessoas que vão até uma agência de cooperativa de crédito se conhecem. Tivemos que buscar uma regra específica para o cooperativismo. Porque, se ele tem outra natureza, deveria ter outra regra. Não poderia ter o mesmo rigor, o mesmo custo.

Não estávamos relaxando a segurança, mas não podíamos ter algo tão custoso em um sistema tão nascente, enfrentando seus primeiros passos. Quando isso deu certo, nós conseguimos uma resolução própria e aí cuidamos do cooperativismo de crédito.

Tivemos uma divisão de responsabilidades, eu fui eleito para a diretoria e assumi a responsabilidade de cuidar do cooperativismo de crédito.

E o engajamento dos deputados e senadores durante essa trajetória? O senhor entende que o assunto é mais sabido por todos ou ainda temos muito o que fazer para tornar o cooperativismo financeiro mais público?

O desafio é permanente.

Veja só, na última legislatura, eu fui reconduzido como deputado. E sabe quantos dos deputados foram reconduzidos também? 43%. Foram 57% de novos deputados.

Alguns vieram já sabendo. Outros, não. Então o processo é contínuo. É um processo junto à sociedade. A tendência é que cada vez mais estejamos bem posicionados. Porque o cooperativismo cresce na sociedade do conhecimento.

O salto que tivemos, particularmente no cooperativismo de crédito, foi muito significativo. Cada vez mais essas cooperativas foram ampliando sua base, se tornando de conhecimento mais comum.

Na época dessa história da Polícia Federal, o cooperativismo de crédito respondia por 1,6% do crédito no país. Hoje caminhamos para 10%, o que é uma coisa extraordinária.

E houve um momento decisivo para isso: quando aprovamos a Lei Complementar 130, há 11 anos. Eu era, então, o diretor de cooperativismo do ramo crédito da Frencoop. Quando começamos a dizer que precisávamos de nova legislação, fui encarregado, acompanhado da nossa direção da OCB, a ir ao presidente do BC, que, na época, era o Henrique Meirelles.

Quando falamos de cooperativismo, ele disse que não era um assunto fácil, pois tínhamos um histórico de problemas. E tínhamos, de fato, um período anterior onde cooperativas quebraram.

Não tínhamos o fundo garantidor, que hoje é uma grande segurança.

Exatamente. E isso tudo criava um clima adverso. Na sociedade, de desconfiança. E nos bancos, de alegria, já que éramos um concorrente a menos.

Tínhamos que vencer isso. O Meirelles disse que estudaria e nos encaminhou a um diretor de normas do BC, que era, na época, o Alexandre Tombini, que depois se tornou presidente do BC. Ele se tornou um grande amigo do cooperativismo. O chefe de gabinete dele era o Feltrim. Quem hoje está no cooperativismo sabe que o Feltrim se encantou com o segmento e hoje trabalha conosco.

Foi um período de intensa formulação. E nós queríamos nos fiscalizar. Decidimos partir para a auto governança e autorregulação. Criamos regras. Isso fez com que caminhássemos.

Tive a honra de ser o relator e nós aprovamos a Lei Complementar 130.

É de sua autoria o projeto de modernização da LC 130. Quais os principais avanços dessa ação?

A LC 130 abriu um novo cenário.

Assim que o cooperativismo começou a crescer, tivemos a necessidade do Fundo. Veio a medida provisória. Eu fui autor de uma emenda em medida que tratava de outro assunto, e instituímos o FGCOOP. Na época, fechamos a equação.

Antes de falar dos pontos, permita-me registrar algumas coisas. Primeiro, foi o próprio setor do cooperativismo de crédito, junto à OCB, que decidiu que poderíamos fazer aperfeiçoamento da LC 130. Passados dez anos, tínhamos evolução a fazer. Decidimos que essa evolução não poderia ser feita só pelo cooperativismo. Convidamos e tivemos adesão importante do BC. O presidente, Roberto Campos Neto, tem se revelado um entusiástico apoiador do cooperativismo de crédito. Quando terminamos, fizemos comum acordo, o parlamento, a OCB e o BC para irmos, em conjunto, entregar ao presidente da

Câmara, Rodrigo Maia.

A proposta de reformulação aprofunda regras de transparência, estabelece de uma forma ainda mais controlada todos os sistemas de autocontrole, abre caminho para a profissionalização crescente do quadro diretivo do cooperativismo de crédito, estabelece regras mais precisas com relação às sobras, inclusive para esclarecer pontos importantes com relação à questão tributária.

Ela tem um conjunto de medidas pensadas em parceria com as entidades para que possamos evoluir. O projeto já foi apresentado. Esse período de pandemia nos pegou de forma delicada. A Câmara está se concentrando mais nas medidas de combate à crise econômica e pandemia, mas o projeto está muito maduro para que possamos, na retomada dos trabalhos em 2021, colocá-lo como prioridade.

Queria que o senhor falasse um pouco sobre o cenário que atravessa nosso país e como o poder público pode contribuir para o Brasil na retomada da nossa economia.

Como vai ser o novo modelo? Precisamos de um novo modelo econômico e político nessa retomada.

Não há dúvidas de que uma questão que foi vista desde as últimas eleições é que temos que reequilibrar o poder público e a sociedade. Do ponto de vista da política, aprofundar as regras de transparência.

Sou defensor do parlamentarismo, para que as regras de funcionamento do Parlamento sejam um debate de grandes políticas públicas, e não emendas específicas feitas por parlamentares. Sou a favor de fortalecer partidos e ter debates de grandes temas.

De qualquer forma, precisamos aprofundar regras de transparência. No que diz respeito ao modelo econômico, nós queremos que todos possamos contemplar o momento em que o Estado deixe de ser provedor e passe a ser regulador. O Estado não tem que fazer as coisas, tem que criar condições para que sejam feitas e, depois, controlar a eficácia dessa ação e cobrar respeito às pessoas.

É a política do Estado mínimo, certo?

Exatamente. Com políticas públicas que você tem concentração econômica. Você cria possibilidade do empreendedor e controla para não virar monopólios e oligopólios. É minha visão.

E, mais do que isso, temos que fazer as reformas estruturais. Demos um passo importante com a reforma trabalhista, com a reforma previdenciária, que foi feita, e temos que fazer a tributária.

Portanto, retomar essa pauta de reformas é fundamental para a pergunta que você fez, para a própria retomada da economia.

No começo deste ano, tínhamos aprovado um orçamento que dizia que faltariam 124 bilhões de reais. Já era muito! Agora vamos terminar o ano, após tomar medidas como o auxílio emergencial, o Pronampe e o auxílio a estados e municípios, com déficit de 840 bilhões. Já era uma dívida, agora virou "a" dívida.

Não teremos dinheiro significativo para investimentos. A grande questão é aprofundar PPPs (Perfil Profissiográfico Previdenciário), parcerias, formas alternativas de financiamento. E tudo isso rima, mais uma vez, com o cooperativismo de forma geral e com o cooperativismo de crédito, especificamente.

Falando mais na macroeconomia, existe uma preocupação de conflito diplomático entre Brasil e Estados Unidos com a eleição de Biden, considerando ideologias tão distintas entre ele e o presidente Jair Bolsonaro. E sabemos da importância dessa relação para a retomada da economia. Qual sua visão sobre essa situação?

Olha, eu receio isso. E vou trabalhar muito para que não ocorra.

Acho que o presidente Bolsonaro não vai entrar nesse caminho. Tivemos no Brasil regimes militares, ditaduras. Nunca gostei disso, sempre fui opositor. Esses regimes que se sucederam no Brasil nunca interromperam o relacionamento com os EUA, mesmo com alternâncias no país norte-americano. O Brasil se relaciona há muito tempo com a Inglaterra, ora trabalhista, ora conservadora. Relações de países não podem ser confundidas com convicções individuais.

Já tivemos um problema que foi com os países árabes. O Brasil sempre se relacionou com os dois polos de lá, tem equilíbrio. Não há por que tomar partido em uma disputa que é ancestral. E um excesso de retórica ter nos levado a isso, colocou em risco nossas relações comerciais com países árabes. Conseguimos contornar, no fim das contas.

Um dos assuntos que, certamente, trará tensão, e aí não é questão ideológica, é a questão ambiental. Fiz um artigo que diz que nossa agricultura é sustentável, lembrando pontos de compromisso da nossa agricultura com a sustentabilidade.

O Biden e o Trump fizeram um debate sobre mudanças climáticas, durante a campanha, e, em determinado instante, Biden disse que queria ajudar a trabalhar para a preservação da Floresta Amazônica, muito importante para o mundo. Ele falar isso é uma obviedade, mas falar só isso parece até uma intervenção. Não quero que ele nem ninguém se meta aqui, pois somos capazes de cuidar da nossa vida. Mas aí ele disse que devem gastar para fazer isso. Vi nisso uma extraordinária oportunidade. Biden mencionou uma cifra de dez bilhões de dólares.

Acho que uma diplomacia mais inteligente com relação a questão ambiental transformaria cobrança em oportunidade. Transformar em cobrança nossa. Se querem que preservemos, paguem por isso.

O Brasil dá um exemplo extraordinário de sustentabilidade para o mundo. Enquanto os Estados Unidos têm suas reservas naturais em torno de 16% do território, aqui temos 56% do território nacional ainda de vegetação nativa. Temos o plantio direto que é a profunda transformação, a matriz energética mais limpa do mundo.

No dia 5 de junho de 2019, fui convidado a participar das comemorações do Dia Mundial do Meio Ambiente na Alemanha. Fui ouvir o que tinham a dizer e tomei a liberdade de falar também. Na ocasião, estavam festejando a recuperação da Floresta Negra, a grande reserva vegetal da Alemanha. Lá eles acabaram com a floresta para fazer a grande siderurgia alemã. Eles têm 14% do território de vegetação natural.

Disseram na ocasião, também, que quem têm carro elétrico, não polui. Mas a energia elétrica que utilizam vem do carvão e do petróleo. Aqui, 92% dos carros são *flex*, tendo o etanol como responsável por 56% dos combustíveis que usamos no país.

Então temos muita conversa positiva. Precisamos transformar essas cobranças em nossas cobranças. E transformar dificuldades em oportunidades para vender no nosso país, o que poderá ser a vanguarda mundial da nova economia.

Mudando um pouco de assunto, falando em tecnologia, vimos uma importante aceleração durante a pandemia. E com a política não foi diferente. Como você enxerga essa nova comunicação de parlamentares com os cidadãos pelas redes sociais?

Com entusiasmo. Eu adoro. Sou uma pessoa de certa idade, mas busco me manter atualizado, peço para os meus filhos me ensinarem.

Eu tenho uma alegria muito grande ao ver como o nosso cooperativismo de crédito tem introduzido e assimilado esse instrumental. Vi nossas centrais saírem na frente na adoção do PIX. Vi todo o sistema cada vez mais interligado. Todo o processo de conexão das cooperativas tem sido muito importante. As cooperativas têm feito investimentos significativos em tecnologia e inovação.

Nós que temos o agro, temos um orgulho muito grande também de vê-lo buscando essa inovação. Você sabe que muitas vezes o agro era percebido como um setor mais atrasado, e hoje tem dezenas de *apps* bem sucedidos, tecnologias.

Sou um entusiasta na inovação. Alegro-me de ver o cooperativismo de crédito, especificamente, sensível nesse sentido, caminhando par a par com grandes corporações financeiras para a adoção de medidas mais inovadoras.

Porém, sua pergunta tinha outra pegada, a política. E eu acho que a política ainda não soube utilizar bem esses novos instrumentos. Podemos ter uma forma de consulta à população muito mais avançada. Devemos usar isso.

Com relação à participação via redes sociais, eu gosto. Isso tem permitido mais acesso à política, ao debate, mas temos que aprovar logo a lei sobre *fake news*. Há um certo porre de participação. E isso, muitas vezes, tem se transformado em ataques pessoais muito fortes. Quando a pessoa de fato errou, é justo que seja criticada. Mas muitas vezes se sacam calúnias.

Isso desmoraliza a divulgação.

Saúdo a maior participação, saúdo o debate mais interativo, cumprimento pelo acesso que se pode ter, mas acho que temos que cuidar para ter regras até para não desmoralizar essas formas de participação.

Pensando um pouco no melhor engajamento entre deputados e senadores da nossa bancada, você vê alguma ação que o segmento poderia fazer para que a gente tenha outros parlamentares com visão tão esclarecedora quanto a do senhor nos representando no Congresso Nacional?

Acho que as nossas cooperativas, em cada ramo, cada cidade, muitas vezes não têm noção da força que têm.

Eu acho que o número de cooperativas que visitam a Câmara Municipal é pequeno. Acho que o número de cooperativas que cobram medidas do poder público municipal é diminuto. As cooperativas deveriam procurar os deputados para poder divulgar mais o seu trabalho.

Acho que ganharíamos com isso. Nossas cooperativas precisam fazer mais política. E fazer política não significa ser candidato, se filiar a um partido. Mas dizer e demonstrar o que o cooperativismo pode fazer por políticas públicas, pela comunidade, e o que ele deve cobrar de políticas públicas de apoio a nossa forma de se organizar e produzir.

Acho que as entidades centrais deveriam gastar um pouco mais em divulgação. Precisamos dar mais repercussão a conversas como essa nossa. Mas nossas entidades devem divulgar mais suas ações para que a comunidade perceba o cooperativismo como uma coisa mais próxima de si.

São desafios, mas temos avançado. O cooperativismo hoje tem muito mais gente, muito mais adesão e está muito mais conhecido. Vamos trabalhar para que isso se intensifique cada vez mais.

café
cooperativo
A importância da
educação financeira
com Ronaldo Silva
apresentação:
Taís Di Giorno

A Importância da Educação Financeira

Entrevista realizada com Ronaldo Silva, chefe adjunto do Departamento de Promoção da Cidadania Financeira do Banco Central, em 26 de novembro de 2020

Nem todas as pessoas sabem o que é a Semana Nacional de Educação Financeira, a Semana ENEF, uma inciativa do governo em parceria com o Banco Central. Queria que você contextualizasse o que é a Semana, e nos contasse como nasceu esse projeto.

A Semana ENEF não é só do Banco Central. Ela nasceu em 2014, sendo promovida pelo Comitê Nacional de Educação Financeira, o Conef, e aí teve grande participação do Banco Central e dos demais parceiros do Conef na época.

O objetivo era marcar o calendário para falar de educação financeira e levar a mensagem para o país todo. A ideia era criar um momento como temos o Outubro Rosa e o Novembro Azul. Um momento do ano para fazer esse burburinho com a educação financeira.

Com isso, a partir de 2014, ela começou a crescer. Fomos felizmente abraçados pelo sistema do cooperativismo de crédito, que desde o princípio foi muito parceiro.

Na edição de 2019, tivemos quase 15 mil ações e a participação de mais de 900 mil pessoas. Isso sem considerar todas as ações de mídia. Quando consideramos, tivemos alcance de quase 70 milhões de pessoas. Foi um grande sucesso.

O sistema cooperativista foi responsável por quase 90% de tudo isso. Temos muito a agradecer a parceria de vocês pelo sucesso da semana ENEF.

A sétima edição, de 2020, é promovida pelo Fórum Brasileiro de Educação Financeira (FBEF). Criado esse ano, em junho, tem como missão continuar a governança da Estratégia Nacional de Educação Financeira e conta com oito ramos do governo. Além do BC, temos a Comissão de Valores Mobiliários (CVM), a Previc, a Superintendência de Seguros Privados (SUSEP), a Secretaria de Previdência, Tesouro Nacional, o Ministério da Educação e o Serviço Nacional de Cursos *On-line* (SENACOL). São esses os oito membros responsáveis por levar a ENEF para frente.

Perfeito. E o que é a Semana ENEF, em termos de ações práticas e objetivo do projeto?

A ideia da semana é fazer um grande movimento por meio de cursos, palestras, ações em TV, rádio e redes sociais para levar à população do Brasil a importância da educação financeira. Mostrar a importância do planejamento financeiro, de fazer poupança e de usar crédito com consciência.

É um grande movimento que envolve muitos atores, desde professores de escolas interessados no evento, parceiros como o cooperativismo de crédito e as instituições financeiras, pessoal da academia, órgãos de governo. Tem muita gente envolvida.

Quem entra no *site* da Semana ENEF vê um mundo de ações e tipos de fornecedores diferentes dessas ações.

Com esse novo fórum a gente inclui outras coisas no tema, que envolvem educação financeira, previdenciária, securitária e fiscal.

E vale lembrar que os eventos são gratuitos, que as pessoas precisam procurar, entrar na página e ver o que está acontecendo, pois são eventos com conteúdo de muita relevância, sem custo algum.

Exatamente. O princípio da Semana ENEF é que todas as ações sejam gratuitas. As pessoas podem entrar no *site* da Semana ENEF e usar o filtro para procurar. Tem cursos, tem *lives*, tem palestras, tem *quiz*. Uma série de coisas interessantes e gratuitas.

O conteúdo fica gravado?

Alguns, sim. Existem conteúdos que são permanentes e outros que ocorrem uma só vez.

Até 2019, a Semana ENEF era muito pautada nos eventos presenciais. Em 2020 foi a nossa primeira experiência com uma Semana ENEF totalmente digital. Existem ainda alguns eventos presenciais sendo oferecidos, mas grande maioria é *on-line*.

Em termos de abrangência, foi um bom passo. Apesar das adversidades que vivemos, nessa migração para o digital você tem abrangência de público com menos entraves.

Recentemente saiu uma matéria falando que a pandemia prejudicou o orçamento do brasileiro, mas, ao mesmo tempo, despertou um interesse maior pela educação financeira. Queria saber sua visão sobre uma possível evolução mais acelerada nesse tema no período pós-pandêmico.

Taís, eu acho que vai acelerar, sim. A pandemia escancara a fragilidade financeira da maioria das famílias brasileiras. Já era conhecido que o brasileiro poupa pouco. Historicamente, temos taxas de poupança muito baixas. Então, a pandemia escancara um pouco isso. E aí ela acaba pondo em pauta a importância da educação financeira.

Essa discussão era um processo que já vinha acontecendo. Até a reforma da Previdência passou a fazer as pessoas pensarem um pouco mais, se preocuparem com o futuro, com aposentadoria. Já existia um movimento dos novos influenciadores digitais que falam de educação financeira na internet. Mas, quando chega a pandemia, você tem essas questões que se escancaram.

Você vê a quantidade de famílias que não estavam preparadas para essa diminuição de renda. E aí acaba que isso leva a gente a tentar aproveitar o momento para demonstrar a importância da educação financeira na vida das pessoas.

Por isso, escolhemos como tema a resiliência financeira. Resiliência significa capacidade de se adaptar a tempos difíceis, significa movimento natural de tentar se recuperar, de superar problemas. E nosso tema mostra como é importante ter ferramentas para buscar a resiliência.

Estamos tentando aproveitar o momento. Costumamos dizer que educação financeira é nossa missão do ano todo, não só da Semana ENEF. É algo que a gente faz o ano todo. Esperamos, sim, que isso seja mais permanente.

E a gente tem que desmistificar. Tenho falado muito disso. Eu não vejo a educação financeira para um público segregado. Ela é gestão de segurança, de prosperidade, de futuro. É para todos, não só para um público específico. Isso é uma crença que precisamos desconstruir e fazer as pessoas entenderem que é para elas também.

Exatamente.

No nosso histórico de vivência da educação financeira, em palestras e cursos, vemos que isso perpassa todas as classes e idades. É algo benéfico para todo mundo. Desde o pré-adolescente, se preparando para a vida, até uma pessoa da terceira idade que precisa saber lidar com crédito consignado, com ofertas que aparecem. Então a educação financeira é essencial para todos.

E no crédito consignado temos um perfil muito perigoso no país. Nós, que trabalhamos com concessão de crédito, sabemos que muitas vezes o crédito não vai para o idoso, e sim para um neto, um filho. Caso a operação venha a ficar com inadimplência, compromete demais a renda de alguém que já vive exclusivamente da aposentadoria.

A gente tem essa maneira brasileira de usar crédito. Temos com o consignado e com o cartão de crédito também. A gente vê que, muitas vezes, um cartão não é de uma única pessoa, e sim compartilhado pela família toda.

Na verdade, a questão do endividamento é uma questão de família. Envolve a todos. Não dá para falar individualmente.

Vemos muitos casos de idosos que, com a renda que recebem de pensão ou aposentadoria, sustentam outros entes da família. Esse idoso acaba sendo a pessoa que tem acesso à linha de crédito e a família usa disso.

Em princípio, não é algo ruim. É um acesso que a família tem ao crédito. Mas é algo que tem que ser bem trabalhado, olhado com cuidado, para não comprometer demais a renda dessa pessoa que, muitas vezes, tem como única fonte uma aposentadoria.

A educação financeira traz esse olhar para o discernimento. O Sicoob Cecres, quando começou a trabalhar a educação financeira, fazia atendimento e verificava que não adiantava atender só o associado. Tínhamos que envolver a família toda, já que o ralo muitas vezes estava no marido, na esposa ou nos filhos.

Viemos ampliando nosso sistema de educação financeira envolvendo a família. E aí gosto de lembrar, também, que ficávamos muito na matemática. Partíamos da calculadora e da planilha como se fossem o ápice. Depois, evoluímos para questões psicológicas comportamentais, autoconhecimento, metas, objetivos, sonhos, consumo exacerbado.

É exatamente isso.

Como agente público que se preocupa com isso, vemos essa evolução.

Para você ter uma ideia, nosso departamento, que trata exatamente dessa área, é relativamente novo. Foi criado em 2012. O BC já tratava desse tema em algumas outras áreas. Então, em 2012, criamos o departamento que, na época, se chamava Departamento de Educação Financeira. Depois renomeamos para Promoção da Cidadania Financeira, mas com esse foco de demonstrar para a sociedade a importância do tema.

Hoje o BC não tem apenas um departamento que cuida disso, mas ele elevou a educação financeira para importância estratégica. Temos a Agenda BC# com cinco dimensões, sendo que uma delas é especificamente para a educação financeira.

Na Academia isso acontece também. A gente acaba bebendo muito desses estudos, desse conhecimento produzido dentro da Academia. Entramos no campo da psicologia comportamental, do *behaviorismo*. Não é só conta de matemática. Às vezes você precisa conversar com a pessoa, fazer quase uma análise, quase uma terapia para entender o que está acontecendo.

Esses elementos foram entrando nos cursos, nas nossas palestras e vocês participam muito disso. O setor cooperativista evoluiu muito com essa dinâmica da formação não só do seu pessoal, mas também em demonstrar para a sociedade a importância do tema. É muito bacana ver a evolução.

A sociedade é dinâmica, então o projeto tem que ser também, para acompanhar essa dança. A educação financeira tem muito a ver com os pilares do modelo de negócio do cooperativismo financeiro. Falamos de venda consultiva, atendimento humanizado, de oferecer para a pessoa exatamente o que ela precisa. Nada de venda casada.

É exatamente isso. O cooperativismo tem isso no DNA, essa preocupação com a orientação financeira bastante efetiva para os cooperados.

Ronaldo, você falou um pouco sobre as escolas que atuam como parceiras do negócio. Levando em consideração a dimensão continental do Brasil, as condições de cada escola e o fato de que os professores que, em sua maioria, também não foram capacitados em educação financeira, como o BC consegue, na prática, medir a efetividade dessa disciplina?

Recentemente e felizmente, entrou na grade do MEC. Não como matéria dedicada, veio de forma transversal, mas ela vai ser trabalhada nas matérias que têm afinidade. Mas minha preocupação é esta: como o BC mede a efetividade, levando em conta essas características?

A ideia de ter educação financeira nas escolas já existe há algum tempo.

Inclusive, há mais de dez anos, ainda na época do Conef, tivemos a implementação de um projeto de educação financeira nas escolas. Um projeto que atingiu 20 mil alunos em 2010. Fizemos uma avaliação de impacto para medir a efetividade disso e foi verificado que, sim, as crianças e adolescentes que passavam pela educação financeira tinham melhor desempenho no teste final.

Passados dez anos, voltamos nessa base e fomos ver como esses, antes adolescentes, agora jovens, estavam se saindo em relação a suas vidas financeiras. E vimos que os que passaram pelo curso tiveram, em alguns aspectos, um desempenho melhor. Usavam menos crédito, eram menos endividados.

Vemos que, usando a avalição de impacto, você consegue de certa maneira mostrar que, sim, há efetividade quando você ensina a educação financeira.

O BC, atualmente, desenvolve um projeto chamado "Aprender Valor". Esse projeto é voltado para educação financeira nas escolas e é um projeto do qual temos muito orgulho. Ele é a sementinha. A gente quer fazer com que a criança cresça dando importância ao tema.

A gente sabe que, para muitas famílias, falar de dinheiro ainda é tabu. E a gente precisa desmistificar isso.

Esse projeto é patrocinado pelo Fundo de Defesa dos Direitos Difusos do Ministério da Justiça, um grande parceiro nosso. E ele está na sua etapa piloto no momento. Temos cinco estados mais o Distrito Federal implementando isso.

O projeto é uma plataforma que pode ser acessada remotamente, não envolve material físico, e é todo *on-line*. A gente prepara os professores com uma série de projetos escolares integrados às disciplinas. Como você bem disse, a educação financeira entra como tema transversal, não existe disciplina exclusiva. Ela é ensinada junto à matemática, português, geografia, história... Pensamos os projetos para o professor dar aquilo como se fosse a aula dele, só que com elementos de educação financeira.

Nosso objetivo é que em 2021 façamos a expansão nacional. Nesse momento, o foco são estudantes do ensino fundamental das escolas públicas. Só nisso, já temos um universo de 21 milhões de estudantes no Brasil todo. Tem um grande potencial, botamos muita fé de que vamos conseguir levar isso à frente.

É uma novidade ainda, estamos conversando sobre o projeto, mas temos fé de que será legal.

Maravilhoso, fico muito feliz em ouvir isso. Entendo que a educação é o melhor agente de transformação de uma sociedade. E quando falamos da educação financeira, voltada não só para adultos e idosos, mas também para as crianças, voltamos na sementinha que você falou. Criamos meninos e meninas mais preparados e educados financeiramente para conseguir alavancar melhor nossa economia, ter melhor comportamento financeiro. Temos o Brasil com um sistema financeiro tão robusto e ainda temos um número de endividados muito expressivo.

Exatamente, mais do que nunca é importante a gente falar disso para todos os grupos da população.

Há dez anos, quando eu ainda nem tinha filhos, lembro de já ter acesso às cartilhas para crianças do BC. E elas eram incríveis, muito bem elaboradas, com uma linguagem muito gostosa e que já olhava para as crianças como agentes de transformação da sociedade.

Sim! Além do projeto que comentei, temos todos esses materiais.

Hoje essas cartilhas estão disponíveis no nosso *site*. Todo mundo tem acesso a esse material por lá. Tem uma série de materiais disponíveis para várias faixas etárias, com vários temas interessantes. E é um material que é utilizado inclusive por professores.

Ronaldo, as cooperativas financeiras já trabalham educação financeira desde antes de ser um tema mais disseminado como atualmente. Como as cooperativas poderiam contribuir ainda mais para a aceleração desse processo?

Como a gente comentou, vocês já são grandes parceiros não só do BC, mas da Estratégia Nacional de Educação Financeira.

Temos grande parceria com o Sescoop. Fizemos com eles cursos de formação de facilitadores e formamos milhares de facilitadores pelo país. Acho que isso está no DNA de vocês.

Vocês têm um lugar privilegiado. Estão lidando diretamente com as pessoas que utilizam serviços financeiros. Então vocês, mais do que ninguém, têm a capacidade de fazer ações que são efetivas para que a vida financeira das pessoas alcance uma qualidade maior.

Pensando um pouco nisso, talvez até de maneira mais ampla, em setembro de 2019 o BC publicou o Comunicado 34.201, voltado a divulgar os princípios para promoção de educação financeira por parte das instituições financeiras. E a ideia é que as ações das instituições sejam efetuadas com o pensamento em quatro princípios: valor para o cliente, amplo alcance, adequação e personalização, e avaliação e aprimoramento.

A gente percebe que o cooperativismo já está um pouco à frente. Talvez vocês precisem, com os olhos nesses princípios, entender onde ainda podem evoluir. Talvez na avaliação de impacto.

Certamente, já estão no caminho certo.

Em 2020, fizemos um grande mapeamento de ações de educação financeira realizadas por instituições financeiras bancárias. E, em 2021, vamos nos voltar para o cooperativismo de crédito. Devemos conversar com vocês para fazer esse grande mapeamento das ações que já fazem e montar esse mapa do Brasil com relação às cooperativas e a educação financeira. Vai ser bem bacana.

No final disso, vamos conseguir enxergar direito quais áreas precisam evoluir e responder melhor essa sua pergunta.

Quando você fala de educação financeira, não tem como não pensar nos excluídos do nosso sistema financeiro nacional. O último dado que vi apontava para quase 45 milhões de brasileiros fora do sistema. Falta educação financeira, as plataformas nem sempre são amigáveis.

Temos um alto nível de analfabetismo no país, tanto o real quanto o funcional. Quando somamos essas características aos contratos com terminologias complexas e meios digitais não muito intuitivos, temos pessoas que acabam optando por ficar na informalidade, operando apenas com o dinheiro físico, sem conta em banco.

Queria saber se o BC tem ações voltadas para a melhoria desse número para que a gente possa incluir os não bancarizados no sistema. Isso seria um ganho para o país, para a economia, para essas pessoas como um todo. Como o BC trabalha esse tema?

Quando olhamos os dados que temos nas bases, vemos que quase 90% da população adulta tem algum tipo de acesso ao sistema financeiro. E aí podemos pensar: "Se quase 90% tem conta em banco, a inclusão está resolvida". Mas não está. Muitas dessas contas podem ser de pessoas que tiveram e não têm mais. Existem pessoas que abandonam suas contas em algum momento porque o custo é alto, ou teve problema com endividamento e não voltou mais. Então a gente precisa olhar com mais atenção e olhar mais fundo.

A inclusão financeira tem três dimensões: acesso, uso e qualidade. A gente vê que o acesso, de certa maneira, está resolvido. Devemos muito isso ao cooperativismo de crédito, que vai até o interior do país, que ajuda a aumentar a capilaridade. E temos os correspondentes bancários na mesma linha. Na questão do uso, de alguma maneira, as pessoas abrem suas contas. Mas aí chegamos na qualidade. Talvez seja essa a nossa grande questão. Precisamos melhorar a qualidade desse acesso e desse uso. E isso passa muito pela educação financeira.

Às vezes as pessoas têm acesso a uma conta e aí, por não saberem exatamente como funciona, acabam fazendo um uso não adequado, causam problemas e se afastam do sistema. Têm uma dívida e se frustram, acabam demonizando o sistema financeiro.

O BC tem uma agenda estratégica e nela tem muitas ações voltadas a atacar essa questão da inclusão e sua qualidade. Uma delas, você deve saber, é que queremos aumentar a participação das cooperativas de crédito. Temos consciência de que o cooperativismo de crédito tem essa capacidade de crescer dando qualidade para o cooperado.

Dentro da Agenda, a gente também tem ações que tratam de inovações, como o PIX e o *Open Finance*. Isso vem com o objetivo de diminuir o custo e aumentar a transparência para que as pessoas tenham mais confiança no sistema financeiro.

Por fim, temos ações que são da dimensão da educação, onde temos alguns projetos que trabalham com pessoas em vulnerabilidade, em parceria com o Ministério da Cidadania.

Temos um plano de ação voltado para o superendividamento, o projeto de educação financeira nas escolas. Todas essas ações buscam a melhoria da qualidade da inclusão do cidadão no sistema financeiro.

Vejo o PIX e o Open Finance como a maior revolução de meios de pagamentos no sistema desde o SPB (Sistema de Pagamentos Brasileiro). Na prática, como você vê essas duas ferramentas tecnológicas trabalhando fortemente a inclusão? São mais simples, disponíveis, seguras, baratas? Qual sua visão?

O PIX é sensacional. Tinha conhecido algumas experiências de pagamento instantâneo em outros países, no Reino Unido, na Costa Rica. E eu achava fantástico, falava que precisávamos ter aqui no Brasil. Fico feliz que tenhamos conseguido fazer disso uma realidade.

O potencial do PIX passa muito pelo que você falou. É um instrumento de pagamento com baixo custo, fácil utilização, não precisa preencher um monte de dados, utiliza só uma chave. A velocidade com que efetiva as transações, disponível 24 horas por dia, sete dias por semana. E é instantânea a confirmação do pagamento. Muito seguro, com o BC envolvido. E acho que ter esse selo do BC faz com que o cidadão fique mais tranquilo ao utilizar a ferramenta.

É interessante porque, se você pegar uma boa parte dos jovens de hoje, eles não queriam saber de banco. Mas começaram a conhecer as instituições de pagamento, mais fáceis, totalmente *on-line*. E temos agora um grande percentual de jovens que começam a vida financeira já na instituição de pagamento. Essa inovação, naturalmente, traz um facilitador para você incluir.

E ainda temos o fato de o PIX ter essa linguagem simples, essa facilidade e baixo custo. Porque sabemos que um dos fatores que afasta as pessoas do sistema é o custo. Ter instrumentos de menor custo ajuda a atrair as pessoas de volta.

Já vemos muitos microempresários que não usavam conta em banco, que gostavam de receber em dinheiro e agora tem o PIX. Esses dias paguei minha água de coco, em frente ao meu prédio, com o PIX. Isso é muito bacana. Você acaba fazendo com que as pessoas percam o receio de usar o Sistema Financeiro Nacional e tudo de bom que a digitalização pode oferecer.

E o PIX, além de tudo isso que você bem colocou, tem a questão da agilidade no comércio que trabalhava com boleto ou no pagamento de um serviço essencial, como água e luz, por exemplo. Essa aceleração na prestação de serviço por causa da mensageria das informações foi um grande ganho que vale a pena comentar.

Ele melhora o relacionamento tanto de pessoa para pessoa, como de negócios com negócios, de negócios com o governo. Facilita muito a vida das pessoas.

Acho que é, realmente, uma ferramenta fantástica. E quando o *Open Finance* entrar e trouxer o cidadão para o centro, empoderá-lo com esses dados, também vai ajudar muito. Vai melhorar a transparência dentro do Sistema Financeiro Nacional, vai ajudar as pessoas a enxergarem suas vantagens.

Hoje o usuário fica meio refém da instituição. Só ela tem seus dados. E agora isso abre essa caixa e dá mais ferramentas para as pessoas acessarem uma ampla gama de possibilidades dentro do sistema. Aumenta a competitividade, que é uma das dimensões da Agenda BC#.

É o empoderamento do associado, do cliente, uma vez que várias instituições grandes tinham as informações, os cadastros e as transações como um dos principais ativos. Foi uma quebra de paradigma de mercado muito grande quando entendemos que o dado é nosso, não da instituição.

Essa facilidade, com o aumento da competitividade, vai nos permitir a construção do nosso próprio agente financeiro. Hoje, só de pensar em mudar de instituição, dá desânimo de tão burocrático. Com o Open Finance, com um clique, vamos autorizar a migração desses dados.

Exatamente. Você dá essa capacidade de escolha para o cidadão.

Há algum tempo a gente tem a regulação que trata da portabilidade de conta, de crédito. Mas, como você falou, sempre exigiu alguma burocracia. Quanto mais a gente diminui a burocracia, mais ágil o sistema fica e mais qualidade a gente oferece para a experiência do usuário.

Isso acaba sendo melhor para todo mundo. Para o cidadão, que recebe serviços de melhor qualidade e mais adequado, e para as instituições, que têm um cliente feliz, que vai saber usar seus produtos e vai ter relação mais duradoura.

Esse cenário que vivemos, de queda da Selic, fez com que a população migrasse muito para a renda variável. Tivemos um aumento na bolsa de valores de mais ou menos 2,5 milhões de novos aplicadores buscando esse produto. Como você vê essa mudança de comportamento à luz da educação financeira?

Por um lado, é interessante e pode ser benéfico ver o cidadão diversificando seus investimentos. Ele começa a buscar outras opções, a tentar utilizar outros produtos. Isso é interessante.

Só que a nossa preocupação é que, antes de entrar nesse mundo da renda variável, é importante buscar informação. E a gente sabe que nem sempre as pessoas fazem isso. Elas vão direto tentar investir e, às vezes, não estão com todas as informações.

A pessoa precisa da consciência de que existem várias características nos diferentes tipos de investimento. E aí a gente vê que existe a necessidade de ter mais educação financeira. A gente tem disponível uma ampla gama de materiais hoje na internet. Muita coisa é gratuita.

É muito importante as pessoas procurarem essas informações e se instrumentalizarem antes de começar a decidir sobre esses investimentos. Investir é sempre bom, é sempre bom diversificar, mas é preciso fazer com consciência, saber onde está pisando.

Muita gente pergunta qual a melhor aplicação e eu falo que não existe uma, de forma genérica. Existe o seu objetivo, seu apetite ao risco, o que você espera e em quanto tempo espera. A educação financeira é um pilar que vem para sustentar esse melhor apetite aos investimentos do brasileiro.

Exatamente. Recebo muito essa pergunta. Só de falar que trabalho no BC, querem saber qual o melhor investimento. Eu posso falar da minha vida pessoal, do que eu escolho. Mas cada um tem o seu caminho, seu objetivo, suas limitações.

Por isso é importante usar todo o material que a gente tem de educação financeira para se instrumentalizar e fazer isso com consciência, sabendo exatamente aonde pode ir.

Sempre que posso falo da Calculadora do Cidadão. As pessoas quase não conhecem e ela traz consciência financeira para a pessoa entender se aquela taxa é realmente a que ela vai contrair e honrar depois. Pode falar um pouco dela, por favor?

A Calculadora do Cidadão é, sem dúvida, um sucesso aqui no nosso *site* e está disponível como aplicativo também. Ela é uma ferramenta fantástica.

Se quiser atualizar um valor, a calculadora faz. Se quiser calcular o valor de uma parcela de um determinado financiamento, você pode fazer nela. É excelente sempre tê-la em mãos.

Nem sempre temos ideia da importância desses cálculos, de pensar qual vai ser o resultado disso no final, e ela pode te mostrar isso. O total real que você vai pagar pelo empréstimo ou financiamento.

Sou fã dela, acho muito amigável. Sabemos que são cálculos complexos, mas ela foi tão bem projetada que você preenche quatro

itens e tem todas as informações que precisa de forma prática.

O BC lançou em 2019 um relatório sobre endividamento, superendividamento e o risco do brasileiro. Queria que comentasse um pouco sobre a conclusão que chegaram e as leituras dessa publicação pelo BC.

O relatório é bastante rico e está disponível na nossa página para quem quiser consultar.

Ele começou com nossa vontade de entender o fenômeno do superendividamento. Muitas famílias no Brasil se endividam e não conseguem sair dessa bola de neve. Assim, chegamos no conceito de superendividamento. Entendemos que ele é resultado de um processo aonde indivíduos e famílias encontram dificuldade de pagar suas dívidas a ponto de afetar de maneira relevante e duradoura seu padrão de vida.

Ele é um processo, não acontece da noite para o dia e não é uma dívida só. Vai afetar o padrão de vida, vai fazer com que sua qualidade seja reduzida.

E isso perpassa por muitos aspectos inclusive emocionais, por questões de saúde. Não temos todos os elementos para saber quem é o superendividado, porque tem muita coisa subjetiva. Tem relação com o como a pessoa se sente, com o envolvimento da família.

O superendividado é aquele que se encaixa em pelo menos dois dos quatro indicadores utilizados em nosso estudo, que são a inadimplência acima de 90 dias, o comprometimento de renda acima de 50%, a exposição a três ou mais linhas de crédito e a renda disponível abaixo da linha da pobreza – quando, depois de pagar a dívida, a renda que sobra é menor do que 400 reais. Se a pessoa se encaixa em pelo menos dois desses fatores, ela é um endividado de risco.

Com isso, identificamos que no Brasil, segundo dados de dezembro de 2019, existem 4,6 milhões de pessoas consideradas endividadas de risco. Isso em um universo de 85 milhões de tomadores de crédito.

E aí pensamos que isso foi em 2019, antes da pandemia. Esse relatório é muito importante porque é uma base a partir da qual vamos olhar para 2020 e fazer uma análise do que aconteceu com as famílias, com as pessoas em relação ao endividamento. Ele ajuda a entender o fenômeno.

A gente tem outras coisas que podem ajudar, como uma pesquisa. Temos feito algumas parcerias para fazer perguntas que não conseguimos tirar dos números. Isso vai fazer com que nossas políticas públicas sejam melhores, que a gente tenha, efetivamente, um plano de ação para ajudar as pessoas a saírem do problema do endividamento.

Até para balizar mercado, não é?

Certamente. Mesmo porque o endividamento acaba obrigando a envolver vários setores da sociedade. Não é só o indivíduo; é a família, a instituição financeira, instituição de proteção ao consumidor. Tem todo um espectro de instituições que precisam ser envolvidas para combater esse problema.

É até uma questão de saúde pública quando entramos nessa seara que você colocou. Pode levar a distúrbios emocionais gravíssimos, suicídios. É uma questão muito complexa e delicada.

Fico muito feliz de ver o BC e você, com esse olhar da educação financeira, levando em conta também a questão comportamental, a psicologia das emoções. É no campo das emoções que tomamos a maioria das decisões de consumo. Não dá para deixar fora da educação financeira.

Que bom, Taís, é bom ter esse reconhecimento. Nosso pessoal é bastante dedicado. Todo mundo que trabalha, trabalha não só como servidor público, mas como missionário. Temos a missão de levar educação financeira e as pessoas sentem isso. A gente sente no brilho do olho quando conseguimos colocar um relatório desse na rua, colocar educação financeira nas escolas.

É capaz de levar a gente às lágrimas se contarmos tudo que

aprendemos e vivemos. Sinto-me privilegiado de tocar esse assunto aqui no BC.

café
cooperativo
O cooperativismo
de crédito frente ao
novo cenário
com Celso Régis
apresentação:
Taís Di Giorno

O Cooperativismo de Crédito Frente ao Novo Cenário

Entrevista realizada com Celso Régis, presidente da Sicredi União MS/TO e Oeste da Bahia e presidente do Sistema OCB/MS, em 3 de dezembro de 2020

Antes de começar, fala um pouco sobre sua trajetória que é muito legal no cooperativismo financeiro.

Realmente, a gente já milita no cooperativismo há uns bons anos. Milito no modo de pensar e viver cooperativo desde a minha infância. Na época que vim para o Mato Grosso do Sul, o estado era muito ligado ao agronegócio, onde minha família sempre foi envolvida com o campo.

Depois, em seguida, vim estudar na "cidade grande" próxima a Campo Grande. Junto à Universidade Federal do Mato Grosso do Sul, tínhamos um grupo. Trabalhei nessa instituição por 39 anos, tenho muito orgulho. Foi ali que, formalmente, comecei a participar dos estudos e da constituição de uma cooperativa de crédito. Como é também a origem do Sicoob Cecres, nós nascemos de uma instituição, mesmo com todas as dificuldades. Algo muito bacana nesse público é que as pessoas se unem mais, até por ter uma instituição-mãe.

Foi ali, em meados de 1986, que começamos a discutir cooperativismo. Queríamos criar uma cooperativa de consumo, na época, devido às dificuldades para compra de mantimentos, a inflação galopante.

Nossos professores, técnicos e administrativos da universidade se reuniram e eu comecei a estudar isso mais a fundo. E aí não parei mais. Fui contagiado pelo entusiasmo dessa forma de pensar junto.

Eu falo que isso que faço, de falar sobre o cooperativismo, já são pregações. No Brasil, cerca de 90% da população é cristã, tem seu líder religioso como Jesus Cristo. E Jesus diz que você primeiro nasceu para ser feliz e, segundo, para fazer o outro feliz. Tudo que fazemos é para o outro. Tem tudo a ver com o modo do pensamento cooperativo.

Temos o Sistema Nacional do Cooperativismo de Crédito (SNCC) que congrega todas as cooperativas. Somos cerca de sete sistemas de cooperativas no Brasil, contando com as independentes, e não somos concorrentes. Cada cooperativa tem seu jeito de fazer gestão, mas nosso santo protetor é um só: o cooperativismo. A forma de organização da sociedade por empreendimento que busca a solidariedade, ajuda mútua, pensar igual, melhorar a vida do todo, da comunidade em que estamos inseridos.

Estou nesses mais de 35 anos militando pelo cooperativismo. Há 31 sou presidente da cooperativa. As pessoas gostam do meu trabalho e me colocam lá por mais mandatos.

Os remadores são nossos associados, nossos colaboradores, executivos, gerentes das unidades de atendimento. Eu e o grupo que compõe o Conselho precisamos ter isso em mente. Estamos aqui de passagem. Mas a reeleição acontece quando se tem competência, quando o negócio está indo bem.

Você é um exemplo disso. Há quanto tempo militando no cooperativismo?

Há 22 anos!

Viu só! Se não tivesse feito bom serviço, não duraria tanto tempo. O Bibbo, presidente do Conselho de Administração de vocês, que também está há um bom tempo é mais um exemplo. Não dura se não tiver competência, seriedade, ética.

A cooperativa tem a mão pesada para o incompetente, incoerente e para as pessoas que usufruem do modelo cooperativista em benefício próprio. Essas não duram.

A gente tem sempre que celebrar esse segmento e espalhar conhecimento sobre ele. Conhecimento é algo que a gente não pode guardar. Tem que espalhar!

Nunca gostei de ter gestores que me diziam o que eu tinha que fazer, como eu tinha que fazer, sem que me fosse passado o objetivo do projeto. Eu, como uma boa jornalista, sou muito curiosa.

Quero entender por que tenho que fazer, o que vai impactar para que eu veja onde posso agregar mais valor. E, por isso, priorizo contextualizar meu time sobre os porquês das demandas.

E quando você fala de conselheiros que não ficam, que não têm a questão do coletivo, eu até deixo isso mais aberto. Não é nem só o Conselho, mas o quadro funcional da cooperativa, sem exceção.

Nós temos um processo seletivo no Sicoob Cecres que prioriza muito o entendimento dos valores individuais de quem estamos contratando. Se ele tem aderência aos valores do negócio para que seja um casamento feliz. Sem essa aderência, as pessoas até ficam ali por um tempo, mas o universo dá um jeito de tirar. Aqui queremos missionários.

Em entrevista comigo, Ronaldo Silva, Chefe Adjunto do Departamento de Promoção da Cidadania Financeira do Banco Central, compartilhou que em seu setor todos os servidores sentem que têm a missão de educar o Brasil financeiramente e são apaixonados por isso.

Essa questão da paixão pelo que fazemos, do brilho nos olhos, de ter alta performance é o que vai nos levar para onde merecemos estar. Nossa participação no Sistema Financeiro Nacional ainda é muito tímida em um país tão necessitado de serviços financeiros mais baratos e inclusivos. Mas são essas pessoas que vão conseguir fazer história e levar adiante nossa paixão.

Temos uma legião de pessoas com brilhos nos olhos, que são entusiastas do cooperativismo. Quando faz o que se gosta, faz bem. Você erra menos. Pode até errar, mas é um erro honesto.

O que é inadmissível no nosso meio é o erro desonesto, já que lidamos com a parte do corpo humano que mais dói: o bolso. Precisamos ter um cuidado muito grande e o SNCC cuida muito bem disso. Nós primamos por esse brilho nos olhos.

Exato. E não existe sistema melhor ou pior. Admiro todos os sistemas cooperativistas, porque é preciso muita coragem para montar um sistema cooperativo. O que eu acho é que existe cultura para falarmos o que vai ter mais aderência para os nossos associados.

Celso, durante a pandemia, o cooperativismo financeiro destacou-se na concessão de crédito frente aos bancos tradicionais. De todo o crédito liberado no Brasil neste período, 31% veio do cooperativismo financeiro, 12% dos bancos privados e 9% dos bancos públicos. A gente assume, realmente, um papel de protagonismo. Na sua opinião, qual o impacto disso no comportamento do consumidor no pós-crise?

A cooperativa tem olhar para o futuro.

Essa pandemia vai acabar e não tenho dúvida de que os modelos de organizações que agregam a colaboração e a cooperação vão ter maiores chances de chegarem lá na frente mais inteiros. Todas as empresas têm que tomar cuidados, e nós estamos tomando. Em especial, os sistemas organizados.

Temos trabalhado muito na Confebras com as cooperativas independentes, porque elas têm que se juntar de alguma forma. Nós que estamos organizados em Sistema, conseguimos olhar mais facilmente.

Sou extremamente otimista. Não acredito em assombração. A gente vai colher exatamente aquilo que plantar. E o que estamos plantando no cooperativismo, em todos os sistemas, é a cooperação. A nossa forma de organização vai ter melhores condições para enfrentar os desafios que virão, que não serão poucos.

E a prova de que nosso protagonismo será evidente são esses números que você apresentou. Os dois grandes sistemas do cooperativismo, Sicoob e Sicredi, já são os maiores repassadores do Programa Nacional de Fortalecimento da Agricultura Familiar (Pronaf). O que precisamos fazer mais é integração. O sistema não deve se unificar, mas fazer mais coisas juntos para se fortalecer.

No pós-pandemia, a responsabilidade será maior.

Recentemente, fomos inaugurar uma grande planta industrial de uma cooperativa do agronegócio aqui no sul do Estado. O secretário de Fazenda nos deu a informação de que aqui no Mato Grosso do Sul, 60% dos investimentos privados em infraestrutura advêm de empreendimentos cooperativos. Isso significa protagonismo.

No crédito, vamos ter protagonismo muito grande no pós-pandemia. E isso aumenta de forma exponencial nossa responsabilidade em como as coisas acontecem lá na ponta, com o associado. Precisamos fazê-lo ficar satisfeito todos os dias.

Falando de intercooperação, costumo afirmar que ainda podemos pescar muito no balde. O nosso presidente do Conselho de Administração, Bibbo, tem uma cadeira na Ocesp, representando o ramo crédito, e tem um trânsito muito bom com outros ramos.

Temos feito parcerias muito felizes com cooperativas de transporte, habitacionais, de reciclagem, pois queremos entender por que uma cooperativa de consumo opera com um grande banco e não com uma cooperativa financeira. Isso traria benefícios para ambos os associados.

Precisamos fortalecer o cooperativismo como um todo. A gente precisa conversar mais dentro do nosso próprio setor. Vender cooperativismo para cooperativa de outro ramo é muito fácil e poderíamos evoluir muito nesse discurso. Precisamos da ação de órgãos supra sistêmicos provocando debates sobre benchmarking no sistema, através de fóruns envolvendo todos os ramos.

Cooperativas que trabalham e se dedicam a isso têm perenidade, longevidade. Mas, infelizmente, não é a totalidade. Precisamos, sim, e essas provocações são muito importantes.

Cada confederação pensa no seu sistema, e está certo. Tem que fazer funcionar. Os conselhos supra sistêmicos são os lugares para fazer discussões suprapartidárias de intercooperação. Isso é tão importante que a Aliança Cooperativa Internacional (ACI) tem como princípio.

Vemos recursos sendo sangrados das cooperativas brasileiras. São 15 milhões de associados nas cooperativas. Desses, 12 são crédito. Se considerarmos três pessoas na família de cada, já temos quase um terço da população brasileira se relacionando com o cooperativismo. Precisamos provocar na cabeça das pessoas o pensamento colaborativo.

Tive um professor que falava que a cooperativa de crédito existe para fazer o associado encher o bolso de dinheiro. A cooperativa não é entidade filantrópica. Ela exerce atividade profissional e oferta produtos e serviços. O custo tende a ser mais barato, mas o principal é o resultado que ela gera.

E se as pessoas precisam de serviço financeiro, por que não fazer isso com as cooperativas? Por que não ter um plano de saúde com uma cooperativa? Isso é cultura. Na Espanha, por exemplo, é interessante como eles usam. Em Mondragon, se não for produto de cooperativa, eles não compram.

Exato. Eles respiram o cooperativismo. Temos que aprender muito.

E dentro de tudo isso, falo da intercooperação não só em uma linha que tenha carteira ativa para crescimento e incremento de receita, como a parceria com as cooperativas habitacionais, mas também com as cooperativas de reciclagem, por exemplo. A maioria deles são analfabetos, e aqui no Sicoob Cecres vamos alfabetizá-los. Esses associados não têm esteira para a separação dos recicláveis e, através do Instituto Cecres, iniciamos um estudo para viabilizarmos as esteiras nas principais cooperativas de reciclagem de São Paulo. Isso é dignificar o trabalho.

Então, quando falo de intercooperação, penso igual a você. Não precisa ser o modelo alemão, com sistema todo unificado. Mas até os bancos se unem no caixa 24 horas, pela Febraban. Essa união poderia nos gerar ganho de escala e fazer o cooperado sentir isso no bolso.

Tenho sido voz incansável na busca dessas integrações. Se as pessoas precisam se integrar na vida cotidiana, imagina no meio empresarial. Isso que você falou, de oferecer soluções para os negócios e necessidades das pessoas, a cooperativa de crédito consegue fazer porque navega em todas as necessidades humanas, são pluralistas.

Inclusive, parabenizo o Sicoob Cecres pelo jeito que atua no nicho de vocês. Isso é muito importante, pensar no todo, oferecer soluções para quem atendemos. É por isso que existimos.

Já temos mais gente atuando no cooperativismo brasileiro, mas ainda temos muito a crescer. Muito trabalho para fazer.

No cooperativismo não somos concorrentes, somos parceiros. E temos que fazer valer o sexto princípio do cooperativismo que é a intercooperação.

No Sicoob, penso que poderíamos começar a adotar, nos manuais de marketing, o uso da marca pura. A sensação do pertencimento de rede. Algumas cooperativas têm parede com parede, infelizmente. Se a gente começar a adotar esse mindset de rede, aumentaremos a intercooperação e o Intercredis.

O cooperativismo precisa ter discursos mais legítimos, trabalhar a inclusão de classes excluídas e menos favorecidas, implementar políticas que evidenciem que vivemos os princípios do segmento. Hoje as pessoas olham muito a legitimidade dos discursos, querem olhar o propósito das marcas. Quanto mais legítimos e verdadeiros formos no nosso discurso, mais aumentaremos nossa participação no Sistema Financeiro Nacional.

Celso, como você vê esse momento de novas tecnologias e seus reflexos para a cooperação?

São grandes desafios. Os dois sistemas, Sicredi e Sicoob, que operam como bancos, já colocaram imediatamente o PIX no mercado, por questões de normativo.

Hoje, quem não gosta de inovação é dominado por quem gosta. Igual política. Você tem que participar da política no Brasil e no mundo. "Ah, mas não votei, não gosto." Então também tem culpa sobre quem está lá. Se eu não gosto, sou dominado por quem gosta. E tecnologia

e inovação caminham bem juntos.
O cooperativismo tem enfrentado isso a duras penas. Na minha opinião, acho que não precisava gastar tanto. Podia ter uma interação pelo CECO. Ter uma solução tecnológica conjunta e nomear de acordo com a cooperativa. Isso é escalabilidade, é ser inteligente nas questões econômicas.

Temos que nos preocupar com os nossos custos no futuro. Nós trabalhamos de forma totalmente dissociada uma cooperativa da outra. A melhor maneira é compartilhar. Fazer tudo em um lugar só.

O *Open Finance* é um sistema financeiro todo aberto. Não tenho dúvida que, se não tivermos essa compreensão de que precisamos estar juntos nessas inovações, vamos dar com os burros n'água lá na frente.

O que vem depois da pandemia? Vem outra pandemia, outro desafio. Sempre vai ter.

Por outro lado, temos algo que muito nos protege. Toda vez que a humanidade passou por dificuldade, quem se sobressaiu e sofreu menos foi quem estava junto a outras pessoas. É o cooperativismo. Temos certeza que se estivermos cada vez mais juntos, melhor.

Somos por natureza, inclusivos. O cooperativismo pertence a todos.

Essa história de que a cooperativa é para um público mais vulnerável não existe. É um mito. A cooperativa está aí para todos. Pessoas inteligentes operam com cooperativas financeiras.

E sobre o que falamos, de inovação, sabemos que ela tem a ver com padrão mental. E a Confebras, onde você é um dos dirigentes, tem intercâmbios que agregam muito para isso. O que mais aprendi no Vale do Silício, no intercâmbio que fiz pela Confebras, foi sobre a importância da diversidade no time. E isso é inovação. Os intercâmbios trazem grandes aprendizados e excelentes ferramentas de gestão.

Temos mesmo, temos muitos projetos bacanas de intercâmbio, de inovação. São excelentes. E sei que o Sicoob Cecres tem participado ativamente de todas as oportunidades e atividades.

Vou aproveitar para falar de outro ponto que é a comunicação. Essa campanha que a OCB tem divulgado, a #somoscoop, é um exemplo de algo que chama as pessoas para se aproximarem. Ali tem um recado de todas as cooperativas para mostrar o cooperativismo.

E uma coisa é o marketing, outra é a comunicação institucional. Precisamos que mais cooperativas façam ações como essa do Café Cooperativo.

Temos que pensar o que cada singular pode fazer para estar mais presente nas comunidades, comunicar o institucional, falar que existimos. Sempre pensamos no que mais poderíamos fazer para inspirar outras singulares em termos sociais e de comunicação.

Hoje temos exemplos. Há 15, 20 anos, éramos tão carentes de informações. E, mesmo assim, aprendemos. Fizemos muita lição de casa.

Temos que conhecer inovação, novidades, coisas novas. O nosso modelo cooperativo nós já estamos exportando, já estamos saindo para ensinar. Temos dado conta do recado, estamos crescendo.

Nós não teríamos esse patamar de alcance hoje, de tranquilidade nos negócios, se não fossem as desamarras feitas pelo órgão regulador. Hoje, para ser dirigente de uma cooperativa de crédito, não se perde nada para os grandes bancos. As exigências são as mesmas, as mesmas responsabilidades.

A garantia do associado é a essência do nosso negócio. Há poucos anos não tínhamos nem FGCOOP.

Temos atualização da LC 130 que vai buscar ainda mais capacitação para o Conselho. Mas o que mais me chamou atenção na modernização da lei foi a questão de o BC demonstrar que não se deverá liquidar mais nenhuma cooperativa, pois isso não é bom para a imagem do segmento como um todo. Então, agora, o sistema

trabalhará mais fortemente e preventivamente as incorporações, e que não mais dependerá apenas dos Conselhos, e sim do BC junto às centrais. Isso foi um grande ganho em termos sistêmicos.

Sim! Traz o fortalecimento das centrais, da estrutura organizacional, da boa governança.

Sabe, temos que ser realistas. Em algumas cooperativas, o dirigente acha que tem que fazer tudo. Mas não é assim! É preciso respeitar o tamanho das cooperativas, suas individualidades, seu jeito de fazer negócios.

Algumas coisas somos obrigados a cumprir e, outras, fazemos do nosso jeito.

Temos que buscar, acima de tudo, a perseverança no nosso negócio. Estamos terminando o ano de 2020 com muita dificuldade no mundo. A pandemia nos deixa grandes ensinamentos. E o principal é que essa forma colaborativa de viver, pelo empreendimento cooperativo, pela solidariedade, faz toda a diferença. Seremos maiores, melhores e mais felizes se ombreados uns aos outros. Precisamos do abraço e, em breve, vamos voltar a fazer isso pessoalmente, se Deus quiser.

Enquanto não, precisamos nos cuidar. Cuidar das pessoas, do nosso negócio. Ano que vem estaremos juntos celebrando e comemorando uma vida melhor e o crescimento das nossas organizações. Continuem com esse trabalho, pois ele faz toda a diferença.

Precisamos nos solidarizar mais, integrar, estar juntos e construir juntos. Teremos um enorme desafio no pós-pandemia, mas vamos passar por isso. Temos fé, coragem e muita capacidade de levar bons negócios e atender às necessidades do nosso associado.

café
cooperativo
O poder da
intercooperação
com Thays Magalhães
apresentação:
Taís Di Giorno

O Poder da Intercooperação

Entrevista realizada com Thays Magalhães, diretora da TMS Desenvolvimento Organizacional, em 10 de dezembro de 2020

Thays, gostaria que você nos explicasse o que é a TMS.

A TMS é uma consultoria especializada em gestão de pessoas e focada em desenvolvimento de cooperativas. Porque cooperativas são empresas, mas elas têm uma forma diferente de desenvolver pessoas.

Com a minha experiência, não só de psicóloga e gestão estratégica de pessoas, mas principalmente de desenvolvimento cooperativo, eu foquei nessa união. Não só no desenvolver pessoas, mas principalmente no empreendimento cooperativo, e alinhei essa expertise. Além do trabalho com ferramentas, também foco em metodologias de construção participativa, metodologias ativas, e fui atrelando isso à formação de dirigentes, atração de públicos específicos para o quadro organizacional, e depois estendi para o quadro de colaboradores.

A nossa consultoria tem um *know-how* que vai desde a construção do quadro de cooperados até a estrutura dos colaboradores.

E você tem esse trabalho antes de formar a cooperativa ou depois de formada você entra com a estruturação organizacional?

Meu trabalho é pré-formação. Minha formação vem do trabalho e da formação da cidadania.

Nós temos em algumas instituições de fomento um trabalho que chama "constituição". Você vai identificar a vocação da comunidade. E essa vocação é identificar mercado, identificar oportunidades de negócio. Não é sair constituindo, empreendendo, formando negócio sem conhecer a oportunidade e viabilidade. É atrelar o que a comunidade tem de talento ao que o mercado tem de necessidade. E aí, quem vai decidir se constitui ou não? A comunidade.

Meu trabalho está atrelado a estimular essa identificação, a aperfeiçoar ferramentas não só de valorização desses talentos da comunidade, mas de articular parceiros, sejam eles privados, públicos ou de fomento. Estes são as incubadoras, instituições privadas que têm recursos para investir, mas não sabem como identificar as comunidades.

Muitos investidores percebem oportunidade de fomentar a constituição de um empreendimento, mas não têm especialidade nisso ou um quadro de colaboradores para acompanhar o processo. Então, fica com recurso parado ou, por vezes, distribui isso em uma ação social.

E não estou aqui minimizando a ação social, mas em um contexto diferente desta pandemia que vivemos, eles podem fomentar e gerar renda em maior amplitude.

Então não precisa ser cooperativa, você trabalha com empresas no geral?

E quando você fala de ouvir a sociedade, como se dá essa comunicação com a comunidade? É por líder comunitário, porta-voz? Como funciona na prática?

A iniciativa pode partir tanto da comunidade, por meio de liderança, quanto de empresas que têm o recurso e querem, de alguma forma, acessar a nossa consultoria. Ou, ainda, do poder público.

O que geralmente ocorre: as instituições privadas nos acessam. Em uma segunda alternativa, eu acesso editais, onde instituições de fomento têm recurso destinado e elas colocam como objeto a constituição e fomento a esses empreendimentos. Nesse objeto, elas definem o público ao qual elas querem qualificar e nós nos candidatamos a esse processo.

Então o processo de qualificar e constituir fica a critério da instituição que tem interesse.

Nosso canal não está só atrelado ao fomentar. Está atrelado, principalmente, ao interesse, porque pode vir para identificar a necessidade.

Existem dois momentos diferentes: identificação da necessidade, que é a vocação do território, e a constituição.

O mais interessante é ter os dois. O interesse, que é o negócio a ser constituído, e o interesse da comunidade.

Então não precisa ser cooperativa. Estamos falando de terceiro setor, é isso?

Ainda não. Porque pode ser tanto inciativa privada quanto poder público. Qualquer grupo, pessoa ou empresa que queira constituir pode se valer desse serviço.

E tem que ser um projeto, uma empresa ou ambos?

Ambos podem usufruir da iniciativa.

Fala um pouquinho da sua trajetória, pois sei que tem uma história linda. Como entrou no cooperativismo?

Entrei por meio de uma incubadora de negócios aqui em São Bernardo. Eles tinham uma iniciativa que veio de Ímola, em que um padre veio e identificou uma comunidade muito carente. Lá tinha um espaço, não só de formação e capacitação, mas de atendimento clínico. E eu sou psicóloga. Fui até lá, subloquei o espaço e comecei a usar para os meus atendimentos.

Percebi demanda não só de atendimento clínico, mas também de formação dessas pessoas. E lá tinham uma incubadora. Comecei a me familiarizar por esse trabalho e me apaixonei.

Desse trabalho de formação das comunidades veio a Ocesp. Surgiu edital para trabalhar no Sescoop em 2009 e fui para lá trabalhar na constituição de cooperativas. Participei do edital em 2009, e de 2009 a 2014 meu trabalho foi a formação das comunidades e, depois, o acompanhamento e desenvolvimento, construindo pleno desenvolvimento das cooperativas.

E todo esse processo veio se desdobrando até chegar na Teia da Cooperação, que é o que faço hoje.

Você tem esse projeto da Teia da Cooperação e sei que você trabalha também a intercooperação. Queria que explicasse um pouco o que é a Teia.

A Teia é um projeto que eu já gestava desde o período no Sescoop.

Sempre percebi, enquanto consultora, a necessidade de uma ferramenta que unisse as cooperativas, a iniciativa privada e a iniciativa pública. Não só de ferramentas, mas também de atores da sociedade que pudessem articular negócios. E a pandemia foi um grande gatilho para esse processo.

Quando a pandemia chegou, eu, assim como 99% da população, vi minha agenda, em um ano que já estava fechada de trabalho, ficando toda branca em março de 2020. Tudo que trabalhava com o público, a incubadora na Prefeitura de São Paulo, projetos na Bahia... Todos ficando em *stand-by*.

E aí tivemos que pensar em formas de fazer isso acontecer. Precisávamos viabilizar isso. Não tinha o pragmatismo de que conseguiríamos reunir as pessoas tão rápido, mas tinha a visão de que se elas tivessem chance de se conhecer, teriam chances de viabilizar seus negócios. E não foi diferente, não.

Esse projeto já chamava Teia ou o nome veio por conta disso?

Não chamava, mas sempre imaginei que era algo que precisava ser tecido.

Essas pessoas me ligavam para perguntar de alguém que costurasse, que oferecesse crédito. Eu passei o dia ligando para as pessoas e questionei como viabilizar isso.

Estavam sendo bastante procurados no cooperativismo de transporte, mas eles não podiam negociar sem conhecer as pessoas. Eu disse que precisávamos transformar isso em algo palpável.

E aí veio a necessidade. Não podia ser qualquer plataforma. Tinha que ser algo que comungasse nossos valores. Pessoas que não viessem com essa cultura da predação, que tivessem a mutualidade como valor comum. E de bate-pronto alguns presidentes de cooperativa, que já fazem parte dessa minha história, embarcaram comigo.

Fomos nos falando, eles foram conversando entre eles e os negócios foram acontecendo sem plataforma mesmo. Os negócios foram acontecendo, as alianças sendo tecidas e eu me senti muito honrada e feliz. E não é pela comissão. É por fazer nascer outros negócios.

Minha consultoria, se você parar para pensar, tem dois ou três prestadores que trabalham comigo, mas a gente não só consegue gerar negócios entre nós, como também nos sustentar e prover uma cadeia. E isso é muito gratificante. Saber que estou cascateando toda uma rede, mesmo dentro de um processo tão amplo como o negócio.

No estado de São Paulo, temos uma dimensão de quase nove mil cooperativas. Temos um número representativo em processo de liquidação, mas chegamos em sete mil cooperativas se desconsiderarmos essas. Sem usar nenhum marketing, conseguir alcançar 10% desse número é representativo.

Sim! Muito!

E é um campo muito fértil para se trabalhar. A gente tem que se fortalecer enquanto ramo cooperativista. O Sicoob Cecres vem trabalhando a intercooperação há alguns anos.

Estamos muito felizes porque trabalhamos com as cooperativas de transporte e vamos conseguir criar linha de crédito para antecipação, pois com aumento das compras on-line, as cooperativas de transporte precisam desse crédito para antecipação de frete.

E a gente tem, também, um trabalho com as cooperativas habitacionais. A cooperativa vai lá, constrói e o Sicoob Cecres entra com linha de crédito para mobília e decoração. Porque sem o crédito barato de cooperativa, essa pessoa pegava a chave do imóvel e acabava por "acampar" no imóvel, sem dignidade. Agora

conseguimos levar uma linha com taxa justa, permitir que as pessoas tenham um lar de verdade, equipado!

Temos que ter a OCB, a Confebras, esses órgãos supra sistêmicos apoiando essas iniciativas com uma forma robusta de intercooperação, porque não tem sentido uma cooperativa de consumo ter uma conta no banco tradicional. Quem paga a alta conta é o associado dela.

Quando fazemos o casamento de intercooperação, quem ganha são ambos os associados. Temos maior robustez. E aí sim, feito isso, podemos olhar para o mercado aberto e angariar as pessoas que não conhecem o cooperativismo.

Só por esse trabalho na intercooperação, Thays, você já tem nossa admiração, porque a gente acredita que esse é o futuro do nosso crescimento, esse engajamento de necessidades.

Taís, me sinto representada nas suas palavras. Realmente, somos missionários de um processo de semear grãos todos os dias. Mas nosso grão vem gerando frutos que instituições com recursos muito maiores, por vezes, não conseguiram semear na mesma proporção.

Acredito que vale a pena, sim. O que ainda vejo como lição de casa é quantificar e fazer projeção desse trabalho, porque muitas vezes ele ainda parece tão "grão" porque não fazemos a divulgação.

Quando falávamos da Teia, na articulação, tivemos ações de articulação de negócios, começamos a articular ações de consultoria, oferecemos treinamentos, articulamos projetos entre os membros, confeccionamos máscaras e vimos outros negócios sendo fechados. Mas o processo da vitrine foi um dos desafios que ainda não viabilizamos. É uma meta que tracei para fevereiro de 2021.

E uma outra meta decisiva para nós agora é colocar no ar um cantinho dos projetos. Onde exista não só espaço para negócios, mas para divulgação de ações sociais. Onde possa ter nessa vitrine não só ações que você realizou, mas que você identifique ações idôneas, onde gostaria de aportar seus recursos, seja você uma empresa que tem recurso para isso, ou uma pessoa que quer ser voluntária, doar algum conhecimento.

E tudo isso além dos negócios, porque é nosso principal objetivo e não podemos perdê-lo de foco.

As pessoas confundem o assistencialismo com empresas que trabalham ações sociais, mas que visam negócios. São bem-vindas, mas nem todas são empresas de voluntariado.

Hoje essas empresas têm necessidade de capacitação de profissionais que precisam ser remunerados. Estão em voga, empresas e marcas com propósito. Caminhamos para a evolução de empresas que têm uma visão de objetivo econômico-financeiro e ok, está tudo certo, mas que causam um impacto positivo também na sociedade.

E a Teia é um desses negócios de impacto social. É o nosso maior diferencial. Tanto que eu faço muita questão de falar que ela é um braço da TMS enquanto impacto social. Porque tem a divisão econômica dela, quando faz a vitrine, articula negócios, e tem impacto social quando comunga de valores nos negócios aportados.

Não são todos os empreendedores que vão se aproximar da Teia que serão aprovados. Por olharmos para a mutualidade e valores da cooperação, nós já tivemos propostas, principalmente na pandemia, de empresários que de alguma forma eram aterradoras. Ao invés de valorizar o trabalho das cooperativas, elas iam não só predar, mas precarizar.

E tem um oportunismo forte também. Então, para manter seus valores, tem esse crivo nos seus projetos?

Isso. Não faz parte do nosso propósito divulgar esse tipo de oportunidade entre os membros da Teia. É um trabalho justo, que transmite credibilidade e fortalece as partes.

Sempre que vou procurar serviço de crédito, prezo pelo que não vem com venda casada, que não vem para oferecer aos nossos membros os produtos que estão na venda do mês. Que olhe para as necessidades do membro.

Esse é o olhar que valoriza as partes. Essa é a comunicação que preciso que exista entre os membros da Teia.

Isso traz para a Teia e para a TMS uma blindagem no sentido de valores. As pessoas mudaram muito o comportamento nesse momento de pandemia, mas não sabemos até que ponto as mudanças prevalecerão.

Me pergunto: por que não consumir da cooperativa, que cobra 1% ao mês, que parte daquilo volta para comunidade, que carrega um instituto, ao invés de pagar mais caro na instituição tradicional cuja receita vai apenas para aos acionistas, sem impacto algum para a comunidade? As novas gerações vêm com essa pegada da economia colaborativa, a chamada nova economia, que, a meu ver, é muito o cooperativismo.

Acho legal tratar desse assunto e lembrar aos empresários que essas ações também têm incentivos fiscais muito bem-vindos, além de contribuir com o relatório de sustentabilidade, com essa prestação de conta que os consumidores e clientes esperam hoje das grandes marcas.

Como a Teia da Cooperação pode contribuir para os valores essenciais do cooperativismo e para a sociedade como um todo?

A Teia da Cooperação já é o cumprimento de um dos valores, que é o sexto princípio, o da intercooperação. Prima não só por valorizar e trazer articulação entre cooperativas, mas também convida outros negócios, sejam privados ou públicos, que comunguem dos valores da cooperação, a fazerem parte. Fazendo com que não só articulem negócios, mas também devolvam os benefícios à comunidade.

Qual o nosso olhar? Que os negócios articulados pela Teia tenham olhar não só de desenvolvimento desses empreendimentos, mas que, principalmente, olhem para as comunidades. Se a comunidade tem empreendimentos que, por vez, estão enfrentando dificuldade para acessar mercado e precisam ser profissionalizados, a Teia dispõe de consultoria, de agência de comunicação, de parcerias, como o Sicoob Cecres, que pode instrumentalizar com serviços financeiros.

A Teia tem papel duplo em fortalecimento econômico. Primeiro, te articulando e fortalecendo enquanto empresa e, depois, te profissionalizando enquanto negócio.

Então atende dois princípios do cooperativismo: ela articula negócios, com a intercooperação, e depois vem com o fortalecimento da comunidade.

Ela visa olhar para o cooperativismo se desprendendo da visão individual, da visão de me fortalecer enquanto indivíduo e não me preocupar se a comunidade está acompanhando o desenvolvimento do qual estou sendo beneficiado.

Entendemos que só seremos uma sociedade desenvolvida quando todos nós formos valorizados nesse processo. Isso que temos como verdade.

E, na verdade, tudo que você está falando, essa nova expectativa do cidadão, do consumidor, é sobre ver retorno no que ele contribui. É o cashback que a gente tanto espera do nosso governo, por exemplo. Temos impostos absurdos e o que retorna para nós? O que me faz decidir trabalhar com a TMS, com o Sicoob Cecres ou com qualquer outra empresa de mercado?

E, Thays, nesse período de pandemia que ações de intercooperação tiveram grandes significados, na sua opinião?

Tivemos vários exemplos, como o próprio Café Cooperativo e o trabalho de vocês do Sicoob Cecres na distribuição de alimentos, máscaras e álcool às cooperativas de reciclagem.

Eu sou suspeita para falar porque eu fico na retaguarda olhando para várias. Não quero colocar ninguém em baixa estima, mas algumas ações me deixaram bem satisfeitas. A principal foi a baixa guarda. Vários presidentes baixaram a guarda e estenderam a mão. Vi vários sistemas que ficavam se excluindo, estendendo a mão e trabalhando juntos em prol dessas cooperativas que estão desguarnecidas, sem atividade até hoje.

Hoje eu conversei com uma cooperativa de transporte escolar de São José dos Campos, a Coopertesc, que está sem atividade até hoje. Todo grupo de transporte escolar está sem. Só o grupo de transporte de cargas está em alta, em função do volume de alimentação e outras coisas. Mas outras que dependem de serviços estão sem atividade e, consequentemente, sem renda. E muitas não foram atingidas por esses auxílios assistenciais. Então eles me procuraram para saber o que fazer se não tivermos uma vacina agora.

Assim, várias ações foram feitas por esse grupo. Uma das que vi, e fiquei muito grata em ter articulado algo, foi a aproximação do poder público em função da cooperativa Futura com a turma da Coopertesc, para ver de que forma poderiam se ajudar. Eles estabeleceram alianças e promoveram melhorias.

Tinha uma questão não só de distribuição de alimentos, mas de álcool em gel, de fazer triagem do material. Maior parte do público é grupo de risco em relação à Covid-19. São pessoas que, se não fizessem a triagem, não tinham como acessar a comercialização dos resíduos. Então teve todo esse processo.

Este grupo do Vale do Paraíba eu aplaudo de pé, porque fizeram acontecer ali naquela região, tanto o transporte quanto a produção.

Quais ramos você vê que estão em situação mais complicada e que precisam da ajuda mútua?

Na minha percepção, os ramos de produção enfrentam maior dificuldade. As cooperativas que comercializam resíduos, de reciclagem, de costura, de transporte de alunos, de transporte para empresas, de fretamento. As atividades de serviço foram bem prejudicadas.

Gostaria que você falasse da situação das cooperativas de eletrificação.

Ano passado, estive em contato com cooperativas na região de Mogi das Cruzes. Em função das regulamentações que a Agência Nacional de Energia Elétrica (ANEEL) repassa, as cooperativas de eletrificação têm que dar o mesmo atendimento que oferecem ao cooperado à pessoa que não é cooperada. Isso acarreta à cooperativa um investimento, porque ela precisa oferecer atendimento. Se cai a energia elétrica, tem que fazer manutenção da região para toda a comunidade. E, apesar de gerar investimento, não necessariamente traz receita.

Todas as cooperativas de energia elétrica estão passando não só por reestruturação, mas revendo todos os seus processos para entender como trazer outras fontes de receita e percepção de valor agregado ao cooperado, como forma não só de fidelizar, mas de mantê-lo. Porque esse associado não consegue ver diferença em se manter ali, visto que toda a comunidade vai ser atendida por conta da resolução.

A maior parte das comunidades rurais, quando a cooperativa foi constituída, não tinham repasse de energia elétrica na região. Aqueles produtores rurais se organizavam e faziam toda uma luta para conseguir que a energia fosse repassada na comunidade deles. Então é uma conquista muito grande. Hoje, quem está na comunidade, não tem essa percepção de valor.

E se é repassado para todo mundo, por que ainda contribuir com a cooperativa se todo mundo vai ter o benefício?

Hoje é um grande desafio manter seu quadro de cooperados ativos, além dessas despesas de manutenção.

É uma pauta que discutimos há um tempo, mas estamos fazendo de tudo para chegar na ponta e levar crédito para esses associados.

É o que falamos do cooperativismo, ajuda mútua fortalece todas as instituições, associados de ambas as cooperativas, além dos ramos.

Inclusive gostaria de fazer um chamado para as cooperativas de infraestrutura que perceberem nessa troca uma oportunidade de construção. Eu falei de uma iniciativa de alguns cooperativistas que tive contato, mas tenho certeza de que outros desafios têm sido vislumbrados e, trazer benefício para o cooperado, é a porta de entrada para construir fidelização.

Não existe outro caminho para a fidelização e participação do cooperado que não seja sua valorização. Se nós não encontrarmos essa porta de entrada pelo ouvido, pelo canal de comunicação ativo com ele, não tem ferramenta que fará.

Thays, você falou tudo. Temos um país continental, subdesenvolvido, com pessoas que precisam do segmento cooperativista, independentemente do ramo, e a gente precisa rever nossa forma de se comunicar, de dialogar com as comunidades para que entendam que a gente existe.

Queria saber qual a sua opinião sobre isso: o cooperativismo como um segmento com ambiguidade, dentro de um país tão fértil e necessitado versus esse share em todos os ramos com possibilidade de crescimento muito grande.

Até porque se comparamos com a Europa ou os Estados Unidos, regiões que não têm tanta necessidade quanto nós, o share é muito maior. Na França, por exemplo, o cooperativismo financeiro representa 40% do mercado, enquanto aqui temos apenas 5% dos depósitos.

Não sei se é comunicação a palavra, mas eu entendo que é "conhecer". Todos os dias eu descubro que preciso encontrar uma forma de levar conhecimento e experiência para as pessoas.

Estou em um projeto onde estou me redescobrindo enquanto etnia. Um projeto para mulheres negras. Uma das coisas que tenho percebido muito é que, a cada depoimento das meninas, eu vejo o quanto nós não nos conhecemos no Brasil. E, quando fala desse *share* que temos aqui, vemos que nosso desafio é conhecer. Nós não conseguimos prover o conhecer do cooperativismo.

Se eu conseguir, com cinco minutos de conversa, prover experiências que façam sentido para quem nos ouve, acho que vencemos as barreiras. Porque o que ocorre é isso. O que eu trago não ultrapassa ou não faz sentido para quem está em um apartamento ao lado do meu. Preciso conseguir identificar o que faz sentido para essa pessoa que está no apartamento ao lado.

Nosso maior desafio é identificar sentido comum em um país que é tão diverso, por mais que estejamos no mesmo território. Muita diferença de cultura, muita desigualdade social, muita divergência de valores.

Quando estávamos construindo a Teia, um dos questionamentos que recebíamos era de que isso que estávamos trazendo eram valores coletivos, porém em um projeto privado. Mas eu sempre disse que era isso mesmo, que era coletivo. É uma empresa privada, mas com um projeto coletivo.

Entendo que o desafio desse *share* é esse, conseguir trazer identidade coletiva para o cooperativismo. Aí sim vamos conseguir disseminar.

Eu entendo que não tem como fazer tudo isso que você bem disse sem passar pela mídia. Porque vai fazer sentido para sua vizinha de porta, para alguém em Brasília ou para um empresário quando a gente encontrar uma forma de comunicar.

A pandemia trouxe iniciativas como essa, do Café Cooperativo, a intercooperação, as alianças entre empresas privadas e cooperativas.

Não sei se estou sendo otimista demais, mas li um relato interessante de alguns colegas no Sebrae, onde também trabalho. As entrevistadoras trouxeram que, dentre os empresários entrevistados por elas, 95% tiveram mais iniciativas inovadoras nesse período de crise e estavam mais motivados. Não necessariamente tiveram faturamento superior, mas estavam mais motivados.

Então uma das coisas, quando falamos de soluções que vemos para esse momento, seria uma mudança de comportamento. Um foco não só de cooperar, que é o mais importante, mas também de compartilhar, partilhar o saber, partilhar as situações entre as pessoas. Entendo que esse é o grande arcabouço das soluções.

É a empatia. Colocar-se no lugar do outro e entender como dialogar e se aproximar de realidades tão diferentes da nossa. E aí, com esse exercício que tem tudo a ver com o cooperativismo, surge essa necessidade de aproximação.

Só tenho uma palavra para o ano de 2020: gratidão. Porque ele me mostrou isso todos os dias. Desafios que nunca tinha vislumbrado e nem imaginava.

Você pode falar que é sorte e pode ter sido. Mas toda a sorte é resultado de uma competência que eu desenvolvi.

Sorte com muito trabalho!

Exatamente! Tenho a agradecer a esse universo, a oportunidade e a vontade que tenho de construir sempre e, principalmente, essa disponibilidade das pessoas em partilharem. Para mim, partilha é a solução para 2021.

É o slogan do Sicoob Cecres: tempo de compartilhar.

Thays, por que será que algumas cooperativas não praticam a intercooperação? As pessoas não conhecem, falta engajamento?

Existe uma cultura de desconfiança em função de cooperativas que quebraram no passado. Em alguns estados do nosso país, pessoas mais velhas tiveram experiência no ramo agro ou até no crédito que ainda não liquidaram situações de cooperativas que vieram a quebrar. Essas pessoas acabam levando esse luto e disseminando isso.

A falta de conhecimento sobre o modelo dissemina e inviabiliza a experiência.

E quando a gente fala de falta de conhecimento, a gente fala da falta de conhecimento do judiciário e da mídia também. Porque, quando uma cooperativa é liquidada, sai na capa do jornal. Agora uma que vai muito bem, que atende várias pessoas, tem instituto e trabalho social, não vira capa. E pela falta do conhecimento das pessoas, elas acabam generalizando.

Por isso a gente vem falando muito sobre a questão da idoneidade das cooperativas.

E quando falamos do crédito, tivemos o Fundo Garantidor. As pessoas não sabem que cooperativas financeiras têm fundo garantidor com os mesmos moldes do FGC dos bancos. Hoje, operar com uma cooperativa de crédito é tão seguro quanto operar com um grande banco de mercado.

A gente volta sempre para o diálogo. As pessoas merecem saber como funciona esse modelo de negócio.

Falou tudo. E estamos no nosso processo de formiguinha fazendo nosso papel.

E com esse grande elo, ano a ano, vamos vencendo. Importante que não deixemos que uma ou outra iniciativa desgastante diminua nossa potência.

Precisamos de perseverança. Nós brasileiros já temos muita, mas que seja uma perseverança imbuída de muita assertividade, pois não temos mais espaço para ficar tentando e aprendendo no erro. Viemos de um processo de muito desgaste.

Nossa população, em função de todo arcabouço político e empresas incorretas, foi exposta.

Nós, que somos os cidadãos, devemos ter perseverança. Vamos planejar nossa vida, fazer nossos sonhos e objetivos darem certo.

A Teia está aqui para fazer articulação de negócios. Se você tem um objetivo que é profissionalizar sua empresa, procure a Teia. E entenda, também, que você pode fazer parceria não só com membros da Teia, mas com outros membros, se não vier nos procurar. Procure uma cooperativa, um empreendedor. Não fique sozinho, partilhe!

Nosso maior ganho e riqueza é a partilha. O que aprendi em 2020 com todos os desafios – que não foram poucos – é que a partilha é nossa maior vantagem.

café cooperativo
A representatividade feminina nos Sistemas Cooperativos
com Maria Nascimento
apresentação:
Taís Di Giorno

A Representatividade Feminina nos Sistemas Cooperativos

Entrevista realizada com Maria Nascimento, presidente do Sistema OCB-SESCOOP do Amapá, em 17 de dezembro de 2020

Queria que você nos contextualizasse sobre a sua carreira no cooperativismo.

Eu sou ribeirinha nata aqui da minha região, extrativista. Comecei no cooperativismo há dez anos. Comecei na minha antiga cooperativa como estagiária. Passei pelo processo de estágio, virei diretora administrativa, depois diretora financeira da cooperativa e passei um tempo na presidência.

Depois, vim estagiar na OCB do nosso Amapá. Fui estagiária da OCB, virei gerente da casa e, em 24 de julho de 2020, me tornei presidente.

Durante esse período passei por todas as etapas do processo de cooperação. Passei por todos os níveis até chegar à presidência da nossa casa aqui no Amapá. Aqui temos duas casas em uma: OCB e Sescoop. O presidente eleito para a OCB, já é indicado também para o Sescoop.

E ainda sou vogal da junta comercial do nosso estado.

Maria, e como foi essa jornada?

Olha, foi de muita luta, viu. Muito desafio. Tive que acreditar no que não era possível, estar em lugares onde só tinham homens e eu ali no meio deles, buscando conhecimento, oportunidade, lendo muito e aprendendo com pessoas de grande representatividade no sistema cooperativista.

Uma vez, tivemos um evento aqui no nosso estado realizado pela Frencoop Norte, onde tivemos a honra de receber o presidente Márcio Lopes de Freitas e vários outros presidentes e superintendentes de outros estados da região Norte. Foi incrível, aprendi muito com eles e, na ocasião, jamais passava pela minha cabeça que anos depois estaria falando de presidente para presidente.

Para mim é motivo de muito orgulho, muita honra. Sou muito fiel às minhas raízes, às pessoas que me cercam, a todo ensinamento que recebi de todos à minha volta. Tenho certeza que consegui tirar alguma coisas de cada um para ser quem sou hoje.

A gente tem que celebrar muito porque você nos representa aí. É motivo de orgulho ter uma mulher como você, jovem, presidindo uma OCB estadual.

Temos que celebrar, mas essa celebração traz também uma consciência do quão distante ainda estamos do tema equidade de gêneros.

Queria saber como você leva esse assunto adiante e como você pode contribuir no seu cargo para termos uma maior igualdade entre homens e mulheres em cargos de liderança.

Muito importante o seu posicionamento e colocação, Taís.

Hoje, aqui, nós temos em torno de 20% do nosso Conselho composto por mulheres. Inclusive, falo que a chapa foi composta a dedo, pois selecionamos os melhores dentro do segmento para gerenciar nossa casa.

Estou na presidência hoje, mas temos outras mulheres nos cargos do Conselho Fiscal, Conselho de Ética e Conselho de Administração.

Falo para elas que, durante os 32 anos de história da OCB Amapá, eles conseguiram erguer as paredes da nossa casa e que, agora, vamos dar cor a essas paredes, colocar prateleiras nos lugares, cor nos cômodos. Vamos tentar dar esse equilíbrio com a balança em relação a homens e mulheres na nossa casa.

Inclusive, a gente acabou de ter nossa última reunião do exercício aqui na casa com o Conselho de Administração da OCB. E um dos nossos conselheiros ressaltou isso, falando que ele tem muito orgulho de ter nascido de uma mulher e de ver que hoje a nossa casa está bastante feminina.

Vamos ser referência no Brasil não por ter uma presidente mulher, mas também pelo número de conselheiras que temos.

Tem que virar um case mesmo!

Com certeza!

Pelo que estudei, você assumiu o cargo na pandemia, certo? Como foi esse desafio e como você se posicionou? A OCB teve algumas ações com relação à pandemia?

Então, para mim não foi tão difícil assumir a casa porque eu já era gerente do sistema. Sempre fui muito ativa nas minhas ações. E eu conheço nosso sistema cooperativista como se fossem as linhas da palma da minha mão.

Sei onde fica cada cooperativa, a dificuldade de cada uma, de cada município, a deficiência de cada uma delas, qual o nível econômico de cada uma, o segmento, o produto, serviço, diretores, familiares.

Sou muito próxima das cooperativas. Tanto que na assembleia desse ano tivemos a convocatória para 42 cooperativas e, destas, 41 estiveram presentes. Dessas 41, todas votaram favorável ao cargo, a me dar esse voto de confiança para me tornar presidente.

Foi muito gratificante ter ali todas as 41 cooperativas, no mesmo tom de voz, dizendo que me queriam à frente da nossa casa por acreditar no trabalho que a gente já vem desenvolvendo ao longo dos últimos 15 anos.

Então a gente já tinha algumas ações. Por exemplo, tivemos nesse período de pandemia o apagão em nosso estado. Tentamos equilibrar a balança. Você sabe que, em um nível de cooperativa, algumas têm mais, outras menos. Então fizemos a distribuição de cestas básicas daquelas que tinham mais para as que tinham menos, tentando minimizar os danos do apagão e da pandemia no estado.

Sabemos que temos que aumentar a participação da mulher e do jovem no cooperativismo. E você representa as duas classes.

Porque a inclusão é um princípio nosso que tem que ser mais debatido para sair um pouco do discurso, ir para a prática com questões efetivas, com indicadores. Quando a gente segue para uma questão de sociedade consciente, temos que ter políticas claras nesse sentido.

Não tem que ser só os homens conscientizados sobre a importância de dar espaço para mulheres, mas a gente tem que trazer a consciência dessas mulheres também, para que elas tenham resiliência, aproveitem as oportunidades, se capacitem. E você é um exemplo disso. Quando você fala que jamais imaginou, provavelmente no seu inconsciente você já tinha um objetivo e correu atrás dele.

Para que a gente possa aprender com você, na prática, o que você propõe para que a gente consiga aumentar substancialmente essa participação? Você tem algumas ações já em andamento na OCB para aumentar e atender a diversidade?

Quando eu era gerente aqui da nossa casa, na questão hierárquica só tinham mais dois cargos que eu podia alcançar. Um era de superintendente e, o outro, de presidente. Eu orava muito para que Deus me fizesse grande dentro da casa. Beijava as paredes do nosso prédio, chegava de manhã e orava muito cedo, pedia para que Deus me tornasse sábia para ajudar as pessoas que vinham em busca de soluções, e sempre me propus a ajudar, independentemente de qual fosse o problema.

E sim, tinha o objetivo de crescer profissionalmente, de chegar no topo do sucesso. Mas eu não imaginava que, para Deus, o sucesso fosse a presidência da nossa casa. Tanto que isso foi um planejamento de um ano e meio atrás e, quando surgiu a primeira conversa para eu me tornar presidente, eu nem acreditei. Depois esse desejo começou a vir das próprias cooperativas.

Tinha um presidente de cooperativa que chegava aqui e já me

chamava de presidente. Eu dizia para ele falar isso baixo, para o meu presidente não ouvir. E ele reforçava que um dia eu ia assumir e que, quando acontecesse, a gente ia ganhar muito com isso, com todo respeito ao presidente da época. Quando fui eleita, fui lembrá-lo desse momento.

O desejo de ser grande, de ter um bom posicionamento a níveis de trabalho, era meu. Mas o sonho de ter a oportunidade de contribuir na vida das pessoas, foram os próprios dirigentes das cooperativas que sonharam isso comigo. Não é um sonho só meu, é nosso.

Nas cooperativas a gente tem muitas mulheres e jovens que estão adormecidos.

A gente vai muito nas cooperativas, busco estar sempre próxima e ver de que forma podemos contribuir cada dia mais para o crescimento de cada um. Pela proximidade, a gente consegue ver a alma das pessoas, ver além do que é comum se ver.

Com isso, a gente precisa profissionalizar nossas cooperativas. Precisa dar a oportunidade deles se autoconhecerem. Tanto que o nosso plano de trabalho da OCB é construído no encontro de dirigentes a cada ano. É momento de construção junto às nossas cooperativas para que a gente torne não só o nosso Amapá melhor, mas também a vida de cada associado, de cada cooperativa filiada à nossa casa.

Você trouxe aí duas dicas relevantes: a questão da sua fé, do seu padrão mental, de se apegar na sua crença e, também, a questão de ler muito, de se capacitar.

Não defendo nunca a supremacia, nem masculina, nem feminina. Defendo competência, equidade. Voltamos para a questão de como precisamos ter mulheres prontas, com objetivos claros e capacitadas, porque o bonde passa. Você está realizando um sonho seu, mas de outras pessoas também, homens, mulheres, meninos e meninas.

A gente volta para uma linha onde vejo mulheres dizendo: "Ah, um cargo de conselheira não é para mim, é para os homens". E eu

tenho falado muito isso para mulheres por aqui, reforçando que tudo é para todos. A equidade passa primeiro pela auto inclusão. Eu tenho que acreditar que eu posso estar ali, desde que tenha a mesma capacidade intelectual de qualquer outra pessoa.

Olha, acho que nós somos protagonistas de um novo capítulo da história do sistema cooperativista a nível de mundo. Vamos ser referência para as pessoas. Estamos apenas começando uma gestão.

Comentava com meus conselheiros que, apesar de ter sido um ano muito difícil, de pandemia, de apagão no Amapá, estou muito confiante de que 2021 vai trazer grandes oportunidades. Que poderemos escrever um novo capítulo da nossa história com a nossa gestão. Outras lideranças vão surgir, estamos trabalhando para isso.

Nos próximos dias, estarei em uma comunidade chamada Ilha Tapurú, onde vou participar de uma assembleia na cooperativa. Temos dois jovens que vão participar pela presidência da cooperativa e isso já é resultado de um trabalho que a gente vem desenvolvendo há pouco mais de um ano. Já estamos colhendo esses frutos.

Para que você consiga compreender, lembro que quando cheguei na casa, era funcionária registrada como CLT, mas eu nem me enxergava como colaboradora da casa. Sempre me enxerguei como alguém que podia fazer a diferença na vida das pessoas no meu cargo de gerência. Se precisasse lavar um banheiro, atender alguém, fazer palestra, fazer ata, eu fazia tudo.

Tudo que envolve o sistema cooperativista, do menor ao maior detalhe, eu já conheço. E faço tudo com muito orgulho. Muitas vezes era chamada de secretária e não me ofendia, porque fazia esse trabalho mesmo. Tudo era aprendizado e foi um longo período de muito conhecimento adquirido pelas pessoas que me empoderavam, me davam ideias. Eu pegava aquilo e levava para outras cooperativas. Minha vida foi assim.

Para mim não tem tempo ruim, todo dia dá para fazer algo diferente. O ser humano é maravilhoso. Cada um tem sua forma de trabalhar, de ver as coisas. E você tem que ser persistente.

Eu lembro que no início eu ficava muito na casa. Às vezes era onze horas da noite e eu estava aqui. Quando o cansaço batia, eu lembrava de onde queria chegar. Quando lembrava disso, o cansaço tinha que ir embora. Porque quanto mais tempo eu passasse curtindo o cansaço, mais tempo demoraria para chegar no meu objetivo.

Eu respiro o cooperativismo mesmo, amo o que eu faço. Estou fazendo mais uma graduação na área de gestão de cooperativas, porque quero, no futuro, dar aula dentro das faculdades, levar o cooperativismo para dentro do ambiente acadêmico e, quem sabe, para fora do Brasil.

Logo que entrei no Sicoob Cecres, os recursos eram muito escassos. Eu comprava material de escritório com recursos próprios porque a cooperativa não tinha condições financeiras. Isso passa por essa questão tão forte de alma, de acreditar que dias melhores viriam, e vieram!

A gente trabalhava muito forte com a Sabesp e virávamos a noite fazendo malotes, que era a melhor forma de comunicação na época. Eu fiquei muitos anos com calos nos dedos, mas os olhava com orgulho, com felicidade de estar em uma empresa que tem propósito, que ajuda as pessoas.

É isso mesmo. Determinação. É você ter foco, ter fé e ser persistente no seu objetivo. Porque eu, uma ribeirinha, extrativista, consegui chegar aonde cheguei.

Aqui no nosso estado a situação das pessoas que moram na beira de rio é muito complicada. A maioria das casas não tem porta, não tem janela. E você vencer todos esses desafios e chegar à presidência da casa não tem preço.

Falo que quero fazer uso do poder da caneta para ter influência na vida das pessoas. Quero que as pessoas, pelo cooperativismo, possam se organizar, ter qualidade de vida, educação para os seus filhos, renda, conforto, uma casa boa, uma comida de qualidade, boa vestimenta, um bom travesseiro... Isso é o básico para todo ser humano.

Para mim é motivo de muito orgulho, por isso aceitei o desfio de ser presidente da nossa casa.

Quero aproveitar essa oportunidade para ter influência na vida das pessoas, fazê-las chegar lá. Mostrar para aquele ou aquela jovem que eles podem chegar aonde sonharem chegar. O segredo do sucesso está dentro de cada um de nós e a gente só precisa se despertar, decidir ser bom naquilo que escolher. No que escolher, você consegue se aprimorar e estudar.

O acesso à internet te leva a muitas oportunidades, então temos que aproveitar isso. Temos que mostrar para a nossa nova geração que somos capazes de tudo que sonharmos. É gratificante ouvir dos meus conselheiros e dirigentes que agora a gente tem uma nova oportunidade de crescimento, que muitas portas vão se abrir.

Fiz uma agenda, logo que assumi a presidência, para visitar órgãos estratégicos do nosso estado. E, para minha surpresa, os nossos órgãos estratégicos vieram até a OCB buscando parceria. Isso significa que estamos no caminho certo. Algumas cooperativas que estavam afastadas estão nos procurando para fazer a reativação. Elas estão vendo novas oportunidades surgindo onde podem se enquadrar.

E eu faço questão de estar entre o povo. O meu povo. Gosto de estar com as pessoas. Para mim, elas têm essa capacidade de me ajudar a melhorar cada dia mais para prestar um serviço de qualidade todos os dias para as nossas cooperativas e parceiros.

Maria, uma fala sua que eu não posso deixar passar é isso de que se tiver que lavar banheiro pela cooperativa, você lava. A gente trabalha muito com os jovens atuais, eles são maravilhosos, conectados com tudo, mais evoluídos. Mas eles vêm muito especialistas. A nossa geração é diferente. Eu servi muito café em reunião de Conselho, sendo secretária, e me orgulho muito disso, aprendi demais. A humildade leva a gente para a frente, essa capacidade adaptativa e de entender que todo trabalho é digno. Porque se você tem um propósito, você quer que a empresa, seja ela qual for, dê certo. Se precisa assumir a presidência, vamos assumir! Se precisa servir café, vamos servir!

Fica um recado para os jovens de que precisamos ser muito "mão na massa" e multifuncionais, principalmente no começo das cooperativas. Porque elas só dão certo porque temos essas pessoas que acreditam. O começo é sempre um perrengue.

Isso mesmo!

Esses dias uma pessoa entrou em contato conosco, pois queria contato de uma cooperativa de mineração. Eu mesma fiz toda a articulação. Aí eu acompanhei o presidente dessa cooperativa falando com a pessoa pelo telefone na minha frente. A moça do outro lado da linha falou: "Olha, agradece sua secretária pelo atendimento". E, então, o presidente da cooperativa rebateu: "Ela não é minha secretária, ela é a presidente do sistema OCB aqui no nosso estado". Eu comecei a rir, disse que não precisava falar isso, mas ele reforçou que precisava sim.

Para falar a verdade, eu não me ligo muito em *status*. Ligo mais para o impacto que as nossas ações podem causar na vida das pessoas, dos diretores, dos cooperados, dos filhos dos cooperados. Tanto que os nossos benefícios, hoje, não são apenas para os dirigentes, mas para os familiares também.

Temos trabalhos com os filhos dos associados também, porque eles precisam saber o que é o sistema cooperativista para que, no futuro, eles administrem e gerenciem nossas cooperativas para não deixar nossa semente morrer junto da gente.

Exatamente. Temos que manter os jovens para oxigenar o sistema e continuar esse legado que vamos deixar.

Gostaria de fazer uma pergunta um pouco fora do nosso tema. Como a OCB Amapá e as cooperativas do estado se posicionaram durante o apagão de 2020?

Quando houve o apagão aqui no nosso estado, nós tentamos equilibrar a balança entre as cooperativas que tinham muito e as que tinham pouco. Fizemos distribuição às que tinham um pouco menos e tentamos fazer essa representatividade aqui no nosso estado.

Buscamos dar apoio às cooperativas e colaborar com as autoridades na busca da resposta o mais rápido possível para nossa população que estava sofrendo.

Foi algo que não atingiu só as cooperativas, mas a população como um todo.

E vocês conseguiram mitigar um pouco do problema?

Sim, junto às outras instituições que trabalharam conosco para dar solução ao nosso problema o mais breve possível.

Hoje estamos com nossa energia reestabelecida. A situação gerou uma intercooperação bem grande.

Falando em intercooperação, qual o setor cooperativista com maior representatividade no Amapá?

Então, a gente teve uma reformulação recente. De 13 ramos, passamos para sete.

Aqui no estado o mais forte é o agropecuário, as cooperativas da agricultura familiar.

Sobre o cooperativismo, a gente sabe que um dos pilares é a inclusão. E a gente sabe, também, que tem um caminho longo para trabalhar melhor a diversidade, a inclusão de pessoas com deficiência, de mulheres, de negros, do público LBGTQIA+.

O que você vê que falta no cooperativismo para que a gente tenha, na prática, mais inclusão e diversidade? E o que você vê como solução para acelerar esse processo e assumir protagonismo, já que isso faz parte da nossa essência?

Então, nós aqui acreditamos que todo exemplo tem que partir de casa.

No nosso *Dia de Cooperar* de 2018, o evento foi todo voltado às pessoas que têm algum tipo de deficiência ou mobilidade reduzida.

Fizemos um evento que, inclusive, está disponível nas nossas redes sociais, onde o sistema OCB, junto a outros órgãos, organizou todo o conteúdo voltado justamente para essas pessoas que precisam ser enxergadas pela sociedade e que têm a capacidade de ser incluídas. Seja no mercado de trabalho ou no mercado como um todo.

Maria, em que momento da sua vida você conheceu o cooperativismo e vestiu essa camisa?

Eu me apaixonei em 2010. Sempre fui muito preocupada em fazer a diferença onde estivesse.

Nós éramos muitos em uma cooperativa de bombeiro civil. Quando entrei, éramos em 200 pessoas. Dessas, eu não queria ser só mais uma. Queria ser eu.

Então, na época, perguntei para uma grande amiga minha como eu poderia fazer para ser enxergada pelas pessoas. Porque éramos muitos e eu não queria ser mais uma, virar estatística ali dentro. Queria ser diferente. Ela me disse para eu procurar estar no lugar que as pessoas não querem estar.

Com o conselho dela, voltei para a cooperativa para pensar que lugar poderia ser esse para focar e prosperar. E aí descobri que esse lugar era a limpeza. Ninguém queria fazer a limpeza do prédio. Foi aí que eu me prontifiquei a ser a pessoa que ia cuidar disso. Lavava banheiro, limpava muito chão e, depois disso, eles me nomearam para a parte administrativa da cooperativa. Fui cuidar da papelada, das folhas de pagamento. Foi aí que comecei a galgar meus degraus até assumir a presidência dessa cooperativa.

Hoje não faço mais parte dela, estou em outra, mas consegui deixar meu legado lá.

Não importa a função na qual você está, você tem que fazer aquilo com amor. Porque é isso que faz a diferença, não o cargo. É o amor que você coloca nas suas ações. Foi nesse momento que eu me apaixonei.

Qual foi sua maior dificuldade até aqui? Onde você caiu, tropeçou e

levantou-se mais forte? Sua resposta pode inspirar outras mulheres a se manterem firmes em seus objetivos.

Eu fiquei sabendo que assumiria a presidência da minha cooperativa antiga da noite para o dia. Para mim, foi um desafio muito grande. Mas eu sou movida a desafios, então não tem tempo ruim, chuva, sol ou dia nublado. Sou movida por eles. Quero dizer que o segredo do sucesso já está dentro da gente, só precisamos nos despertar.

Tenham foco naquilo que escolherem fazer para a vida, leiam muito, escutem outras pessoas, porque um bom líder é aquele que sabe ouvir, aquele que sabe ter o momento de frear, de parar, de refletir. E a vida da gente é um constante aprendizado. A gente não sabe tudo, a gente constrói esse tudo. Então foquem, leiam, que o segredo do sucesso é esse: foco e fé.

Maria, qual foi o resultado mais relevante que o cooperativismo conquistou para o seu estado?

Na minha humilde opinião, nossa maior conquista ainda está por vir, que é fazer com que a OCB não seja estatística no estado a nível de representatividade, mas seja, realmente, o sistema de representação das cooperativas.

Nós resolvemos ser cooperativas. Por isso, temos uma lei própria para a gente, a base-mãe que é a Lei 5.764, temos nosso manual de análise de cooperativas da junta comercial dos estados. Temos uma legislação própria e temos que fazer uso disso com muito orgulho.

No cooperativismo financeiro, estamos vivendo muitas mudanças tecnológicas. E temos visto o quanto faz diferença ter uma equipe diversa. E precisamos, sim, incluir a todos, mas também nos preocupar em entender se aquela equipe está preparada para receber a diversidade. Deve ser um trabalho em paralelo para não dar com os burros n'água e não causar efeitos desastrosos por falta de planejamento.

Dentro dessa questão da inclusão que falamos tanto, vemos que o cooperativismo ainda tem muito a fazer. O que você pensa sobre

onde estamos e para onde temos que caminhar? Como órgãos supra sistêmicos podem trazer mais esses debates de inclusão dessas partes? Como o cooperativismo acompanha ou não essa realidade e pode acelerar essa situação para assumir um protagonismo?

São muitas classes para pensarmos na inclusão de uma vez só. A gente precisa ter um começo.

Nós resolvemos apostar nas mulheres primeiro. A gente já tem no nosso estado três cooperativas que são compostas só por mulheres, acredite você. Os homens ajudam na coleta do material, do beneficiamento. Mas o foco da comercialização e gestão das cooperativas é todo feito por mulheres.

Elas são muito guerreiras em buscar benefícios para essas cooperativas. Quando assumi a casa, uma dessas mulheres me mandou uma mensagem dando parabéns e dizendo que agora a gente ia poder ter uma representatividade maior. Mas quando ela diz isso, não estava falando por ser mudança de presidente, não, mas porque a gente como mulher tem um olhar mais detalhado do que tem a nossa volta.

E a gente tem investido nessa profissionalização da gestão nas cooperativas e nelas. Porque a maioria das mulheres presidentes de cooperativa são agricultoras. Precisam de capacitação técnica. Temos trabalhado essas mulheres dirigentes para que possam se adaptar a essas mudanças tecnológicas que estão surgindo. Pois, se a cooperativa não acompanhar, vai virar estatística. E não queremos isso.

A gente quer que as pessoas possam se adequar e se inserir, senão fica igual às outras classes que não têm essa representatividade que a gente tanto quer.

O caminho não é fácil, a gente sabe disso, mas ele é muito possível.

Exatamente. Muito possível e possível para qualquer um de nós. Basta um sonho dentro de você que você é capaz de chegar aonde quiser.

E quando falo disso, não falo só das mulheres, não. Falo também dos jovens, dos homens, pois muitos deixam de acreditar no seu potencial. E a gente é capaz, sim. Muito.

Quando eu era mais jovem, fui prestadora de serviço do nosso Sescoop. Eu dava cursos de combate a incêndio e primeiros socorros aqui para as nossas cooperativas. Na época, fiquei muito próxima delas. Os anos passaram e, recentemente, voltei a uma dessas cooperativas e, quando cheguei lá, encontrei um dos jovens que, quando eu era prestadora, ele era uma criança. Ele me reconheceu, disse que lembrava do curso. Lembrava até da musiquinha, cantou para mim. Aquilo me emocionou muito. Vi que há alguns anos eu plantei uma sementinha do cooperativismo no coração daquela criança que hoje é um jovem e, amanhã, vai ser gestor de cooperativa.

Você colhe aquilo que planta. Por isso, todos os dias você tem que plantar e semear coisas muito boas. E é isso aí que faz a gente ser especial, ser bacana.

Tem uma frase atribuída a Napoleon Hill que fala: "Crie bons hábitos e seja escravo deles". E a vitória vem.

Qual sua mensagem para esse momento que vivemos, após trabalhar muita paciência, resiliência e estarmos indo para uma fase nova?

Tanto para quem vive no nosso estado ou não, a OCB Amapá está de portas abertas para você que quer conhecer o cooperativismo do nosso estado. Venham conhecer nossa casa, nossas cooperativas.

O desafio é grande, mas não tenho medo de desafio. Ele me inspira todos os dias. Em outro momento, talvez estejamos aqui falando de outros exemplos de mais mulheres que, depois dessa conversa, vão se despertar. Outros jovens, outros homens. E vamos ver frutos da semente que está sendo plantada aqui.

Acredito que essa conversa não foi por acaso, foi programada para ter impacto na vida das pessoas.

Saber que alguém vive melhor porque eu respiro é satisfatório, maravilhoso. Sua trajetória é linda, tem muita capacidade, resiliência, foco e inspiração!

Muitas oportunidades vão surgir. Elas batem à porta. Como não avisam nem hora nem dia, a gente tem que estar preparado para agarrar assim que chegarem.

café
cooperativo
Intercooperação
entre sistemas
com Moacir Krambeck
apresentação:
Taís Di Giorno

Intercooperação Entre Sistemas

Entrevista realizada com Moacir Krambeck, presidente do Conselho de Administração da Central Ailos, em 7 de janeiro de 2021

Moacir, você tem uma representatividade muito expressiva no nosso sistema. Queria que nos contextualizasse sobre a sua história com o cooperativismo financeiro.

Vamos começar lá nos idos anos de 1960.

Em 1964, eu passei a ser, pela primeira vez, cooperado de uma cooperativa. Nessa trajetória, evidentemente passei por todas as etapas de aperfeiçoamento, de qualificação, começando por Conselho Fiscal, tanto de cooperativas de crédito, quanto de consumo, e pelo Conselho de Administração. E fui aprendendo conteúdo, estudando profundamente o que entendo por cooperativismo.

Nessa trajetória toda, fomos construindo hoje a maior cooperativa do Brasil em número de cooperados, a Viacredi, hoje com mais de 630 mil cooperados. Ela foi construída e esse crescimento acelerado começou a partir do início do século 21, lá em 2001.

Até então, era uma cooperativa que, apesar de ser livre de admissão, tinha um Conselho que primava por área restrita, por cooperados de uma empresa, já que era essa nossa origem. Mas havia um apelo muito grande para que essa cooperativa servisse também à sociedade.

A Viacredi é situada em Blumenau, Santa Catarina, a cidade mais cooperativista do Brasil. Temos oito cooperativas e 340 mil habitantes. Só a Viacredi tem mais de 50% da população da cidade. Ela cresceu aqui, nasceu aqui e se expandiu para vários municípios da redondeza. Agora está também em Curitiba e municípios vizinhos.

Foi ali que comecei a conhecer o cooperativismo com mais profundidade. Fui dirigente, conselheiro e presidente da Viacredi por vários anos. E, evidentemente, aprendi muito com eles.

Estudei muito o cooperativismo e pensei em como fazê-lo segundo os valores e princípios tão difundidos há tantos anos, mas que poderiam se transformar em prática. Fazer acontecer.

Então, começamos a ter um relacionamento muito forte com nossos cooperados, o que fez com que a cooperativa se expandisse rapidamente.

Fomos levar o cooperativismo para fora, e não esperar que o cooperado viesse até nós. Fomos lá fora fazer o trabalho de conscientização da população que precisava muito entender o que é uma cooperativa.

Isso de não esperar o associado vir até nós é muito legal. Você pode compartilhar que ações a Viacredi fez para conseguir angariar mais associados?

Tínhamos um programa de relacionamento com o cooperado na cidade onde ele estava. Cursos, palestras, série de eventos que programávamos todos os dias, à noite, de dia, no final de semana, no domingo.

Sempre procurávamos reunir nossos cooperados e, inclusive, a sociedade de modo geral. Isso trouxe uma ligação muito grande. E aí você tem a propaganda mais forte que existe: o "boca a boca". O pessoal comentava com seus colegas.

Eu sempre dizia que o cooperativismo não é bom só para você. Ele só será bom se você trouxer mais gente, tem que ser solidário. Esse trabalho todo foi feito por alguns anos e continua sendo feito até hoje.

Para você ter uma ideia, hoje no sistema com as três cooperativas, nós já tivemos encontros de mais de três milhões de pessoas. Isso que faz a diferença.

Sempre disse que o cooperativismo se faz pelo relacionamento, o negócio é consequência. Um grande relacionamento traz, por consequência, um grande negócio.

Moacir, você sente que a localização geográfica de vocês traz uma maior fertilidade, por ter herança europeia muito grande?

Sabemos que a Alemanha é um dos principais países no share do cooperativismo. Ou não, precisamos desmistificar isso e dar os louros ao trabalho de formiguinha de vocês?

Não acho isso. Acho que podemos fazer cooperativismo em qualquer lugar do Brasil.

O que temos que botar na cabeça é que nós não somos a cooperativa, a cooperativa são os nossos cooperados. Nós temos que ir a eles, mostrar que somos diferentes.

E isso tem que ser feito pelo presidente. Ele não pode ficar sentado na cadeira esperando que o mundo lhe procure. Ele que vai ao cooperado mostrar a instituição que tem e o que essa instituição pode fazer de bom para ele.

Estive no Nordeste também, conversei com eles, tive várias conversas para que constituíssem cooperativas. Mas ninguém se interessa em fazer o trabalho.

É muito difícil, mas não impossível.

E em um lugar que temos o menor share do país, onde teria maior necessidade do cooperativismo financeiro.

Sem dúvida.

Acho que a ação do Banco Central em possibilitar que tenha área de ação, mas não área de filiação, vai ampliar e espalhar isso um pouco mais pela região onde o cooperativismo é incipiente.

Equalizar um pouco isso.

Então, na sua visão, essa herança europeia nada tem a ver com o sucesso da cooperativa no Sul?

Não acredito nisso. Se fosse verdade, os Estados Unidos, que têm mais de 120 milhões de cooperados no cooperativismo de crédito, também deveriam ter essa herança. E não têm.

Então não é esse o fato. O fato somos nós.

Nós somos a razão de não avançar mais o cooperativismo. Houve, por épocas, um medo dos conselheiros de abrir a cooperativa, torná-la pública. No século passado era muito comum. Eu passei por experiências como essa. Isso atrapalhou o desenvolvimento.

O cooperativismo tem que parar de fazer discurso e transformar esse discurso em prática. O discurso é muito bonito, mas a prática não acontece. Precisamos desmistificar, sair.

Sou presidente da cooperativa, vou sair e conversar com todo mundo. Converse sempre com todos, não fale diferente. Todos vão te entender com uma linguagem simples, para a mais humilde das pessoas.

Quando você faz isso, você traz essas pessoas para perto porque elas vão começar a confiar. Confiarão porque você não só diz, mas faz o que diz.

E isso é inteligência emocional.

O Café Cooperativo não tem nome de "Sicoob" ou "Sicoob Cecres" porque o programa é supra sistêmico, embora seja uma iniciativa nossa. Por isso, recebemos de braços abertos todos os sistemas e queremos fazer essas provocações. Temos que trabalhar essa questão da legitimidade do discurso.

Até que ponto os princípios que pregamos de democracia e inclusão estão realmente acontecendo? Como poderíamos protagonizar esse trabalho?

O discurso tem que ser mais verdadeiro e ter ações na prática. Isso é uma coisa que o Sicoob Cecres levanta junto à intercooperação para que a gente traga não só a legitimidade, mas o aumento da participação no Sistema Financeiro.

Temos que levar em consideração o seguinte: o cooperativismo, especialmente o cooperativismo financeiro, não mata o seu cliente. Ele salva seu cliente. Essa tem que ser a vertente.

Quem não teve dificuldade financeira na vida? Como diria Jesus, que atire a primeira pedra. Todos tiveram. E todos tiveram alguém que o ajudou. É assim que o cooperativismo tem que pensar. Nosso negócio é ajudar as pessoas e não afundá-las cada vez mais.

Quando vai fazer operação de crédito com o cooperado, tem que ver se isso vai melhorar a qualidade de vida dele ou complicar mais. E tem que esclarecer isso para ele. Se não vamos negar a operação de crédito, temos que esclarecer quais problemas aquilo pode trazer ao associado.

Não é só fazer avaliação técnica e liberar. Não é simples assim. Isso faz o banco, nós não podemos.

Bater meta a qualquer preço não é nosso negócio.

Exatamente! Não podemos. Temos que fazer o cooperado feliz. Essa é nossa missão.

E para isso, minha instituição tem que ser feliz, meus colaboradores. Só pessoas felizes são capazes de fazer outras felizes. Se não fizermos isso, seremos iguais aos outros.

E precisamos educar as pessoas financeiramente.

Não só financeiramente. Temos que educar sobre vários aspectos. Administrar a própria casa deles para não desperdiçar, aproveitar ao máximo.

É preciso educar sobre vários aspectos. E a cooperativa tem que abraçar isso. Afinal de contas, temos princípios na educação.

Existe um mercado de mais de 90% de pessoas no sistema tradicional e hoje a gente já começa a ver competição dentro do próprio setor, entre cooperativas.

Isso que é o grande problema. O cooperativismo está competindo entre ele, quando não olha que o competidor, de fato, são as instituições financeiras convencionais. Começa a disputar espaço nele mesmo.

E o sistema tradicional fica feliz. Enquanto nos digladiamos, daqui a pouco eles tomam o lugar e pronto. Porque nós não nos unimos.

Toda vez que ia conversar com meus cooperados eu pedia a união deles em torno da cooperativa. Um dia, um cooperado me perguntou: "Mas por que vocês não se unem? Não basta pedir para nós!".

Não tem nem resposta.

Exato. Temos que ser o exemplo. Não sou contra marcas, acho que cada um pode ter a marca que quiser. Mas a infraestrutura tinha que ser uma só. Atender todos os mais de 12 milhões de cooperados com uma só infraestrutura.

Discuto isso várias vezes. Quando foi criado o FGCoop, eu disse que acreditava que aquele fosse o embrião da união do cooperativismo de crédito brasileiro. No fim, eu fui contestado por outros.

É um posicionamento polêmico, não é, Moacir?

É, mas não vejo outra solução para o futuro.

Temos que ter duas funções básicas: temos que ter presença e digital. O banco tem o digital e pode trabalhar só com ele. Nós temos que ter o presencial, mesmo que seja o mais simples de todos para conversar com o cooperado, sanar dúvidas. Como é na própria Alemanha. Você tem a presença, o caixa eletrônico e pessoas para te atender e orientar. Mais ou menos isso que temos para o nosso futuro.

Com esse custo atual, vamos suportar tudo separado? Não vamos. Vamos ter problemas seríssimos de custos lá na frente.

Hoje defendemos ter o melhor preço. Amanhã ou depois não podemos defender isso de novo se não tomarmos providências agora.

A gente tem falado muito sobre isso com alguns convidados. Ok, vamos ter várias marcas e bandeiras, mas a sensação que o associado tem que ter é de pertencimento ao cooperativismo financeiro.

A gente não se entende como rede e teria que ter uma bandeira supra sistêmica de rede, uma marca, um logo, um FATES compartilhado.

A gente vê que até os bancos se unem pela necessidade. Eles têm a Febraban. O cooperativismo tem quantas centrais? Para esses serviços de transporte de valores, caixas eletrônicos, de estruturas gerais... Não poderíamos ter uma única instituição supra sistêmica responsável por contratações em larga escala, onde teríamos redução de custos para as singulares e associados?

Porque isso reflete lá na ponta. O sistema é caro.

Sempre defendi que tínhamos que ter uma cooperativa prestadora de serviço para o sistema todo, inclusive de tecnologia. Porque não é diferente a tecnologia do Sicoob, do Sicredi, da Ailos. É tudo a mesma coisa. No fundo, as operações são sempre as mesmas. Elas podem ser compartilhadas todas em uma só infraestrutura. Aí você pode ter um consórcio nacional, um seguro nacional, uma série de serviços centralizados.

E essa empresa não precisa de lucro. Ela repassa o custo e só. Se houver necessidade de investimento, você é sócio dela. Você vai aportar recursos para o desenvolvimento dela.

Mas está difícil botar isso na cabeça de alguém. Parece que estou falando sozinho. Tenho a sensação de que sou um cara perdido no deserto.

Somos dois, então. Você não está mais sozinho!

Estou no cooperativismo há 21 anos e tenho dificuldade de entender como o cooperativismo não coopera entre si. Vendemos muito esse discurso de que juntos somos mais fortes, mas qual o exemplo? O que é esse "juntos" na prática?

Imagina as cooperativas não filiadas que têm que fazer operação com o concorrente delas. Tem sentido isso?

Temos cooperativas de capital e empréstimo que trabalham com o

Banco do Brasil, por exemplo.

É o concorrente delas. Tem sentido isso? Não tem.

O cooperativismo tem que se unir. Falar uma linguagem só. E aí vai avançar com certeza.

Inclusive para ocupar espaço, senão daqui a pouco todos vão para a mesma cidade.

A gente tem uma cooperativa no interior de São Paulo que é parede com parede. Quando descobri isso, foi assustador. Não é possível que isso ainda exista com essa visão do coletivo, da integração.

A gente tem que fazer o novo cooperativismo, um cooperativismo sustentável. Não no sentido verde, mas sustentável no sentido desse novo mercado financeiro que se abre com Open Finance, PIX e concorrência mais acirrada.

Claro. Sempre disse que "ou vocês se unem, ou vai acabar o cooperativismo".

Muitos deles já não falam mais a linguagem do cooperativismo, e sim do sistema financeiro convencional. Só tem o cooperativismo como fachada. Isso não funciona, não tem sentido. Temos que levar os princípios e os valores cooperativistas à toda a população e fazer valer, fazer acontecer na prática.

É muito difícil. Tenho absoluta certeza que dá trabalho, mas é uma possibilidade de continuarmos avançando cada vez mais e tornarmos esse país um país cooperativista. Precisamos desse esforço e dessa dedicação.

Especialmente, estou levando isso para a juventude para que o cooperativismo não se perca no caminho.

Moacir, de que maneira você vê que entidades como a OCB e a Confebras, podem nos ajudar nessa construção da consciência de coletividade e intercooperação?

Em primeiro lugar, a Confebras até hoje não consegue associar todas as cooperativas. Eles têm um pedaço de cada sistema: um pedaço do Sicoob, um pedaço do Sicredi, a Ailos integralmente, não têm todas as cooperativas não filiadas, não têm todas as federações. Não é ainda, mas deveria ser, operacional. É de união. E, através disso, pode buscar soluções que vão ajudar todos eles.

Poderia ser amanhã ou depois uma federação como é a Febraban. Pode acontecer isso, se for feito um trabalho com todos pensando do mesmo jeito. O difícil é fazer pensarem do mesmo jeito.

A OCB é mais um complicador do ponto de vista do crédito, porque tem apenas o CECO como um instrumento que auxilia nas reinvindicações. Mas ela tem outros ramos para se preocupar com os avanços e dificuldades no Brasil todo.

Acredito que para nós como cooperativas de crédito, a Confebras seria a instituição nacional mais adequada para esse trabalho.

Por que ela faz um congresso e participa todo mundo? Por que não se une e faz uma federação que amanhã ou depois possa ser até operacional? Acho que ela tem essa característica.

Por enquanto, está meio difícil convencer o pessoal. Mas eu sou brasileiro: não desisto nunca.

A Ailos tem algum projeto de intercooperação nessa linha entre ramos?

Sim e, inclusive, já agimos com isso. Cooperativas de consumo, de transporte, de engenheiros. Agora estamos pleiteando junto ao Banco Central o financiamento imobiliário, que já estamos autorizados a fazer, com objetivo de fazer com que as cooperativas habitacionais comecem a participar.

E sobre a Ailos? Qual a história da cooperativa?

Lá em 1998, o Banco Central pretendia acabar com as cooperativas Luzzatti. E a Viacredi é uma cooperativa Luzzatti. E nós estávamos preocupados com isso.

Aí conseguimos uma outra cooperativa de crédito mútuo que, se houvesse essa eliminação, passaríamos para ela todos os cooperados. Depois o Banco Central voltou atrás e, mais à frente, acabou criando as cooperativas de livre admissão.

Aliás, fui fazer uma pergunta para o Banco Central sobre como eu transformo uma cooperativa Luzzatti em uma cooperativa de Livre Admissão. Até agora ninguém me respondeu.

Mas não é a mesma coisa?

Claro que é! No final é a mesma coisa.

Junto a outra cooperativa que tínhamos aqui na cidade, uma de micro e pequenos empresários, precisávamos de três para constituir uma central. Queríamos uma central porque, na época, a grande maioria das cooperativas de crédito brasileiras estavam voltadas ao ramo rural. E nós éramos tipicamente urbanas.

E aí nos juntamos e constituímos, na época, a chamada central CECRED, em 3 de setembro de 2002. Em outubro, ganhamos a autorização do Banco Central e começamos a funcionar a partir de novembro do mesmo ano. Com as três cooperativas juntas, se ajudando mutuamente.

E foram surgindo outras ao longo desse período todo. Fomos a primeira central do Brasil a entrar no sistema financeiro, ou seja, a utilizar o código de compensação do Sistema Financeiro Nacional. E todas as cooperativas do sistema usam o mesmo código. Assim, as cooperativas passam a ser agências.

E ainda tínhamos que mudar o nome, porque era complicado. Tínhamos CECRED e Sicredi. Além do que o nome não dizia bem o que éramos.

Então contratamos um profissional de São Paulo e juntamos com uma equipe da central para buscar solução.

Depois de dois anos de pesquisa, encontraram o nome: Ailos. Eu conheço a história, mas não tive influência nenhuma na escolha, nem participei. Mas quando me disseram, eu disse: "Sabem o que significa Ailos? É um tipo de agrupamento dos incas onde eles produziam e distribuíam riqueza entre eles". Nós só aportuguesamos.

Outra coisa importante foi a própria marca. Uma marca comum a todas as cooperativas, mesmo logo e permanece o nome da cooperativa. E isso deve-se ao fato de que, em um futuro não muito distante, qualquer um dos cooperados de qualquer cooperativa poderá fazer operação em qualquer uma delas, sendo a dele ou não. Quando ele ver aquela marca, pode entrar e fazer tudo por lá.

É o INTERCREDIS?

Isso! A ideia é fazer isso, estamos caminhando.
Daí para a frente começamos a desenvolver, apareceram outras cooperativas e hoje estamos perto de um milhão de cooperados. Em 2000, éramos dez mil cooperados. Hoje estamos com ativos na ordem de 11 bilhões de reais.

São números respeitáveis!

Sim!

Temos o chamado "Progrid" aqui, que trouxemos desde a Viacredi e formalizamos com a central. É um programa de relacionamento com o cooperado. Ele acontece tanto a distância quanto presencial. Fazemos contato diário com o cooperado.

E vocês têm confederação?

Não temos. Temos dois níveis e achamos suficiente. Ninguém precisa de confederação.

Então a central puxa o papel da confederação?

Não precisa, não achamos necessário isso.

Acho que como central, nos dois níveis, podemos fazer tudo que uma confederação faria. E não teremos o custo de uma confederação.

Em entrevista com o Miguel, Presidente do Conselho de Administração do CCS, ele nos informou que alguns serviços centralizados feitos hoje pelas Centrais, passarão a ser oferecidos direto pela Confederação Sicoob. Fica uma reflexão sobre qual é o papel de cada órgão na estrutura.

Mas, na verdade, é preciso tomar um pouco de cuidado para não levar coisas de responsabilidade da central para a confederação.

Aqui, toda folha de pagamento, desenvolvimento de produtos é feita pela central. A cooperativa atende e controla.

Vocês têm contabilidade, controles internos, compliance?

Sim. Folha de pagamento também. Toda infraestrutura é feita pela central.

E a adesão, Moacir? É grande?

Ah, muito grande!

Até porque tem ganho de escala, não é?

Claro, o negócio é ganhar escala. Temos que reduzir custo, e como faremos?

Se fica toda essa estrutura em uma cooperativa, ela não suporta. Quando você divide isso por um milhão, o custo cai lá para baixo.

Falo para os convidados que a singular foi feita para atender cooperado e fazer negócio. A retaguarda tem que ser de central ou confederação.

Isso mesmo! Tem algumas coisas que a cooperativa até faz a cobrança, por exemplo. Aqui adotamos um processo de que para atrasos de 60 a 90 dias, a própria cooperativa faz o contato, para manter essa relação. O cooperado não conhece a central, mas a cooperativa, sim.

Depois de um determinado momento, ela passa para a central, e aí entra a cobrança judiciária e outras coisas mais.

Até ali, se gasta a saliva que puder para resolver o problema com o cooperado.

Então não é uma exigência do Banco Central? Achei que essa estrutura fosse exigência do Banco Central e Conselho Monetário.

Não. Ele até gostaria!

Escutei uma vez o Feltrim dizer que gostaria que não tivéssemos cooperativas independentes. Mas gosto delas também, não vejo problema, não.

A gente tem a FNCC com várias cooperativas independentes. Além de independentes, também de capital e empréstimo, que acabam sendo um nicho diferente.

Mas muita dessa infraestrutura pode ser feita pela Federação.

O que você acha que impede que a gente siga esse exemplo alemão de unificação de sistemas?

Na verdade, eu sempre digo que o problema é gente. Ciúmes de homem é a pior coisa que existe. Esse é o problema maior: não querer se desfazer de alguma coisa e não pensar no cooperado.

Precisa se desfazer para olhar para o bem do cooperado. Para fazer tudo que for para o bem dele, você deve renunciar. E não ele!

É o cooperado sempre no centro!

Mas isso é muito difícil, muito complicado. Já conversei com vários lugares, na Confebras, no CECO.

Eu tive uma discussão séria com a organização estadual para incluir a Cresol, pois não queriam. Mas por que não? São cooperativas como todo mundo.

E a Cresol está crescendo muito!

Eu insisti muito para que acontecesse, não tinha o menor sentido. Era aquele tradicionalismo. Figurinhas que não gostam de mudança, de ter alguém que questione. Mas conseguimos fazer.

Então tem coisas que vamos dobrando aos poucos. Como diz o próprio italiano: a gente consegue comer o bolo inteiro comendo pelas beiradas.

Porque a mudança vai acontecer. Eu sou sempre a favor da mudança em uma linha preventiva, planejada. Falo muito disso no quesito de incorporações, por exemplo. A cooperativa não precisa estar numa situação insustentável, quase para liquidar, para ser incorporada.

Sim, tem que pensar antes.

Claro, porque você faz negociações melhores, bem planejadas e negociadas, além de fazer transições menos traumáticas para o associado.

Isso que você está dizendo era uma conversa muito forte no FGCoop. Não deixe acontecer. E o Banco Central até pretende que faça isso, que as centrais tomem providências para isso não acontecer, para evitar que tenha intervenção.

Com o FGCoop, não tem sentido ter interferência do Banco Central. As cooperativas, centrais e confederações têm que tomar providências com antecedência. Porque quem vai ser prejudicado é o associado.

O associado tem que ser o cerne de todas as discussões. É para ele que a gente existe.

Agora, com relação às incorporações preventivas, a gente vê a resistência por apego. É aquele abraço de afogado.

Tenho falado muito desta questão: cooperativas que estão atravessando cenários com dificuldades já têm que começar a pensar em incorporação. Porque o que aconteceu com os grandes bancos, provavelmente, é o que o Banco Central deseja para as cooperativas. Temos seis grandes bancos agora. Por que ter milhares de cooperativas por aí?

Temos que trazer esse tema, discutir. Não é fácil, é polêmico. Tem aquele apego ao seu sistema. Mas é questão de sobrevivência do setor, do coletivo.

Temos que quebrar esses paradigmas. Mas é um trabalho de formiguinha, não adianta você trombar. Precisa começar a minar as bases. Aí, daqui a pouco, as pessoas percebem que o melhor caminho é estarmos juntos ao invés de separados.

E a gente volta para a escala, não é, Moacir?

Claro! Se a minha central tem uma estrutura para atender um milhão de cooperados, essa mesma estrutura poderia atender 12 milhões. É assim que tem que pensar. Se não pensarmos assim, não vamos ter custo suficiente para competir nesse mercado. Ele vai ser cada vez mais tecnológico e digital.

Temos que fazer as duas coisas. Não completamente como fazemos hoje, mas vamos ter que fazer as duas coisas e não vamos ter custo para competir com esse pessoal.

Hoje a alegação forte é que temos o menor preço. Mas até quando teremos o menor preço? Se continuar desse jeito, não teremos mais. Vamos chegar rapidamente no sistema financeiro convencional, inclusive com custos superiores e vamos cobrar mais do cooperado. E aí qual a razão para ele ficar com você?

Se você não fez o trabalho de educação cooperativista, ele não vai ficar. Vai buscar algum mais barato, porque ele não está muito preocupado com sua sobra no final do ano.

Ele quer o dia a dia, o resultado diário.

E o Open Finance vai acelerar muito esse processo. Então é uma preocupação que precisamos ter. O associado vai ser muito assediado. A gente não tem que se vender pelo preço e, sim, pelo valor.

Criar a consciência de que se eu quero fazer um crédito, eu prefiro a Ailos aos bancos tradicionais, porque lá tem impacto na sociedade, sou dona também, e parte do resultado volta para mim.

Se tiver propósito, é muito mais fácil. Se ele estiver bem evidente, a juventude vai para a cooperativa. Porque ela está vendo o efeito disso para a sociedade. E aí somos diferentes e temos que provar que somos.

Em entrevista com Márcio Lopes, Presidente da OCB, o questionei sobre o porquê de não termos uma diretoria de mídia. E não estou falando de marketing nem publicidade, mas sim de comunicação institucional, para mostrar a diferença do nosso modelo de negócio. Porque falta, não é, Moacir? Falta mostrar que a gente existe.

Acho que a comunicação institucional é boa e deve ter.

Mas a relação da cooperativa e seus dirigentes com o cooperado é fundamental. É a base de sustentação da própria cooperativa, em qualquer circunstância.

A hora que ele vestir essa camisa e ele estiver convencido de que é o melhor caminho para a sociedade, ele não vai te trocar por outra instituição, mesmo que ela ofereça horrores para ele. Porque sabe o propósito da cooperativa.

Os dirigentes da cooperativa têm que chegar até ele. Hoje parece que o cooperado é quem tem que buscar o dirigente.

Você tem muito mais experiência do que eu, mas 20 anos atrás, para conseguir crédito no banco você tinha que ajoelhar para o gerente. Então, como as pessoas não tinham acesso ao crédito nos bancos, elas procuravam a cooperativas financeiras.

Acho que tem uma questão dessa cultura das pessoas pensarem que o associado procura a cooperativa. Sem entender que o mundo mudou. Hoje você tem crédito aprovado no celular e contrata onde quiser, com um clique.

Exatamente. As pessoas não evoluíram, continuam sentadas na cadeira esperando que o cooperado apareça. Mas você conhece seu cooperado? Precisa levar a ele o que ele precisa, não empurrar as coisas goela abaixo. Isso ele não precisa.

Ele precisa que você atenda aquilo que ele necessita. E para isso você tem que conhecê-lo. Nossos postos de atendimento têm, no máximo, oito mil cooperados, para que todos os colaboradores conheçam cada um deles e possam levar propostas que atendam realmente às necessidades.

Quando você faz assim, ele sempre vai lembrar. Ele fica fiel.

Seria excelente se todo cooperado fosse um corintiano, uma torcida fiel.

Mas você está falando de venda consultiva, não é? Da consciência de que não posso enfiar venda casada goela abaixo para bater meta e, no mês seguinte, o cooperado se sentir enganado.

Tem que ser na medida que ele precisa e não empurrando coisas que ele não tem a menor necessidade, nem sabe para quê vai usar.

Você tem que conhecer o cooperado, senão você não consegue oferecer o que ele precisa.

Quando você atender um cooperado, mesmo que não tenha o produto, indique para ele onde tem o mais barato. A melhor opção em outra empresa. Porque você está o tornando fiel. Quando ele precisar de algo, ele vai te procurar. Porque você não tinha, mas teve a hombridade de indicar a alguém que tenha.

Vocês não têm a confederação, mas têm um banco, certo?

Nós somos um banco com tudo feito pela central. Nós credenciamos a central no sistema financeiro e recebemos o código 085.

Então a central tem número de banco?

Isso!

É a única do país?

Central, se não me engano, sim! Mas outras cooperativas têm código de banco.

Quantos funcionários vocês têm hoje na central?

Cerca de 400 funcionários, entre SAC, parte administrativa, infraestrutura de segurança, supervisão, acompanhado de Diretoria.

A central tem responsabilidade, junto ao Banco Central, na supervisão. Mas não só isso. Todo serviço que ganha escala, é a central que faz.

E, Moacir, vocês têm 100% do portfólio de um banco tradicional?

Diria que só não temos cartão próprio, porque ninguém quis fazer. Temos parcerias.

Chegamos à conclusão de que não era viável ter um cartão próprio. Não tem sentido se existem parceiros aí fora. E atuamos dessa forma, buscamos fazer parceria com consórcio, seguro, corretora.

Fazemos parcerias com o sistema cooperativo. Não temos parceria com bancos.

Moacir, tem crédito imobiliário?

Estamos começando agora. Duas cooperativas já vão começar este ano.

Com funding da Ailos?

Isso, e das próprias cooperativas. A cooperativa vai captar poupança também.

No Bancoob é diferente. A poupança é Bancoob, então funding para imobiliário é Bancoob.

Aqui a central é só centralizadora da liquidez. Mas o *funding* é das próprias cooperativas.

Você me falou algo que chamou atenção que é em relação aos jovens. Quais ações a Ailos poderia compartilhar conosco para atrair esse público jovem? Afinal, são eles quem vão garantir a permanência do nosso trabalho.

Levar o cooperativismo para as escolas, para as universidades, fazendo palestra com eles, conversando com os alunos. Mostrando o que é o cooperativismo. Fazer com que a juventude comece a se encantar.

Nossa equipe é toda muito jovem, não passa de 35 anos a turma que trabalha conosco. Precisamos fazer com que eles assimilem bem o cooperativismo e vivam isso 24 horas por dia.

Como temos juventude digital, vamos fazer o digital para eles também. Mas não vamos perder o contato. O digital de certa forma afasta. Mas e o contato? Preciso da fidelidade. Por isso preciso manter o contato.

Produto é *commodity*, quem fideliza é a relação.

E a gente tem o grande desafio de ver como conseguimos fazer essa relação ficar tecnológica. Temos estudado aqui a questão do jovem e vimos em uma pesquisa que o jovem prefere ir ao dentista a uma instituição financeira. Como a gente constrói essa relação sem ser essencialmente presencial?

Temos caminhado nos Postos de Atendimento do Sicoob para termos agências em uma linha mais conceitual, onde as pessoas não precisem enfrentar filas para sacar dinheiro, ou fazer operações

básicas. A ideia é que sejam agências e postos para vendas de previdência, para produtos mais complexos que envolvam plano de vida, consórcio. E aí vêm agências em um sentido pocket, mais conceituais, como um Café mesmo.

Você não pode abandonar. A cooperativa tem que conversar com ele, assim como estamos conversando aqui. Não preciso ter a presença física. Mas entender a expectativa dele com a cooperativa.

Se ele quiser participar de curso, palestra, pode participar quando quiser. Não ficar longe, manter sempre junto, seja na telinha ou fisicamente.

Um dos aspectos primordiais para que possamos entender o público jovem e manter a cooperativa viva para as próximas gerações é abrir espaço para eles nos Conselhos e Diretorias Executivas.

A gente ainda tem o cooperativismo com pessoas de idade elevada e que merecem todo o respeito pela experiência, mas acho que o mix é que dá um resultado enriquecedor.

A Viacredi hoje, se não me engano, tem um Conselho com idade média de 40 anos.

E mais mulheres também tem que ser colocadas no meio. Essa diversidade é necessária. Temos que atender todo mundo, não temos que fazer distinção nenhuma, nenhuma discriminação nem prejulgamento.

Todas as pessoas são importantes, não importa quem seja.

Quanto mais diversa a equipe de gestão, mais você tem mini representações da sociedade que vão agregar e trazer produtos de acordo com a sociedade aberta.

E também se entende melhor. Acho importantíssimo.

Qual o principal desafio do nosso setor para 2021?

Fazer esse país entender o cooperativismo.

Temos hoje 12 milhões de cooperados no cooperativismo de crédito e cerca de 15 milhões no cooperativismo como um todo. Tenho certeza de que pouquíssimos deles conhecem o cooperativismo. A grande maioria opera por causa do preço.

Esse é o desafio maior: fazer essa população entender para quê estamos aqui, para quê viemos e aonde queremos chegar. Esse é o maior desafio, e o cooperativismo tem que botar isso na cabeça. Que só o preço não lhe dá sustentabilidade.

Então, a grande lição para nós: não é preço, é valor!

É valor! Exatamente.

Posfácio

Fazer o posfácio do "Café Cooperativo" é quase como construir uma nova obra, pois são tantos os elementos inseridos em sua criação, evolução e finalização que, por si só, já dão o que falar e pensar.

Sua base foi estimulada pela riqueza e pluralidade dos entrevistados no programa, originalmente feito para o canal do YouTube do Sicoob Cecres, e que, por essas características singulares dos temas e conteúdos apresentados, que convergiam e convergem para a cooperação, não poderiam ter um outro destino que a execução deste relato rico e fortemente temperado com ousadia, inovação e, claro, muita cooperação.

Em minha trajetória, seja pelo ramo sindical ou nas diversas esferas cooperativistas, pessoas sempre estiveram e estão presentes, com suas ideias, desejos e desafios. E, embora não possa dar eco aqui nestas breves palavras em todos os impactos que suas visões me causaram, gostaria de destacar que este livro sedimenta conceitos e ações tão impactantes para quem conhece bem ou está começando a conhecer o cooperativismo, e assim terá a oportunidade de saber a importância da Ocesp para a evolução dos conceitos cooperativistas quando ler a participação de Edivaldo Del Grande, ou ainda conhecer de perto a maturação de nossas regulações e alicerces nas palavras de Adriano Ricci sobre o FGCoop.

E não para por aí! Apenas para citar mais dois exemplos que consolidam a grandeza desta obra, na sua função principal de divulgar e propagar o cooperativismo, como não passar pelas considerações de Marcio Lopes de Freitas que, embora seja um ícone tradicional do sistema, não abre mão de desde sempre vislumbrar ações futuras impactantes para o segmento.

Finalmente, não esgotando minhas visões, mas apenas para dar a este relato a brevidade necessária, dou eco às observações do presidente do Conselho Consultivo do Sicoob, Miguel Oliveira, que mostra para todos nós, com muita propriedade, a capacidade de um sistema de se reinventar, avançar, aprender e reconhecer os pontos de melhoria sem perder sua essência e consolidando sua missão primordial.

Antes de encerrar as pontuações e alguns destaques do texto, tentando ainda ser breve, é importante externar a alegria de saber que os benefícios da obra não se encerram em seu rico conteúdo e vão muito mais além, pois parceria e cooperação nunca devem ter limites, assim o Instituto Cecres e o Instituto Sicoob, aqui na obra representados por mim e por Luiz Edson Feltrim, serão igualmente beneficiados com o resultado líquido desta edição para continuarem e ampliarem suas jornadas que tanto engrandecem o conceito de cooperativismo pelo país.

Como presidente do Conselho de Administração do Sicoob Cecres agradeço aqui formalmente e com muita gratidão aos apoiadores e incentivadores desta obra, não me atrevendo a nominá-los um a um, mas ciente que todos, sem exceção, comungam do mesmo signo da cooperação; cooperação esta que será o ponto de partida para uma sociedade mais justa, inclusiva e igualitária.

Em especial, parabenizo e registro meus mais sinceros agradecimentos a presidente da Diretoria Executiva do Sicoob Cecres, Taís Di Giorno, cooperativista, jornalista e autora dessa obra, que materializa aqui seus esforços e protagonismo constantes.

E, na consciência, de que todo empenho só é gerado com cooperação, agradeço aos membros do meu Conselho de Administração, demais integrantes da diretoria executiva, delegados, colaboradores e associados do Sicoob Cecres, razão de nossa existência.

E finalmente, a você leitor, que chegou até aqui, meus agradecimentos e convite à propagação da ideias e conceitos que devem estar fervilhando em sua cabeça até este ponto, pois somente assim chegaremos ao novo patamar. Parafraseando Macaulay, "o ponto que ontem era inexistente, hoje é o ponto de chegada e, amanhã, será o ponto de partida".

Excelente ponto de partida a todos!

João Carlos Gonçalves Bibbo